西北民族大学"双一流"和特色发展引导专项资金资助（编号：10018701）

西北民族大学校级创新团队项目"维吾尔语言文学研究"资助（编号：31920170132）

西北民族大学校级丝绸之路经济带规划项目"丝绸之路中哈中乌跨境民族哈萨克与乌兹别克民族语言文学交流与跨境传播研究"（编号：XSCZL201601）研究成果之一

中国乌孜别克族语言文化研究

Zhongguo Wuzibiekezu Yuyan Wenhua Yanjiu

阿达来提　著

中国社会科学出版社

图书在版编目（CIP）数据

中国乌孜别克族语言文化研究/阿达来提著 .—北京：中国社会科学出版社，2020.9
ISBN 978-7-5203-5183-6

Ⅰ.①中… Ⅱ.①阿… Ⅲ.①乌孜别克语（中国少数民族语言）—文化语言学—研究 Ⅳ.①H238

中国版本图书馆 CIP 数据核字（2019）第 216535 号

出 版 人	赵剑英
责任编辑	田 文
特约编辑	李钊祥
责任校对	张爱华
责任印制	王 超

出　　版	中国社会科学出版社
社　　址	北京鼓楼西大街甲 158 号
邮　　编	100720
网　　址	http://www.csspw.cn
发 行 部	010-84083685
门 市 部	010-84029450
经　　销	新华书店及其他书店

印　　刷	北京君升印刷有限公司
装　　订	廊坊市广阳区广增装订厂
版　　次	2020 年 9 月第 1 版
印　　次	2020 年 9 月第 1 次印刷

开　　本	710×1000　1/16
印　　张	18
字　　数	256 千字
定　　价	99.00 元

凡购买中国社会科学出版社图书，如有质量问题请与本社营销中心联系调换
电话：010-84083683
版权所有　侵权必究

目　　录

绪　论 ……………………………………………………………（1）
　一　选题背景 ……………………………………………………（1）
　二　研究意义 ……………………………………………………（4）
　三　研究设计及实施 ……………………………………………（6）
　四　中国乌孜别克族 ……………………………………………（8）
　　（一）乌孜别克语的历史文化背景 ……………………………（8）
　　（二）乌孜别克族及其语言文化研究概述 ……………………（21）
　五　本研究使用的语音转写对应表 ……………………………（31）
　六　本研究使用的语言学术语缩略语 …………………………（35）

语言编　乌孜别克语及其结构 ………………………………（40）
　一　乌孜别克语音位研究 ………………………………………（40）
　　（一）元音系统 …………………………………………………（40）
　　（二）辅音系统 …………………………………………………（45）
　　（三）音节结构 …………………………………………………（50）
　　（四）语音和谐规律 ……………………………………………（51）
　　（五）语流音变 …………………………………………………（57）
　二　乌孜别克语形态研究 ………………………………………（65）
　　（一）名词性词类的形态学分析 ………………………………（66）
　　（二）动词的形态学分析 ………………………………………（86）

（三）自由功能语类 ……………………………………（103）
　三　乌孜别克语句法研究 …………………………………（105）
　　（一）短语及其结构 ………………………………………（105）
　　（二）句子类型 ……………………………………………（115）

文化编　乌孜别克族文化特色 …………………………………（127）
　一　文化和语言 ……………………………………………（127）
　二　乌孜别克族文化概述 …………………………………（130）
　三　亲属称谓与乌孜别克族文化 …………………………（131）
　　（一）亲属称谓与文化 ……………………………………（131）
　　（二）乌孜别克语亲属称谓调查 …………………………（133）
　　（三）乌孜别克语亲属称谓与维吾尔语亲属称谓对比 …（138）
　　（四）乌孜别克语与察哈台语亲属称谓对比 ……………（142）
　　（五）乌孜别克语亲属称谓的结构特点 …………………（145）
　　（六）乌孜别克语亲属称谓及其文化意义 ………………（145）
　四　颜色词与乌孜别克族文化 ……………………………（148）
　　（一）颜色词与文化 ………………………………………（148）
　　（二）乌孜别克语颜色词调查 ……………………………（149）
　　（三）乌孜别克语颜色词的结构特点 ……………………（152）
　　（四）乌孜别克语颜色词及其文化意义 …………………（153）
　　（五）乌孜别克语基本颜色词及其文化意义 ……………（154）
　五　乌孜别克族婚姻习俗与文化 …………………………（158）
　　（一）习俗和文化 …………………………………………（158）
　　（二）乌孜别克族婚姻习俗调查 …………………………（159）
　　（三）乌孜别克族婚姻习俗及词汇 ………………………（159）
　　（四）婚姻禁忌 ……………………………………………（168）
　　（五）乌孜别克族婚姻习俗及其文化意义 ………………（169）
　六　乌孜别克族姓名与文化 ………………………………（173）

（一）姓名与文化 …………………………………………（173）
　　（二）乌孜别克族起名习俗调查 …………………………（175）
　　（三）乌孜别克族姓名调查 ………………………………（177）
　　（四）乌孜别克族姓名的特点 ……………………………（182）
　　（五）乌孜别克族姓名及其文化意义 ……………………（185）
七　乌孜别克族职业称谓与文化 ………………………………（193）
　　（一）职业称谓与文化 ……………………………………（193）
　　（二）乌孜别克族职业称谓调查 …………………………（195）
　　（三）职业称谓的结构特点 ………………………………（198）
　　（四）乌孜别克族的职业称谓及其文化意义 ……………（200）
八　乌孜别克族文化特点及其成因 ……………………………（202）
　　（一）语言文化研究与语言文化接触 ……………………（202）
　　（二）乌孜别克族的文化特点 ……………………………（203）
　　（三）乌孜别克族文化特点的成因 ………………………（204）
　　（四）乌孜别克族文化的发展趋势 ………………………（206）

结　语 ……………………………………………………………（209）

附录 A　语料转写及其翻译 1 ………………………………（211）

附录 B　语料转写及其翻译 2 ………………………………（218）

附录 C　语料转写及其翻译 3 ………………………………（224）

附录 D　语料转写及其翻译 4 ………………………………（227）

附录 E　语料转写及其翻译 5 ………………………………（235）

附录 F　语料分析和标注 1 …………………………………（239）

附录 G　语料分析和标注 2 …………………………………（245）

附录 H　婚礼歌 Jar-Jar ……………………………………（259）

主要参考文献 ……………………………………………………（273）

绪　　论

一　选题背景

我国是统一的多民族国家，语种多、文种多是我国的国情，各民族的共同繁荣昌盛是国家长治久安的重要保障。[①]在大力创建和谐社会的进程中，各民族语言文字的和谐发展也成为其中的重要内容之一。新时期，传承和发展少数民族语言文字和文化，成为中国保护语言多样性的关键工作，研究人口较少民族的语言使用情况、记录和发展其语言文化，是各民族共同繁荣发展的重要工作。对某个少数民族语言进行微观的个案研究，不仅能够加大语言研究的范围，而且能加强这个语言研究的深度。[②]

乌孜别克族（国外的写作乌兹别克族）是属于从中亚的乌兹别克斯坦、哈萨克斯坦、塔吉克斯坦等国迁入我国的跨境民族。据统计，2010 年全世界乌兹别克族人口约为 3000 万人，[③]这些人口分别居住在哈萨克斯坦、吉尔吉斯斯坦、塔吉克斯坦、乌兹别克斯坦、伊朗、阿富汗等国。据 2013 年的人口统计，乌兹别克斯坦的乌兹别克族有 23929309 人，塔吉克斯坦有 1210236 人，阿富汗有 2799726 人，吉尔吉斯斯坦有 980000 人，哈萨克斯

[①] 戴庆厦：《构建多语和谐的社会语言生活》，民族出版社 2009 年版，第 1—2 页。
[②] 丁石庆：《莫旗达斡尔族语言使用现状与发展趋势》，商务印书馆 2009 年版，第 1—2 页。
[③] http://zh.wikipedia.org/wiki/uzbek，更新于 2015 年 11 月 2 日。

坦有 490000 人，俄罗斯有 499862 人，其他人口分布在土库曼斯坦、沙特阿拉伯、乌克兰、巴基斯坦等国家。

生活在我国的乌孜别克族人口较少。据 2000 年全国第五次人口普查数据，我国的乌孜别克族共有 12370 人，其中 70%以上居住在城市，少数在农村或牧区。2010 年全国第六次人口普查中，乌孜别克族人口为 10569 人，占全国总人口的 0.0008%。[①]他们主要居住在新疆维吾尔自治区各市县。在北部，主要聚居在伊犁哈萨克自治州、昌吉回族自治州、塔城地区、乌鲁木齐市等地，在南部聚居在喀什地区，和田和阿克苏地区也散居有少量人口。在城市居住的乌孜别克族与维吾尔族、汉族等兄弟民族杂居，牧区的乌孜别克族大多与哈萨克族、柯尔克孜族杂居。1987 年 7 月在木垒哈萨克自治县乌孜别克人口相对集中的大南沟成立了全国唯一的乌孜别克民族乡。相同的生活环境和风俗习惯使乌孜别克族在适应周边民族共同发展的过程中，形成了相似却具有自身特点的语言和文化。

根据最新分类，乌孜别克语属于阿尔泰语系突厥语族东南语支，[②]与我国的维吾尔语同属一个语支，又与哈萨克语、柯尔克孜语、塔塔尔语、甘肃的西部裕固语、青海的撒拉语等同属一个语族。乌孜别克语的语音、词汇、语法等语言系统与维吾尔语最接近，两种语言在日常生活中基本上可以无障碍地交流。程适良、阿不都热合曼[③]二位先生认为，这两种语言有百分之七十到百分之八十的相似性，但是这些相似性具体体现在语言的哪些层面，并没有得到相关分析或详细阐释。尽管《中华人民共和国民族区域自治法》等法律文件中对少数民族使用和发展自己语言文字

---

① 国家统计局：《中国 2010 年人口普查资料》，中国统计出版社 2012 年版。

② Johanson，L.，Discovery on the Turkic Linguistic Map，Stockholm：Swedish Research Institute in Istanbul，2001，p.18.

③ 程适良、阿不都热合曼：《乌孜别克语简志》，民族出版社 1987 年版，第 1 页。

有明确的规定，而且通过一系列语言规划推动了少数民族语言文字的学习、使用和发展，但就我国乌孜别克语当前的使用情况而言，已经表现出濒危语言的特征。

乌孜别克族在文字使用方面的情况较为复杂。我国境内的乌孜别克族使用阿拉伯文字为基础的维吾尔文，少数使用哈萨克文，乌兹别克斯坦的乌兹别克族使用拉丁文和西里尔文。据调查，我国没有乌孜别克语文出版的正式刊物，仅有的几本由新疆维吾尔自治区乌孜别克族文化研究会筹资不定期印刷的乌孜别克语期刊，如：1987 年出版的 *Šinjaŋ Özbekliri*（《新疆乌孜别克族》，乌孜别克语，使用维吾尔文）、2009 年出版的 *Šinjaŋ Özbek Mädänijät Munbäri*（《新疆乌孜别克文化论坛》，乌孜别克语和维吾尔语，使用维吾尔文）。此外，还有新疆乌孜别克语文学会在新疆社会科学院协助下印刷的简讯、伊犁人民出版社出版的 *Ozbekšä Itilašar*（《乌孜别克语语法常识》，哈萨克文）等书刊。民间收藏的为数不多的一些书籍是乌兹别克斯坦出版的拉丁文或西里尔文的文学作品。因此，乌孜别克族语言和文字的现实情况并不容乐观。

我国的乌孜别克语研究，相对其他少数民族语言研究来说，是一个薄弱环节。无论是对乌孜别克语话语材料的收集整理，还是对其书面文字材料的研究，成果很少。到目前为止，关于乌孜别克语的研究较为全面的就是 1987 年由程适良、阿不都热合曼两位先生编著的，中国少数民族语言简志丛书中的《乌孜别克语简志》。该书较系统地描写了乌孜别克语的语音、词汇、语法和句法诸方面，为乌孜别克语的进一步研究奠定了很好的基础。遗憾的是，这样的研究并没有继续下去。对于乌孜别克族文化的调查研究也是屈指可数，而且基本停留在对该民族的介绍层面，大多为民族知识普及资料。

保护民族语言，传承民族文化是维护民族地区稳定发展、各民族共同繁荣的重要保障。作为我国的跨境民族和人口较少民族之一，乌孜别克族的语言文化是中华民族语言文化的组成部分。随着时代的发展和各民族之间的密切接触，乌孜别克族语言文化也不可避免地成为我国境内濒危少数民族语言文化之一。因此，对我国乌孜别克族语言文化的调查研究不仅是我国少数民族语言文化国情调查的需要，也是保护和传承乌孜别克族语言文化的需要。

二 研究意义

首先，研究我国乌孜别克族的语言文化是我国国情调查的一部分，也是人口较少民族非物质文化遗产抢救和保护的需要。少数民族语言调查，尤其是对人口较少民族语言的调查、整理、研究是我国语言国情调查和语言资源保护的重要任务之一。国家民委、国家发改委等部门公布的《关于扶持人口较少民族发展规划（2011—2015年）》[①]中指出，保护民族文化遗产，包括对非物质文化遗产的发掘和保护，其重点也在于对人口较少民族濒危语言的抢救和保护，建设濒危语言文字资源数据库。另外，为贯彻党的十八大和十七届六中全会关于大力推广和规范使用国家通用语言文字，科学保护各民族语言文字的精神，落实《国家中长期语言文字事业改革和发展规划纲要（2012—2020年）》的任务要求，教育部、国家语委自2015年起启动了中国语言资源保护工程，在全国范围内开展了以语言资源调查、保存、展示和开发利用等为核心的各项工作，[②]乌孜别克语也在其中。我国乌孜别克族仅有一万多人口，因此调查、记录和整理其语言文化的现状势在必行。

---

① 国家民委等：http://www.gov.cn/gzdt/2011-07/01/content_1897797.htm。
② http://www.chinalanguages.org/zhiduguifan.html。

其次，我国乌孜别克族语言文化的研究对我国跨境民族语言文化、人口较少民族语言文化研究有多重意义。乌孜别克族是我国跨境民族之一，对语言文化的调查研究成为我国跨境语言文化研究的组成部分。通过研究，可以掌握我国乌孜别克族语言、文化的发展变化及其跨境特征。乌孜别克族是从中亚迁入我国的民族，长期与我国的汉族、维吾尔族、哈萨克族等民族杂居，在语言和文化方面与中亚乌兹别克族有所差异，形成了独特的语言文化特点。以语音为例，现在的乌孜别克语语音跟维吾尔语语音基本相同，在形态和句法方面既吸收了维吾尔语的特征，也保留着乌孜别克语自身的特点。在文化方面，以亲属称谓的使用来说，部分保留了乌孜别克语中原有的称谓，更多使用维吾尔语称谓，或者称谓的意义发生了变化，这与乌兹别克斯坦的亲属称谓产生了地域性差异。对我国乌孜别克族语言文化的研究，对我国其他跨境的语言、跨境的文化研究有一定的参考价值，同时对了解中亚，尤其是乌兹别克斯坦乌兹别克族的语言文化有一定的帮助。此外，在语言接触、文化接触及其演变问题的研究方面具有重要意义。

最后，乌孜别克族语言文化研究也是我国少数民族濒危语言文化研究的一部分。乌孜别克族人口少，乌孜别克语的社会功能极其有限，使用情况从多方面凸显出濒危语言的特征[①]，如：能够说母语的人口年龄多数在六十岁左右，乌孜别克族儿童的第一语言已经不是乌孜别克语，乌孜别克族家庭内部已基本不使用乌孜别克语等。对现存的乌孜别克语语料的收集整理，对乌孜别克族聚居区社会文化的调查研究将成为宝贵的第一手资料。

---

① 阿达来提：《中国乌孜别克族语言使用现状》，博士学位论文，中央民族大学，2012 年，第11 页。

三 研究设计及实施

本研究的总体设计包括四个阶段：第一，准备阶段。在这个阶段主要做调查方案与设计、选择调查点、联系相关部门、出具证明等。其中调查点的选择以乌孜别克族人口较集中的聚居区为主，其他地区的分散居住区为辅。新疆伊犁州伊宁市、昌吉州木垒县乌孜别克民族乡、喀什地区莎车县、乌鲁木齐市是本研究的调查点。第二，调查阶段。在此阶段，笔者前往调查点，通过当地政府部门的工作人员进入社区了解情况，进入乌孜别克族家庭进行调查和访谈，收集音频和视频资料，进行分类整理并保存。第三，分析研究阶段。首先对乌孜别克语语料进行转写、翻译和分析，其次对文化方面的维吾尔语访谈资料进行整理和翻译，最后从语言和文化两个方面每一参项进行逐一探讨。第四，总结阶段。在语料分析和文化调查的基础上撰写书稿。因为我国乌孜别克族已基本转用维吾尔语或哈萨克语，调查也用这两种语言进行。为读者和研究人员利用本资料的便利考虑，田野调查所得的乌孜别克语语料都翻译成了汉语和英语，并进行了语法标注。研究过程中，第三、第四阶段的工作耗时耗力，进展较慢，难度较大，瑕疵也在所难免。

按照研究计划，笔者先后于2010年至2014年间多次前往新疆各调查点进行田野调查，主要调查了乌鲁木齐市、伊宁市、昌吉州木垒县、奇台县、喀什地区莎车县、叶城县等乌孜别克族的生活地区。

调查实施分两个阶段进行：第一阶段是对乌孜别克语语料的收集整理，第二阶段是对乌孜别克族文化的调查整理。在语料收集阶段，由于乌孜别克语目前的情况具濒危语言特征[①]，因此无法进行选样，对各地会说乌孜别

---

① 详见戴庆厦、邓佑玲《濒危语言研究中定性定位问题的初步思考》，《中央民族大学学报》（人文社会科学版）2001年第2期。

克语的发音合作人进行了访谈，获得合作人的同意进行了录音或摄像。调查结束后，对乌孜别克语语料进行了转写和标注。在此基础上，对我国乌孜别克语的语音、形态、句法进行了初步描写。表1-1为参加本研究的发音合作人及其语料基本信息。为尊重个人隐私，文中没有使用合作人的姓名。对乌孜别克族文化的调查主要通过逐个访谈、小组访谈、参加社会活动等方式进行。

表1-1　　　　　　　　　　乌孜别克语语料的背景信息

序号	性别	年龄	调查点	语料标题	主要内容
1	男	55	伊宁市	我的名字叫XXX	个人家庭情况和语言态度
2	女	41	伊宁市	我是乌孜别克族	个人经历、乌孜别克语的情况
3	男	79	乌鲁木齐市	新疆的乌孜别克族	新疆乌孜别克族概况
4	男	62	莎车县	乌孜别克族诗人福尔开提	诗人福尔开提的一生
5	男	40	莎车县	一个小伙子	道德故事

在研究实施过程中采用的研究方法如下：

1. 田野调查法。田野调查法是民族学也是田野语言学中获得第一手研究资料的基本方法。在本研究的实施中，田野调查法是所采用的最重要的方法。笔者对乌孜别克族进行多次实地调查，收集了一些有价值的音频、视频及图片资料，做了田野调查笔记，为本研究的顺利展开打下了基础。

2. 访谈法。在调查过程中，对当地有代表性的乌孜别克族家庭、个人或团体进行访谈。访谈法能够让笔者和发音合作人有直接接触，能够得到观察的机会，更加真实全面地了解对研究有利的其他信息，也能够给合作人足够的时间表达自己的想法，为研究者提供详细、真实的资料。

3. 分析归纳法。对田野调查所收集的语料，首先进行语音转写，然后从语音、形态和句法层面上对各语法参项进行分析。在句子分析中，根据乌孜别克语是黏着语的类型特点，采用语素分析法，对词根、词缀/语法标记、语法意义进行分析和标注（详见附录）。

4. 对比研究法。在本研究中，对比研究法贯穿始终，尤其是在语言描写方面，用田野调查所收集的我国乌孜别克语语料和乌兹别克斯坦的乌兹别克语进行对比，从而得出我国乌孜别克语作为跨境语言的主要特点。

5. 跨学科综合研究法。根据需要，本研究综合多学科的主要研究方法，取长补短，以达到较好的研究效果。除了上述一些方法外，采用的研究方法还有语言描写法，民族学的姓名调查法、亲属称谓调查法，语言文化学和文化语言学相结合的文化参照法、阐释分析法、描写法等[①]研究方法。

四　中国乌孜别克族

（一）乌孜别克语的历史文化背景

1. 乌孜别克族的迁徙

乌兹别克人来到我国境内，史料可以追溯到元朝，或许更早。14世纪，金帐汗国和元朝通商和好，由此便出现了大规模的商业往来。在乌兹别克汗及其继承者扎尼别汗统治期间，向元朝朝贡的中亚乌兹别克人就已经在我国现在的新疆和河西甚至更东的地方与中国人进行贸易。[②]由于中亚的河中地区与新疆毗邻，两地地理环境相似，再加上经济生活的需要，两地居民就有经常性地迁徙。随着贸易的发展，部分商人定居在所到之处，与当地其他民族融合，成为迁徙到中国的最早的乌兹别克人。

[①] 详见苏新春《文化语言学教程》，外语教学与研究出版社2011年版，第224—256页。
[②] 刘有安：《乌孜别克人的迁徙及其社会文化变迁》，《甘肃联合大学学报》2008年第1期。

明朝时期，商业往来更加繁荣，互派使臣和官私贸易也很活跃。自 16 世纪至 17 世纪，从撒马尔罕、布哈拉等地来的乌兹别克人商队以新疆叶尔羌（今莎车县）为中转站，经营丝绸、茶叶、瓷器、毛皮、大黄和各种土特产，有的途经阿克苏、吐鲁番至甘肃酒泉等地，将货物转销内地。这个时期，来自中亚地区的乌兹别克人开始留居新疆一些城市，而且人数逐年增多。[①]

明末清初，中亚和中国新疆地区的商贸活动活跃。布哈拉、撒马尔罕、费尔干纳平原的乌兹别克人不断往来于新疆的喀什噶尔、叶儿羌、和阗、阿克苏、乌什、吐鲁番等地进行贸易，甚至在甘肃的肃州（今酒泉）、兰州等地也建立了商业据点。

18 世纪 50 年代末，清王朝统一新疆后，与以乌兹别克人为主体的浩罕汗国（今费尔干纳地区）、希瓦汗国和布哈拉汗国建立了外交关系。出于维护西北边疆安宁的考虑，这些汗国得到准商减税的许可，吸引了更多的乌兹别克人迁徙到中国，当地人称他们为"浩罕人""安集延人""布哈拉人"。他们先是来到新疆南部的喀什噶尔、叶尔羌、阿克苏等地经商，后扩展至天山北部的伊犁、乌鲁木齐、塔城、奇台、木垒等地，成为当时新疆经济不可或缺的部分。这些乌兹别克商人与当地穆斯林妇女结婚，置产安家，随他们而来的还有一些宗教职业者。[②]于是，来自中亚的乌兹别克人在新疆各地定居，中国境内的乌兹别克人数量开始增多。他们中除了商人以外，还有农民、手工业者和知识分子。在一些城镇还形成了乌兹别克人的聚居区，如"安集延街""安集延市场"和专供乌兹别克人进行宗教活动的"乌兹别克清真寺"等。这些聚居区的称呼方式在一些地区保留至今。

19世纪20—30年代后，由于清朝政府的衰落及浩罕汗国实行向东方扩张的商业政策，浩罕国获得了在南疆地区免除所有浩罕商品关税的权利，这段时间浩罕商人大量涌进南疆各城。虽然清朝政府曾下令严禁当地人与浩

[①] 乌孜别克族简史编写组：《乌孜别克族简史》，国家民委《民族问题五种丛书》之二《中国少数民族简史丛书》（修订本），民族出版社 2008 年版，第 19—20 页。

[②] 佐口透著：《18—19 世纪新疆社会史研究》（下册），凌颂纯译，新疆人民出版社 1993 年版，第 433 页。

罕商人通婚，但并没有扼制住中亚乌兹别克人的涌入，清代人称他们为"安集延人"。这些乌兹别克人有的安家置产、娶妻生子侨居下来，逐渐成为中国永久居民。那时安集延人到新疆经商、定居的很多，他们始终保留着自己的语言和风俗习惯，所以在喀什、和田、库车以及北疆的伊犁等地都有类似于安集延街、安集延城、安集延村这样的乌兹别克人聚居区，这里的建筑明显区别于当地的居民，具有鲜明的安集延特色。[①]

19世纪60—70年代，浩罕军官阿古柏在英国殖民者的支持下入侵南疆，有部分乌兹别克人随即进入中国。光绪四年（1878），清朝政府平定阿古柏，收复新疆后，迁入新疆的乌兹别克人不但没有减少，反而随着俄国在新疆贸易活动的扩大而日益增多，其中有乌兹别克商人、农民、宗教人士和封建上层人士。当时，因不堪忍受沙俄的暴政，还有一些乌孜别克族知识分子也在这一时期迁居新疆。

自19世纪中叶后，沙皇俄国强加给我国一系列不平等条约，割去新疆地区的大片领土，并攫取了在新疆各地免税自由贸易权和领事裁判权，并以此诱惑中国居民加入俄国国籍。20世纪初，俄国在南疆出售通商票，以此为国籍证明，大量发展俄侨。后来，虽然俄籍商民有近万人，但大部分是俄国所属的中亚各族居民，分处南路各城的以安集延人最多。随着乌兹别克人商业贸易的发展，他们还开办了许多资本雄厚的"洋行"。中亚细亚的乌兹别克人也就陆续来到新疆，参加以贸易为中心的各种劳务活动，并定居下来。一部分中小商人因破产不得不从事农牧业生产。从事农业的乌孜别克族多分布于南疆的喀什噶尔、莎车、叶城、巴楚、阿克苏和伊犁等地的城郊。在北疆的伊犁、塔城、木垒、奇台等地，部分乌兹别克人从事畜牧业，部分与哈萨克、柯尔克孜族牧民杂居并从事牧业生产。

民国时期，正值第一次世界大战，由于俄国人的欺压及自然灾害，不

---

① 乌孜别克族简史编写组：《乌孜别克族简史》，国家民委《民族问题五种丛书》之二《中国少数民族简史丛书》（修订本），民族出版社2008年版，第7页。

少中亚乌兹别克人依靠已经定居在新疆的同族人的血缘关系和社会联系，纷纷迁到新疆谋生，我国的乌孜别克族人口达到一定规模。他们除了继续在两地从事长途贩运货物外，还先后在乌鲁木齐、喀什、伊犁、塔城等地开办了洋行，并设立有店铺、货场、客栈等固定设施，这也为乌孜别克族在新疆定居创造了条件。苏维埃俄国建立后，又有一些乌兹别克人中的资产阶级政治家、军人等进入我国境内，这些乌兹别克人都成为我国乌孜别克族的组成部分。

1917年俄国十月革命后，因局势动荡，大批反对十月革命和苏维埃政权的难民和战败的白军涌入新疆，其中也包括不少中亚乌兹别克人。虽然后来根据苏维埃政府的赦免令，新疆也遣返了一部分，但仍有大批难民留在了新疆。[①]1919年，中国爆发了声势浩大的五四运动，从此乌孜别克族人民像全国人民一样展开了反对帝国主义、封建主义和官僚资本主义的斗争。

1942年，盛世才为了挑拨民族关系，谎称乌孜别克族是从苏联迁来的，和苏联有联系而加以迫害。乌鲁木齐、喀什、伊犁等地的许多乌孜别克族人被捕入狱，有些惨遭杀害。在把乌孜别克族中小商人毕生积累的财产"充公"的同时，还进行疯狂地掠夺。民族歧视和民族压迫使乌孜别克族人民生活在恐怖之中，许多人被迫背井离乡。1944年8月盛世才被调任，结束了在新疆11年的统治，国民党开始直接统治新疆。乌孜别克族人民被认为和苏联有联系，是"可疑的侨民"，这使乌孜别克族人处境非常艰难，一些人迁居农村，不敢承认自己是乌孜别克人，隐瞒族名，改成维吾尔或其他民族。

中华人民共和国成立以后，一些中亚乌兹别克人通过投亲、自由迁徙等方式进入了中国境内，享受了民族平等的权利，乌孜别克族人民同新疆各族人民一样跨入了共同繁荣的新时代。起初，乌孜别克族经济仍然以经

---

① 乌孜别克族简史编写组：《乌孜别克族简史》，国家民委《民族问题五种丛书》之二《中国少数民族简史丛书》（修订本），民族出版社2008年版，第22—25页。

营商业为主，在党的利用、限制和改造政策下，逐步走上了健康发展的道路。北疆的乌孜别克族牧民也接受了社会主义改造，其他地区的手工业者经过经济转型，开始了新生活。在民主改革、社会主义改造、社会主义建设的过程中，乌孜别克族人民表现了高度的政治热情与积极性。

1956年，新疆和全国一样出现了"反右"斗争严重扩大化错误。这次运动对乌孜别克族影响比较大。由于乌孜别克族中有大批知识分子和工商业者，是"反右"的重点，再加上中苏关系恶化，使不少在苏联有亲属的乌孜别克族人民受到了怀疑和审查。20世纪60年代初，国内经济形势恶化，造成了乌孜别克族人口迅速下降，到1963年，到最低点时仅6000人。1966年开始的"文化大革命"使整个中国陷入空前绝后的浩劫之中，许多乌孜别克族不得不改换族别，维持生计。1978年以来，随着改革开放的不断深入，乌孜别克族的商业能力开始复苏，商人也逐渐成长起来，商业规模越来越大。为进一步保障乌孜别克族人民的政治权利，加快乌孜别克族在政治、经济、文化等方面的发展，1987年7月，在新疆木垒哈萨克自治县成立了乌孜别克民族乡。

回顾乌孜别克族的迁徙历程，早先迁入新疆的乌兹别克人大都放弃了原有国籍，成为了中国公民。"十月革命"期间，中亚的一批乌孜别克族富商、地主、白军军官逃至新疆，后来也大多加入了中国国籍。新中国成立后，尤其是《中苏友好同盟互助条约》签订后，部分乌兹别克人要求返回苏联。当时只要户主提出申请，并有国籍证明，政府即可批准他们回国，并为他们提供便利条件。因此，在1953年至1962年间，有不少乌兹别克人返回了苏联。据统计，1953年，第一次人口普查时，新疆有乌孜别克族人口13580人，到1958年，新疆的乌孜别克族人口下降至8200人左右。1964年第二次人口普查时，新疆的乌孜别克族总人口为7683人。1982年第三次人口普查时，总人口为12188人。1990年第四次人口普查时，总人口为14715人。2000年第五次人口普查时，总人口为12096人。2010年第六次人口普查时，乌孜别克族人口为10569

人。影响我国乌孜别克族人数不稳定的因素较多,其中20世纪60年代初期有一部分乌孜别克族申请迁回中亚的祖籍,导致人口急剧下降。从1982年至今,乌孜别克族人口都在12000至14000人之间。我国乌孜别克族人口数量多次出现骤增骤减的原因,有时是因为担心遭受民族歧视,有时是由于跨国流动,有时是为了逃避灾祸,而有时却是因为生计问题,导致人口外流。

我国乌孜别克族跨国有以下三个特点[①]:第一,中国乌孜别克族从族源上说,本来含有中国北方民族蒙古—突厥民族成分,但就乌孜别克族形成于中国境外的中亚河中地区而言,中国乌孜别克族属于历代不断内迁而形成的迁入型跨国民族。第二,中国乌孜别克族跨国居住的特点是小聚居型。除一些小的聚居区外,历史上因经商游走于新疆各地各族各城镇中间,又由于人口偏少,因此呈现明显的星点分散状态,天山南北几乎所有城镇都有乌孜别克族人。第三,乌孜别克族的跨国虽然也受到政治因素与政治事件的影响,但主要原因还是来自务商民族的频繁流动,特别是迁入我国的该族人口主要因从事商贸活动而来。迁入后,即便有的人从事农业,也与经济贸易有着千丝万缕的关系。[②]乌孜别克族虽然人数不多,但跨居新疆和中亚各国,这种无法割裂的关系,加上语言、文字、经济生活、风俗习惯、宗教信仰等方面的天然联系,形成了我国与境内外乌孜别克族直接超越时空的情感纽带。[③]在长期的境内外贸易与民族融合过程中,乌孜别克族为我国与中亚甚至欧洲等地之间的商业往来作出了巨大贡献,也成为了我国与中亚各国间传播文化、技术、知识的重要纽带,在巩固和发展我国与周边国家的睦邻友好关系、开展良好的政治经济合作等方面发挥了重要作用。

[①] 赵小刚:《乌孜别克族经济文化生活研究》,民族出版社2004年版,第50—51页。
[②] 详见贾丛江《乌孜别克族》,古吴轩出版社1996年版;罗建生:《乌孜别克族》,民族出版社2004年版;赵小刚:《乌孜别克族经济文化生活研究》,民族出版社2004年版;阿丽亚·吉力力:《乌孜别克族新疆木垒县阿克喀巴克村调查》,云南大学出版社2004年版等。
[③] 乌孜别克族简史编写组:《乌孜别克族简史》,国家民委《民族问题五种丛书》之二《中国少数民族简史丛书》(修订本),民族出版社2008年版,第68页。

2. 乌孜别克族人口及语言文字情况

我国的乌孜别克族人口居住较为集中，在新疆维吾尔自治区，主要分布在新疆伊犁哈萨克自治州、喀什地区、昌吉回族自治州和乌鲁木齐市，散居在新疆的其他地区。这些聚居点的分布与乌孜别克族迁徙和定居的轨迹是相一致的。据 2000 年第五次人口普查数据，从城镇人口分布特点看，80%以上生活在城镇，少数生活在农村和牧区，从地域分布特点看，约 70%居住在北疆，30%生活在南疆和东疆。[①]表 1-2 为我国乌孜别克族人口分布的具体数据。

表 1-2　　　　　　2000 年我国乌孜别克族人口统计数据

序号	地 区	总人口（人）	乌孜别克族（人）	百分比（%）
1	新疆维吾尔自治区	18459511	12096	0.07
	乌鲁木齐市	2081834	1406	0.07
	天山区	471432	638	0.10
	沙依巴克区	482235	348	0.07
	新市区	379220	203	0.05
	水磨沟区	180654	42	0.02
	乌鲁木齐县	328536	149	0.05
2	克拉玛依市	270232	170	0.06
	独山子区	50732	51	0.10
	克拉玛依区	145452	84	0.06
3	昌吉回族自治州	1503097	2189	0.15
	昌吉市	387169	122	0.03
	奇台县	204796	544	0.27
	吉木萨尔县	117867	369	0.31
	木垒哈萨克自治县	78172	1108	1.42

---

① 赵小刚：《乌孜别克族经济文化生活研究》，民族出版社 2004 年版，第 2 页；《新疆通志·民族志》，2009 年。

续表

序号	地　区	总人口（人）	乌孜别克族（人）	百分比（%）
4	博尔塔拉蒙古自治州	424040	100	0.02
	博乐市	224869	73	0.03
5	巴音郭楞蒙古自治州	1056970	41	0.004
6	阿克苏地区	2141745	47	0.002
	乌什县	177410	30	0.02
7	克孜勒苏柯尔克孜自治州	439688	109	0.02
	阿克陶县	163024	81	0.05
8	喀什地区	3405713	2496	0.07
	喀什市	340640	699	0.20
	莎车县	620329	1215	0.20
	叶城县	370229	525	0.14
	伽师县	311733	32	0.01
9	伊犁哈萨克自治州	2082577	4903	0.24
	伊宁市	357519	3259	0.91
	伊宁县	385829	369	0.10
	察布查尔锡伯自治县	161834	92	0.06
	霍城县	333013	126	0.04
	巩留县	153100	194	0.13
	新源县	269842	269	0.10
	昭苏县	145027	236	0.16
	特克斯县	133900	199	0.15
	尼勒克县	142513	159	0.11
10	塔城地区	892397	293	0.03
	塔城市	149210	123	0.08
	额敏县	178309	92	0.05
11	阿勒泰地区	561667	277	0.05
	阿勒泰市	178510	196	0.10
	哈巴河县	73403	30	0.04

资料来源：国家统计局（htttp://www.stats.gov.cn/tjsj/ndsj/renkoupucha/2000pucha/html）。

2000年第五次人口普查时，总人口为12096人；据2010年第六次人口普查统计，总人口有10569人。现今乌孜别克族人口出现波动有两个主要原因，一是与族际婚姻后的民族身份选择有一定的关系；二是乌孜别克族在教育、就业、经商等现实问题中的竞争劣势。在族际婚姻的影响下，通常乌孜别克族妇女嫁给维吾尔族男子之后，子女的民族成分会登记为维吾尔族，跟哈萨克族结婚后登记为哈萨克族，如果户主为乌孜别克族，子女则随父亲登记为乌孜别克族。另外，在市场经济和全国统一的教育体制下，由于乌孜别克族人口数量较少，居住较分散，社会流动性强，无论在新疆的地方性社会还是在主流文化环境中，在社会资源共享方面没有优势，在职业的选择和商业竞争中也处于劣势，乌孜别克族开始通过修改民族称谓的方式去应对这种困境。

在新疆的乌孜别克族与维吾尔族、哈萨克族杂居，在共同的生活交流过程中经济、文化、语言上相互影响，形成了彼此相似或者相同的特点。从16世纪中叶乌孜别克族进入新疆至今已有500多年的时间，在这漫长的历史发展进程中，乌孜别克族人民经历了完全操用乌孜别克语、部分操用乌孜别克语、部分兼用乌孜别克语、部分兼用第二语言、少部分操用乌孜别克语、大部分兼用或转用第二语言这样几个阶段。[①]从目前的情况来看，我国乌孜别克族的语言已经形成了较稳定的语言转用局面，转用情况具有明显的地域特点，乌孜别克语的社会功能变得越来越有限，呈现出濒危语言的主要特征。

基于对伊犁哈萨克自治州伊宁市、喀什地区喀什市、莎车县、叶城县、昌吉回族自治州木垒哈萨克自治县、奇台县和吉木萨尔县的摸底调查和对其中三个调查点（伊宁市、喀什地区和木垒县）的具体调查，总结出乌孜

---

① 海峰：《乌孜别克语》，载《新疆民族语言分布状况与发展趋势》，新疆民族语言文字工作委员会编，北京语言大学出版社2005年版，第238页。

别克族的母语使用现状有三种显著的类型[①]：第一，母语濒危型。从乌孜别克语的使用范围、使用人数、使用群体及使用场合等方面来看，我国乌孜别克语已成为具有典型特征的濒危语言之一。乌孜别克族的母语濒危程度有多种表现，如懂得母语的人口基本在五十或六十岁、乌孜别克族儿童的第一语言已经不是乌孜别克语、乌孜别克语的社会功能衰微等。第二，完全维吾尔语转用型。这表现为伊宁市及喀什地区的乌孜别克族基本全部转用维吾尔语，在生活、工作、学习等日常生活的方方面面已经全部使用维吾尔语，维吾尔语水平为全民熟练使用，并已成为青少年的第一语言。第三，完全哈萨克语转用型。从三地调查情况来看，木垒哈萨克自治县的乌孜别克民族乡的乌孜别克族全部转用了哈萨克语，哈萨克语水平熟练，并成为大家的第一语言。从上述情况可以合理地推断，在维吾尔族占人口优势、乌孜别克族人口散居的地区，如和田地区、阿克苏地区、昌吉州奇台县等地，乌孜别克族已经完全转用维吾尔语。在哈萨克族占人口优势的地区，如阿勒泰地区、伊犁州的其他县城、塔城地区等地，乌孜别克族已经完全转用哈萨克语或者维吾尔语。

尽管乌孜别克语在我国是濒危语言，但不是完全消失的语言。在乌孜别克族居住较为集中的地方能够找得到使用母语的人，如伊犁州伊宁市、喀什地区莎车县、乌鲁木齐市等地。出于对母语的热爱，极少数的乌孜别克人并没有完全放弃母语的传承和学习，他们可以用乌孜别克语进行交流，家庭内部有时也会尽量使用乌孜别克语，也有部分人口在使用维吾尔语时夹杂一些较为典型的乌孜别克语词语和表达方式。除了对母语的深厚感情外，促使乌孜别克族继续使用乌孜别克语的主要原因还有：一些家庭会去乌兹别克斯坦探亲或者保持贸易往来，个别家庭的子女在乌兹别克斯坦读书深造，这也激发了他们学习和使用母语的兴趣。可以说，由于这一小部

[①] 阿达来提：《中国乌孜别克族语言使用现状》，博士学位论文，中央民族大学，2012年，第100页。

分乌孜别克族人口对母语的坚持，我国的乌孜别克语并没有完全消失，形成了独特的地域特点，这在本书《语言编》部分的分析和附录的语料中得到了印证。

我国乌孜别克族可以称为是双语使用者或者多语使用者。从实地调查分析发现，他们的语言使用情况有以下四种主要类型[①]：第一，维吾尔语汉语兼用型。这类双语使用者在年龄的分布上主要集中在成年组和青少年组，在地域分布上主要集中在伊宁市及喀什地区。第二，哈萨克语汉语兼用型。在年龄的分布上，这种类型的双语使用者主要集中在成年组和青少年组，在地域上主要集中在木垒县乌孜别克民族乡。第三，维吾尔语乌孜别克语兼用型，这类双语使用者主要集中在老年组，地域上集中在伊宁市及喀什地区。第四，维汉乌哈混合型。这种多语使用类型人数较少，除了老年组，成年组和青少年组别中都有一定数量的分布，地域上主要集中在伊宁市，但不普遍。

引起乌孜别克族语言使用多样化的原因有以下几点：第一，人口少，杂居和散居的居住格局是乌孜别克族语言转用和兼用的客观条件。除了木垒县乌孜别克民族乡的乌孜别克族人口比例偏高之外，其他地区，如伊宁市和喀什地区，乌孜别克族人口还不到当地总人口的1%（见前文表1-2）。因此，乌孜别克族在城镇总体分布有散居的特点，在城镇辖区内的各个街道办事处/社区都有数量不一的乌孜别克族居住。此外，在上述地区，乌孜别克族与当地的维吾尔族、哈萨克族、汉族等民族杂居是又一个居住特点。在日常生活起居中，这种杂居的格局成为乌孜别克族转用或兼用维吾尔语和哈萨克语的客观条件。第二，长期的族际婚姻是影响语言使用的重要因素。特别是对人口少的民族来说，与外族通婚比例偏大常常对其本族语言的使用造成强烈的冲击，有时甚至会导致语言的

---

① 阿达来提：《中国乌孜别克族语言使用现状》，博士学位论文，中央民族大学，2012年，第110页。

转用。①在实地调查中了解到，伊宁市和喀什地区乌孜别克族与维吾尔族通婚较为普遍，在木垒县的乌孜别克族与哈萨克族通婚较为普遍。通婚后无论男方娶乌孜别克族，还是女方嫁给乌孜别克族，基本都使用当地通用的语言。从语言的实际使用来看，大量的族际婚姻导致婚姻双方都选择使用周边环境中占主体地位的语言，子女也使用快捷方便的通用语，避免在家里说一种，出门说另一种语言的麻烦。长期以往，已经失去社会功能的家庭式母语也失去了母语地位，而被家庭外普遍使用的维吾尔和哈萨克语所取代。第三，民族的适应性是接受另一种语言的基础。乌孜别克族是由中亚迁入我国的跨境民族，从早期的经商至后来定居，成为我国56个民族的一员，对推动我国与中亚乃至世界各国经济、商业、文化、教育等往来作出了巨大的贡献。在此历史进程中，乌孜别克族特有的适应性和开放性成为民族发展进步的基石，这对其语言的发展变化也带来了一定的影响。据了解，直到20世纪七八十年代，在乌孜别克族较为集中的喀什地区、伊犁州等地，大多数乌孜别克族在家庭中基本保持着自己的母语，与此同时兼用当地通行的维吾尔语。能够熟练使用乌孜别克语的乌孜别克族人都能够熟练使用维吾尔语。乌孜别克族与所居住区域中的维吾尔族、哈萨克族和谐相处，再加上宗教信仰、文化传统、语言等方面的相似性和越来越普遍的族际婚姻，对语言的转用和兼用也产生了较深刻的影响。这个结论与海峰②的研究结果基本一致，她认为，乌孜别克族兼用或转用第二语言（维吾尔语或哈萨克语）的原因有五个：人口因素，表现为人口少；民族关系，表现为乌孜别克族、维吾尔族、哈萨克族有相同的宗教信仰，相似的风俗习惯，相互通婚；语言特征，表现为这三个民族的语言同属于阿尔泰语系突厥语族；文字的使用，即乌孜别克族使用维吾尔文或者哈萨克文；民族性格特征，乌孜别克族容

---

① 戴庆厦：《构建多语和谐的社会语言生活》，民族出版社2009年版，第39页。
② 海峰：《乌孜别克语》，载《新疆民族语言分布状况与发展趋势》，新疆民族语言文字工作委员会编，北京语言大学出版社2005年版，第239页。

易吸收其他民族的特点，对其他民族的事物持宽容、接纳的态度。

从文字的使用来说，乌孜（兹）别克族在历史上，使用过古代突厥文、回鹘文、阿拉伯文、波斯文和察哈台文。[①]到了20世纪三四十年代，苏联进行了两次大的文字改革。第一次文字改革是在1926年，苏联决定在该国境内的各民族中宣传和普及拉丁文字。在前后十年间，苏联使用突厥语言的民族大多已改用以拉丁字母为基础的文字。第二次文字改革发生在1936年，苏联开始把拉丁字母为基础的文字改为斯拉夫字母为基础的文字。又经过十年，至1946年，苏联使用突厥语言的民族大多改用了以斯拉夫字母为基础的文字。这两次文字改革对我国境内，特别是新疆操突厥语族语言各民族的文字使用产生了较强的影响。在苏联的这两次文字改革期间，我国新疆的部分维吾尔族知识分子根据苏联推行的以拉丁字母为基础的维吾尔文字母，制定了以阿拉伯文字母为基础的新维吾尔文拼音方案。1956年，新疆维吾尔自治区党委、人委召开了自治区民族语言文字科学讨论会。会议确定："自治区的维吾尔、哈萨克、柯尔克孜、锡伯等四个民族采用苏联斯拉夫文字母的文字重新制定；乌孜别克、塔塔尔两个民族的文字采用苏联乌兹别克族和鞑靼族目前使用的斯拉夫文字母的文字。"1959年，自治区人委通过了以拉丁字母为基础的《维、哈新文字方案（草案）》，同时指出："过去由自治区人委所通过的以斯拉夫文字母为基础的《维、哈新文字方案（草案）》即予废除，停止推行以斯拉夫文字母为基础的新文字。"1965年1月1日，自治区人委按照国务院的批复精神公布了《维吾尔新文字方案》和《哈萨克新文字方案》，并开始全面推行，直至1982年9月恢复使用老文字（以阿拉伯字母为基础的文字）。在此期间，由于文字的频繁更迭，乌孜别克族在文字的使用上产生了一定的混乱。中苏关系的变化使生活在新疆的乌孜别克族失去了与乌孜别克族主体人口的联系，人口较少的乌孜别克族为日常生计的需要必须学习和使用身边的维吾尔族、哈

---

① 赵小刚：《乌孜别克族经济文化生活研究》，民族出版社2004年版，第145页。

萨克族的语言文字。这一时期，语言和文字的改革对于中国新疆的乌孜别克族来说，不仅加速了融入新疆主体民族的进程，同时也是缩小当地人口多数的维吾尔族和哈萨克族之间文化差异的真正开端。

目前，生活在南疆，与维吾尔族杂居的乌孜别克族，均使用以阿拉伯字母为基础的维吾尔文，部分能够阅读用斯拉夫文或拉丁文出版的乌兹别克语书籍。在城镇，与维吾尔族、汉族杂居的乌孜别克族则兼通这两种语言和文字。在牧区的乌孜别克族与哈萨克族杂居，使用哈萨克文，部分兼通汉语文。随着新疆双语教育的推进，兼通国家通用语言文字的人口日渐增多。还有一部分乌孜别克族，尤其是年轻一代，出于对母语的热爱、经商或者深造的需要，利用网络信息技术的便利，学习了以斯拉夫文或拉丁文为基础的乌兹别克文字，不同程度地掌握了乌孜别克语言和文字。可以说，错综曲折的历史文化背景促成了我国乌孜别克族语言文字及社会文化生活的多样性和独特性，也成为乌孜别克族语言文化处于濒危状态的主要原因。

（二）乌孜别克族及其语言文化研究概述

1. 国内乌孜别克族研究概述

我国乌孜别克族的研究开始于新中国成立以后，尤其是在 1956 年的中国少数民族语言调查和 1958 年的中国少数民族社会历史调查的基础上编写的《乌孜别克族简史简志汇编》[1]等资料为后来深入研究乌孜别克族奠定了基础。随着我国学术科研的大力开展和"一带一路"倡议的提出，促进了乌兹（孜）别克族研究，研究成果也日渐丰富，内容涉及乌孜别克族的族称、族源、社会历史、文学艺术、婚姻习俗、人口体质、语言及文化适应性等诸多方面。

---

[1] 新疆少数民族社会历史调查组（编）：《乌孜别克族简史简志合编》，中国科学院民族研究所（印），1963年。

通常认为，乌孜（兹）别克族的族名来源于 14 世纪金帐汗国的乌孜别克汗，《元史》中记载为"月即别①汗"。金帐汗国是在成吉思汗的长子术赤封地上建立起来的汗国，是蒙古帝国四大汗国之一。1312 年到 1340 年间，术赤的五世孙月即别执掌汗位后，极力推崇伊斯兰教，下令汗国内的居民信仰伊斯兰教，于是大批人皈依了伊斯兰教，这使得月即别汗的名声大振。当时的历史学家就把他领导下的金帐汗国称为月即别汗国，尤其是这个时期信仰伊斯兰教的人们得到了"月即别人"的名号。15 世纪，金帐汗国走向瓦解，原本属于其组成部分的白帐汗国强大起来，形成了一个月即别联盟，即乌兹别克联盟。1451 年，出自成吉思汗之孙、金帐汗拔都和别儿之弟昔班家族建立了"昔班汗国"。1494 年，中亚的帖木儿王朝内讧加剧，昔班率领乌兹别克游牧民侵入河中绿洲地区。从 1500 年至 1506 年间，先后攻陷了布哈拉、撒马尔罕、塔什干和花剌子模等城市和地区。这些南下的乌兹别克人带来了"乌兹别克"这个名称，与当地操突厥语的土著杂居，开始了新的融合，都使用"乌兹别克"族名。昔班的后裔建立的浩罕汗国与清朝政府交往密切，由于汗国将都城建在安集延，因此清代人又把乌兹别克人称作安集延人。这个名称一直延续到民国时期。实际上直到近代，人们更习惯于以地名称呼各地的乌兹别克人，如布哈拉人、费尔干纳人、花剌子模人或撒马尔罕人。1934 年，盛世才政府召开新疆"第二次民众大会"，确定"乌孜别克"为正式族名，后来国内的乌孜别克人被写作"乌孜别克族"，国外的写作"乌兹别克"（《乌孜别克族简史》，2008：6-12）。

关于乌孜别克族族源、族称及迁徙至中国新疆后的社会活动的历史文献散见于汉文、满文史籍、西语和中亚当地语言记载的史书中。当代国内的研究成果看，关于乌孜别克族族称、族源的探讨在贾丛江的《乌孜别克族》②、罗建生的《乌孜别克族》③、阿丽亚·吉力力的《乌孜别克族新疆

---

① 月即别，是 Uzbek，即乌孜别克的音译。
② 贾丛江：《乌孜别克族》，古吴轩出版社 1996 年版。
③ 罗建生：《乌孜别克族》，民族出版社 2004 年版。

木垒县阿克巴克村调查》①、国家民委修订出版的《乌孜别克族简史》②、解志伟的《试论乌兹别克族的民族形成过程》③、米娜瓦尔·艾比布拉的《中国乌孜别克族》④等研究成果中都有较为详尽的论述。作为少数民族知识普及手册，一些专家也对乌孜别克族有不同层面的介绍，如《中华民族大家庭知识读本·乌孜别克族》⑤、《中华民族全书·乌孜别克族》⑥、《中国文化知识读本·乌孜别克族》⑦等。

关于乌孜别克族的社会历史研究，除上述的一些著作外，有代表性的有：《乌孜别克社会经济文化研究》⑧《新疆木垒县乌孜别克族游牧社会文化变迁研究》⑨《游牧：流动与变迁——新疆木垒县乌孜别克族游牧社会的人类学考察》⑩等著作。《乌孜别克社会经济文化研究》是一部用现实的视角系统研究乌孜别克族社会经济文化发展过程的重要著作，从多方面探讨了具跨国历史背景的乌孜别克族，内容涵盖乌孜别克族的民族过程与跨国历史、社会演进、经济发展、文化变迁等。解志伟的博士论文《新疆木垒县乌孜别克族游牧社会文化变迁研究》和专著《游牧：流动与变迁——新疆木垒县乌孜别克族游牧社会的人类学考察》也讨论了乌孜别克族的社会历史变迁，重在以新疆木垒县乌孜别克族为主要研究对象，对乌孜别克族游牧社会生活从历史

---

① 阿丽亚·吉力力：《乌孜别克族新疆木垒县阿克喀巴克村调查》，云南大学出版社2004年版。
② 乌孜别克族简史编写组：《乌孜别克族简史》，国家民委《民族问题五种丛书》之二《中国少数民族简史丛书》（修订本），民族出版社2008年版。
③ 解志伟：《游牧：流动与变迁——新疆木垒县乌孜别克族游牧社会的人类学考察》，知识产权出版社2012年版，第78—82页。
④ 米纳瓦尔·艾比布拉：《中国乌孜别克族》（中华民族全书），宁夏人民出版社2012年版。
⑤ 袁琳瑛：《中华民族大家庭知识读本：乌孜别克族》，新疆美术摄影出版社2010年版。
⑥ 米纳瓦尔·艾比布拉：《中国乌孜别克族》（中华民族全书），宁夏人民出版社2012年版。
⑦ 张琪：《中国文化知识读本：乌孜别克族》，吉林文史出版社2013年版。
⑧ 赵小刚：《乌孜别克族经济文化生活研究》，民族出版社2004年版。
⑨ 解志伟：《新疆木垒县乌孜别克族游牧社会文化变迁研究》，博士学位论文，中央民族大学，2009年。
⑩ 解志伟：《游牧：流动与变迁——新疆木垒县乌孜别克族游牧社会的人类学考察》，知识产权出版社2012年版。

到当下进行了全面的描述,对乌孜别克族的社会文化生活及其变迁特点进行了较为深刻的解读。相关研究成果还有刘仕国的《牧区乌孜别克族生活方式的变迁——对新疆木垒县大南沟乌孜别克乡的民族社会学调查》①,谭莉莉、王晓珠的《大南沟的乌孜别克族》②,张咏的《牧民定居与文化转型——新疆木垒县乌孜别克民族乡定居工程的考察报告》③,解志伟的《嵌入、生成和解组——乌孜别克族游牧组织阿吾勒变迁的人类学解读》④等。这些研究以居住在新疆北部昌吉州木垒县的乌孜别克族的游牧社会生活为调查对象,研究了其历史背景、历史变迁及现状,但是对作为乌孜别克族主体人口,即生活在城市中的乌孜别克族的社会历史、经济生活考察还是不够的。

乌孜别克族的文学艺术研究中,最早的应该是魏泉鸣翻译整理的《乌孜别克族寓言故事集》⑤。魏泉鸣先生的这部著作中收录了 21 篇乌孜别克族寓言故事,但是书中只有中文的译文,没有乌兹别克文原文,对于寓言故事的出处或者收集翻译经过也没有涉及。新疆乌孜别克族文化研究会原会长泰莱提·纳斯尔、刘奉仉发表的《新疆乌孜别克族古典文学》⑥和著名的乌孜别克族文学家、剧作家许库尔·亚力坤(Šükür Jalqun)发表的《乌孜别克族文学简述》⑦是我国较早研究和介绍乌孜别克族文学的重要成果。近二十年来,乌孜别克族文学艺术重新受到学者

---

① 刘仕国:《牧区乌孜别克族生活方式的变迁——对新疆木垒县大南沟乌孜别克乡的民族社会学调查》,《昌吉学院学报》2001 年第 3 期。
② 谭莉莉、王晓珠:《大南沟的乌孜别克族》,《今日民族》2005 年第 9 期。
③ 张咏:《牧民定居与文化转型——新疆木垒县乌孜别克民族乡定居工程的考察报告》,《青海民族研究》2007 年第 1 期。
④ 解志伟:《游牧:流动与变迁——新疆木垒县乌孜别克族游牧社会的人类学考察》,知识产权出版社 2012 年版。
⑤ 魏泉鸣:《乌孜别克族寓言故事集》,甘肃人民出版社 1979 年版。
⑥ 泰莱提·纳斯尔、刘奉仉:《新疆乌孜别克族古典文学》,《新疆社会科学》1983 年第 2 期。
⑦ 许库尔·亚力坤:《乌孜别克族文学简述》(油印本),中国少数民族文学学会第三届年会论文,1985 年。

们的关注。吾买尔提江·阿不都热合曼①介绍了我国近现代乌孜别克族文学家、剧作家许库尔·亚里坤一生的创作历程和戏剧创作成就。吾买尔提江·阿不都热合曼与卡德尔·艾克拜尔合著的《中国乌孜别克族文学史》②，对乌孜（兹）别克族文学进行了较为系统的分阶段研究，包括古代文学、10—12世纪的文学、13—16世纪的文学、中国乌孜别克族文学及其代表作等内容。这是我国目前为止正式出版的、全面介绍乌孜别克族文学的代表性著作。此外，赵永红介绍了《乌孜别克族民间文学》③，阿丽亚·吉力力对乌孜别克族民间故事的叙事模式、叙事方法及语义学转换进行了系统的分析和论述。④熊坤新、吕邵男在《乌孜别克族伦理思想概述》⑤中探讨了乌孜别克族的伦理思想和道德观念，称其为中华民族伦理思想中不可或缺的组成部分。个别学者还研究了乌孜别克族的音乐，如黎蔷的《乌孜别克民间音乐概览》⑥、李亚军的《乌孜别克族民间音乐及其特点》⑦、刘洁、李晓艳的《乌孜别克族民歌的形式及其特点分析》⑧等。

关于乌孜别克族的婚丧节庆习俗研究中，除上述研究成果中进行了介绍之外，《乌孜别克族的婚俗》⑨《乌孜别克族的婚俗及其特征》⑩《新

---

① 吾买尔提江·阿不都热合曼：《论新疆乌孜别克族剧作家许库尔·亚里坤》，《民族文学研究》2002年第4期。
② 吾买尔提江·阿布都热合曼、卡德尔·艾克拜尔：《中国乌孜别克族文学史》（维吾尔文），新疆人民出版社2005年版。
③ 赵永红：《乌孜别克族民间文学》，载《中国阿尔泰语系民族民间文学概论》，内蒙古教育出版社2005年版，第543—569页。
④ 阿丽亚·吉力力：《乌孜别克族民间故事的叙事特征》，《西北民族研究》2005年第2期。
⑤ 熊坤新、吕邵男：《乌孜别克族伦理思想概述》，《新疆师范大学学报》2006年第4期。
⑥ 黎蔷：《乌孜别克民间音乐概览》，《西安音乐学院学报》1997年第2期。
⑦ 李亚军：《乌孜别克民间音乐及其特点》，《艺术教育》2013年第4期。
⑧ 刘洁、李晓艳：《乌孜别克族民歌的形式及其特点分析》，《才智》2015年第20期。
⑨ 楼望皓：《乌孜别克族的婚俗》，《新疆人大》1995年第4期。
⑩ 木艾热木·米尔阿布杜拉：《浅谈乌孜别克族的传统婚俗及其特征》，《新疆大学学报》（维吾尔文）2013年第4期。

疆乌孜别克族的历史婚俗研究》①等文章也作了较为全面的研究。关于乌孜别克族的节庆活动，《新疆莎车县乌孜别克族古尔邦节节日文化概述》②对莎车县的乌孜别克族的节日习俗作了简单介绍。就这一领域的研究成果来看，更多的是集中在对婚俗的介绍，但是对于文化习俗的其他方面，如乌孜别克族的丧葬习俗、姓名、亲属称谓、职业称谓等并没有进行研究。

此外，还有学者进行了乌孜别克族的人口及其体质的研究。关于乌孜别克族人口的研究中，巴哈尔的《新疆乌孜别克族人口的文化构成特点》③以2000年第五次人口普查数据为根据，探讨了乌孜别克族人口的现状，包括人口的分布、受教育程度、职业构成等方面，反映了我国乌孜别克族是一个文化素质较高的民族。房若愚的《新疆乌孜别克族人口城市化成因及其效应分析》④分析了我国乌孜别克族人口城镇化水平位居全国第二位的原因、城镇人口的分布、人口的现状，对我国第五次人口普查中乌孜别克族人口负增长的情况提供了佐证。还有一些研究⑤从体质人类学的角度对我国乌孜别克族进行了考察。

乌孜别克族独特的人文历史，不断地成为众多民族学研究者挖掘的宝库，并由此形成了一支初具规模的研究队伍，研究成果正逐年增多，同时也能看到研究中的不足和隐忧。熊坤新和张少云（2009：46）两位学者总结如下：第一，目前对乌孜别克族的研究视野还不够开阔，对吸收其他学科的研究方法和优良传统，加强与其他学科之间的学术交流与合作方面做得还不够，有待进一步提高。第二，乌孜别克族是一个跨界民族，几百年

---

① 马红艳：《新疆乌孜别克族的历史婚俗研究》，《北方文学》2013年第9期。
② 阿依努尔·艾尼瓦尔：《新疆莎车县乌孜别克族古尔邦节节日文化概述》，《丝绸之路》2012年第14期。
③ 巴哈尔：《新疆乌孜别克族人口的文化构成特点》，《新疆社会科学》2004年第4期。
④ 房若愚：《新疆乌孜别克族人口城市化成因及其效应分析》，《民族人口》2005年第5期。
⑤ 此类研究有：宋景民等：《对蒙古族、藏族、塔塔尔族、乌孜别克11位青年人头发毛干的扫描电镜观察》，《解剖学杂志》1994年第4期；郑连斌：《乌孜别克族体质特征研究》，《人类学学报》2004年第1期；陆舜华等：《乌孜别克族成人的体型特点》，《人类学学报》2004年第3期。

来，我国境内的乌孜别克族长期游走于中亚各国，对我国地缘政治关系的影响也应该是值得研究的内容之一，目前学术界关于这方面的研究成果尚少。第三，在新疆，散居各地的乌孜别克族长期与周边其他兄弟民族生活在一起，特别是改革开放以来，其语言、文化、习俗、经济生态等方面发生了较大的变化，乌孜别克族社会已呈现出向多元化方向发展的态势，然而我们的研究却往往还跟不上时代前进的步伐，还不能进一步从整体上把握不同地区乌孜别克族的发展动态，并对其未来发展作出预测，尤其是对乌孜别克族区域差异的研究还亟待开拓①。近几年来，经过不同领域学者的共同努力，乌孜别克族研究虽然涌现出很多成果，上述不足在实际研究中还是不同程度地存在。不过，目前我国大力提倡的"一路一带"合作发展理念的大好形势必会进一步推动像乌孜别克族这样跨境民族的语言文化研究。

2.国内外乌孜别克语研究概述

我国关于乌孜别克语较早的研究成果是郝关中、张世荣翻译整理的《乌孜别克族谚语选》②，共收集乌孜别克族谚语593条。关于语言本体研究，较为系统全面的首推1987年由程适良、阿不都热合曼编著的中国少数民族语言简志丛书中的《乌孜别克语简志》。根据田野调查语料，该书较系统地描写了乌孜别克语的语音、词汇和句法诸方面，不仅收集整理了当时的乌孜别克语语料，也为乌孜别克语的进一步研究奠定了很好的基础。遗憾的是，我国乌孜别克语的研究并没有延续下去，只有一些零星的成果出现，如《哈萨克语与乌孜别克语音位比较研究》③《乌孜别克语概况》④《乌孜别克语》⑤。近几年，一些关于乌孜别克语的研究成果陆续发表。《中国乌孜

---

① 熊坤新、张少云：《国内乌孜别克族研究概述》，《新疆师范大学学报》（哲学社会科学版）2009年第3期。
② 郝关中、张世荣：《乌孜别克族谚语选》，新疆人民出版社1980年版。
③ 程适良：《哈萨克语与维吾尔语音位比较研究》，《中央民族大学学报》1995年第3期。
④ 力乎甫·托乎提：《阿尔泰语言学导论》，山西教育出版社2002年版，第54—57页。
⑤ 海峰：《乌孜别克语》，载《新疆民族语言分布状况与发展趋势》，新疆民族语言文字工作委员会编，北京语言大学出版社2005年版，第95—98页。

别克族语言使用现状研究》①（阿达来提，2012）从社会语言学的角度对我国境内，主要是在新疆散居的乌孜别克族进行了较全面的调查研究，真实反映了当前各地乌孜别克族的语言使用、转用及语言接触情况。《乌孜别克语传据的语法标记及其功能初探》②和《乌孜别克语情态系统研究语料》③，向乌孜别克语本体研究迈出了一步。《乌孜别克语 366 句会话句》④围绕日常生活中常见的 15 个话题，编写了日常用语及 300 个基础词汇，有一定的学习和参考价值。

此外，国内还有一部分学者专注于国外乌兹别克语的研究。阿斯凡季亚罗夫·伊·乌的《乌兹别克语中的俄语借用词》⑤，从词义、词性、构词类型等方面较为详细地讨论了乌兹别克语中的俄语词。针对乌孜别克族学生学习汉语中出现的一些规律性问题，胡津龄⑥的《中乌语音比较六例》对汉语和乌兹别克两种语言的语音语调作了分析比较。2004 年出版的《汉乌俄外交词典》收录了外交领域的词目，对每个汉语词目分别用乌兹别克斯坦官方语言乌兹别克语和通行的俄语两种语言来注释。艾尼瓦尔·艾合买提江在《初谈维吾尔语与乌兹别克语元音区别》⑦一文中，从比较语言学的理论和研究方法去研究和比较维吾尔语和乌兹别克语中元音的不同，以及两种语言元音较突出的特点和区别。云耘、桂亮的《从社会进程角度看乌兹别克语拉丁化》⑧，从史实材料出发，对乌兹别克语在历史上曾经拉丁化

---

① 阿达来提：《中国乌孜别克族语言使用现状》，博士学位论文，中央民族大学，2012 年。
② 阿达来提：《乌孜别克语传据的语法标记及其功能初探》，载力提甫·托乎提、阿不都热西提·亚库甫（主编）：《阿尔泰语系语言传据范畴研究》，中央民族大学出版社 2013 年版，第 145—152 页。
③ 阿达来提：《乌孜别克语情态系统研究语料》，载阿不都热西提·亚库甫、张定京（主编）：《阿尔泰语系语言情态系统的功能—类型学研究：分析性对比语料 400 句》，中央民族大学出版社 2013 年版，第 237—293 页。
④ 阿达来提：《乌孜别克语 366 句会话句》，社会科学文献出版社 2014 年版。
⑤ 阿斯凡季亚罗夫·伊·乌，刘文兰（译）：《乌兹别克语中的俄语借用词》，《新疆大学学报》1984 年第 4 期。
⑥ 胡津龄：《中乌语音比较六例》，《解放军外国语学院学报》1999 年第 S1 期。
⑦ 艾尼瓦尔·艾合买提江：《初谈维吾尔语与乌兹别克语元音区别》，《科技信息》2013 年第 11 期。
⑧ 云耘、桂亮：《从社会历史进程角度看乌兹别克语拉丁化》，《语文学刊》2014 年第 6 期。

的过程进行梳理，揭示出乌兹别克语拉丁化的必然性。孔杰在其硕士论文《汉语乌兹别克语常用连词对比研究》[①]中从分类标准、语义、语序等方面进行对比分析，找出了汉语乌兹别克语连词的异同。古丽巴努木·克拜吐里和乌兹别克斯坦籍教师古丽巴哈尔·伊斯坎达洛娃合编了《乌兹别克语教程》[②]，掀开了国内以乌兹别克语为外语的教材建设篇章。

作为世界范围内使用人口位居第二的突厥语族语言，乌兹别克语在国外也得到了众多国外学者的关注和研究，这里只介绍部分较为突出的研究成果。安德烈·斯尤堡（Andree F.Sjoberg，1963）著的《乌兹别克语结构语法》（*Uzbek Structural Grammar*）[③]是早期经典著作之一。该书应用结构主义语言学理论对乌兹别克语进行了研究，内容涵盖乌孜别克语的音位学（Phonology）、音位配列（Phonotactics）和形态音位学（Morphophonology）、形式和功能类型（Form and Functional classes）、派生形式（Derivation）、曲折形式（Inflection）、短语结构（Phrase Structure）、从句结构（Clause Structure）等。虽然已经过了五十余年，但仍然有重要的参考价值。对乌孜别克语词汇的研究中最全面的是《乌兹别克语详解词典》[④]。该词典收录了6万条现代乌孜别克语的词和词组，标注了其词性、词义、同义词/近义词、词源等内容，是深入理解乌孜别克语词汇的工具书。安德拉斯·波德拉里格提（András J. E. Bodrogligeti）编著的《现代乌兹别克语参考语法》（上、下册），从乌兹别克文字母出发，详细介绍了现代乌兹别克语的语音、词类、句法的细致描写。其中词类描写包括名词及其结构描写、后置词及其类型结构描写、形容词及其级的结构描写、代词及其

[①] 孔杰：《汉语乌兹别克语常用连词对比研究》，硕士学位论文，云南师范大学，2016年。

[②] 古丽巴努木·克拜吐里、古丽巴哈尔·伊斯坎达洛娃：《乌兹别克语教程》，中央民族大学出版社2016年版。

[③] Sjoberg. A. F. Uzbek Structural Grammar，Bloomington: Indiana University，The Hague: Mouton，1963.

[④] Z. M. Mahrufov. Uzbek Tilining Izoxli Lug'ati. Moskva: Izdatelstvo (Russkiy Yazik)，Rus Tili Nashriyoti，1981.

类型的描写、数词及其类型的描写、动词及其时、态、体的描写、副词及其类型的描写、连词、语气词、疑问代词、介词。在长达 1274 页的书中，对上述各项的描写和研究细致入微，不失为乌孜别克语研究的经典著作。

乌兹别克斯坦对现代乌兹别克语研究成果较多，在其出版的论著中较具代表性的有两部：一部是阿布都热合曼诺夫（Abduraxmonov）与其他人合著的《乌兹别克语实用语法》①，另一部是拜合提亚尔·蒙里耶夫（Baxtiyor Mengliyev）和奥拉尔·哈里亚鲁夫 (Oral Xoliyorov)合著的《乌兹别克语语法手册》②。前者介绍了乌兹别克语的音位、词汇、形态和正字法等内容，后者从突厥语概况出发，详细介绍了乌兹别克语的语音、文字、正字法、词类、句法、句子成分、标点符号等内容，通俗易懂，是目前乌兹别克斯坦国立大学语言学系的通用教材。当然，在乌兹别克斯坦应该还有大量的乌兹别克语研究成果，由于我国相关资料较少，或者介绍得不多，这方面的信息在本书中还不够全面。

其他相关研究还有埃·捷尼舍夫（1982）《突厥语言研究导论》③，该书研究了阿尔泰语系突厥语族诸语言的来源、方言、语音、词汇、语法和文字，其中对乌兹别克语有专门的论述。拉尔斯·约翰逊（Lars Johanson）和艾娃·恰托（Eva A Csato）主编的《突厥语言》④一书对古代、近现代及当代各突厥语族语言的基本情况及其语法作了全面的介绍，其中亨得里克·波斯合腾（Hendrik Boeschoten）对乌兹别克语的语音、

---

① X. Abduraxmonov, A. Rafiev & D. Shodmonqulova, O'zbek Tilining Amaliy Grammatikasi, Toshkent:O'qutuvchi, 1992.
② Baxtiyor Mengliyev & O'ral Xoliyorov, Uzbek Tilidan Universal Qo'llanma, Toshkent: O'zbekiston Republikasi Fanlar Akademiyasi, 2008.
③ 埃·捷尼舍夫：《突厥语言研究导论》，陈鹏译，中国社会科学出版社 1982 年版。
④ Johanson Johanson.L. & Csato. E.A. The Turkic Languages, New York: Routledge, 2006.

形态、句法作了较完整的介绍。①拜克提亚尔·纳扎尔耶夫（Bakhtiyar.A.Nazarov）和丹尼斯·斯尼尔（Denis Sinor）合著的《乌兹别克历史、文化和语言研究》介绍了乌兹别克语方言②。此外，还有乌兹别克语词典及相关论文，在此不一一赘述。这些研究都从不同的角度和层面展现了国外乌兹别克语的研究成果，对我国的乌孜别克语研究有重要的参考价值。

在"一带一路"倡议下，关于我国乌孜别克族和国外乌孜别克族的相关研究在不断深入，涉及的范围越来越广，专家学者们的尝试和努力为今后的进一步研究奠定了良好的基础，这些研究的学术价值是毋庸置疑的。

五　本研究使用的语音转写对应表

我国乌孜别克族在母语学习和使用中主要使用三种文字：阿拉伯文、拉丁文及西里尔文，其中以阿拉伯文为基础的文字主要使用于日常写作，而拉丁文和西里尔文用于阅读，阅读资料基本上是从中亚乌兹别克斯坦、哈萨克斯坦等国家进口的乌兹别克语图书。表1-3是突厥语族语言转写符号（Turkic Languages Transcription）、国际音标（International Phonetic Alphabet）与我国乌孜别克语字母的对应表。第一列是本书中所使用的，也是国际通用的突厥语族语言转写符号，转写符号的选择和使用与阿不都热西提·亚库甫（Abdurishid Yakup）的著作《吐鲁番方言》（*The Turfan Dialect*）③中的转写符号基本一致。根据乌孜别克语的语音情况进行了个别

---

① Boeschoten Boeschoten, H. The Uzbek. In Johanson.L. & Csato. E.A. (eds.) The Turkic Languages, New York: Routledge, 2006, pp. 357-378.
② Bakhtiyar A. Nazarov & Denis Sinor, Essays on Uzbek History, Culture and Language, Bloomington: Indiana University Research Institute for Inner Asian Studies, 1993.
③ Yakup Abdurishid, The Turfan Dialect of Uyghur. Gottingen: Harrassowitz Verlag, 2005.

增减，如：突厥语族语言转写符号 å，国际音标为[ɔ]，是乌孜别克语特有的元音，就是增加的一个实例。

表1-3　　　　　　　　乌孜别克语音标及文字对照表

突厥语族语言转写符号 Turkic transcription	国际音标 IPA	语音描写 Description	维吾尔文字 Orthography (Arabic)	拉丁文字 Orthography (Latin)	西里尔文字 Orthography (Cyrillic)
a	ɑ	展唇、低、后音 unrounded, low back	ا	O o	O o
å	ɔ	圆唇，低中后音 rounded, lower-mid back	ا	O o	O o
ä	æ/ɛ	展唇、低中前音 unrounded, lower-mid front	ە	A a	A a
b	b	唇音、弱双唇塞音 labial, weak bilabial stop	ب	B b	Б б
d	d	齿尖弱颤音 dental weak stop	د	D d	Д д
e	e	展唇、上-中前 unrounded, upper-mid front	ې	E e	Э э
f	f	强、唇齿擦音 strong labio-dental fricative	ف	F f	Ф ф
g	g	软腭、前弱塞音 velar, front weak stop	گ	G g	Г г
h	h	声门（喉音）、清、喉擦音 glottal, voiceless glottal fricative	ھ	H h	Х х

续表

突厥语族语言转写符号 Turkic transcription	国际音标 IPA	语音描写 Description	维吾尔文字 Orthography (Arabic)	拉丁文字 Orthography (Latin)	西里尔文字 Orthography (Cyrillic)
i	i	高、前 high front	ﻰ	I i	И и
ɨ	ɨ	高、中 high, central	ﻰ	I i	И и
ï	ɯ	高、后 high, back	ﻰ	I i	И и
ə	ə	中性、非重读、中央、展唇或圆唇 schwa, unstressed, mid central, unrounded or rounded	ﻰ	I i	И и
ǰ	ʤ	后齿龈、弱塞擦音 postalveolar, weak affricative	ج	J j	Ж ж
k	k	软腭、前强塞音 velar, front strong stop	ك	K k	К к
l	l	齿尖、浊、边音 dental, voiced lateral approximant	ل	L l	Л л
m	m	唇音、双唇鼻音 labial, bilabial nasal	م	M m	М м
n	n	齿尖、鼻音 dental, nasal	ن	N n	Н н
p	p	唇音、强双唇塞音 labial, strong bilabial stop	پ	P p	П п
q	q	后齿龈、后强塞音 postveolar, back strong stop	ق	Q q	Қ қ

续表

突厥语族语言转写符号 Turkic transcription	国际音标 IPA	语音描写 Description	维吾尔文字 Orthography (Arabic)	拉丁文字 Orthography (Latin)	西里尔文字 Orthography (Cyrillic)
r	r	齿龈、振动、颤音 alveolar, vibrant, trill	ر	R r	Р р
s	s	齿龈、强擦音 alveolar, strong fricative	س	S s	С с
t	t	齿尖、强塞音 dental, strong stop	ت	T t	Т т
u	u	圆唇、高后音 rounded, high back	ۇ	U u	У у
ü	y	圆唇、高前音 rounded, high front	ۈ	U u	У у
v	v	唇音、弱唇齿擦音 labial, weak labio-dental fricative	ۋ	V v	В в
x	x	软腭、强擦音 velar, strong fricative	خ	X x	X x
j	j	腭化音 palatal glide	ي	Y y	Й й
z	z	齿龈、弱擦音 alveolar, weak fricative	ز	Z z	З з
ž	ʒ	后齿龈、弱擦音 postalveolar, weak fricative	ژ	J j	Ж ж
o	o	圆唇、上-中后音 rounded, upper-mid back	ۇ	O' o'	Ў ў

续表

突厥语族语言转写符号 Turkic transcription	国际音标 IPA	语音描写 Description	维吾尔文字 Orthography (Arabic)	拉丁文字 Orthography (Latin)	西里尔文字 Orthography (Cyrillic)
ö	ø	圆唇、上-中前音 rounded, upper-mid front	ۆ	O' o'	Ỹ ỹ
ɣ	ɣ	后腭、弱擦音 postvelar weak fricative	غ	G' g'	F ғ
š	ʃ	后齿龈、强擦音 postalveolar, strong fricative	ش	Sh sh	Ш ш
č	ʧ	后齿龈、强塞擦音 postalveolar, strong affricate	چ	Ch ch	Ч ч
ŋ	ŋ	后腭、鼻音 postvelar, nasal	ڭ	ng	Hf

六　本研究使用的语言学术语缩略语

本研究所使用的缩略语，含语言学术语和符号，均以阿不都热西提·亚库甫（Yakup，2005:23-24）使用的缩略语为准，原文为英文，以下为中英文对照。

语言学术语（Linguistic terms）

1 复	第一人称复数	1pl	1st person plural
1 单	第一人称单数	1sg	1st person singular
2 复	第二人称复数	2pl	2nd person plural

2 单	第二人称单数	2sg	2nd person singular
3 复	第三人称复数	3pl	3rd person plural
3 单	第三人称单数	3sg	3rd person singular
从格	从格	ABL	ablative
能力	能力标记	ABIL	ability marker
名动	名动词	AcN	action noun
宾格	宾格	ACC	accusative
形	形容词	ADJ	adjective
副	副词	ADV	adverb
不定式	不定式	Aor/AOR	aorist
助动	助动词	AUX	auxiliary
使动	使动态	CAUS	causative
量	量词	CLASS	classifier
集合	集合附加成分	COLL	collective
随伴	随伴格	COM	comitative
比较	比较标记	COMP	comparative
条件	条件标记/假设标记	COND	conditional
推测	推测标记	CONJ	conjecture
副动	副动词	CONV	converb
共同	共同标记	COOP	vying and cooperation
系动	系动词	COP	copula
表爱	表爱标记	DIM	diminutive
命令	命令标记	DIR	directive
等同	等同标记	EQUA	equative
传过	传据过去时	EvPst	evidential past

属格	属格	GEN	genitive
祈使	祈使标记	IMPER	imperative
感叹	感叹词	INTER	interjection
不及物	不及物动词	INTR	intransitive
终点内	终点内/终端内	IT	intraterminal
终内形动	终点内形动词	ITPple	intraterminal participle
位格	位格	LOC	locative
名性	名词性（形态上）	N	nominal (in morphology)
否定	否定	NEG	negation
拟声	拟声词	ONOM	onomatopoeic
祈愿	祈愿标记	OPT	optative
被动	被动标记	PASS	passive
人称	人称标记	PER	personal suffix
复	复数	PL	plural
礼形	礼貌形式	POL	polite form
礼所有格	礼貌所有格	POLPOSS	polite possessive
所有格	所有格	POSS	possessive
后置	后置词	PostP	postposition
后动	后置动词	PostV	postverb
形动	形动词	Pple	participle
现在	现在时	PRES	present
过去	过去时	PST	past
终点后	终点后/终端后	PT	postterminal
终后形动	终点后形动词	PTPple	postterminal participle
疑问	疑问词	Q	interrogative

疑代	疑问代词	QPART	interrogative particle
交互	交互标记	RECIP	reciprocal
反身	反身标记	REFL	reflective
尊形	尊敬形式	RESP	respectful form
单	单数	sg	singular
简过	简单过去时	SPST	simple past
标音	标准发音	SP	standard pronunciation
及物	及物动词	tr	transitive
惯过	习惯性过去时	HabPst	habitual past
自愿	自愿式	VOL	vuluntative

符号（Symbols）

?	没有停顿	without pause
/	短停顿	short pause
//	长停顿	long pause
#	词界	word boundary
R	响音	sonorant
$	音节界	syllable boundary
{}	词素	morpheme
C	[+辅音性]或[-音节性]	[+ consonantal] or [- syllabic]
N	鼻音	nasal
V	元音，[-辅音性]	vowel, [- consonantal]
+	词素界	morpheme boundary
vd	浊化	voiced

vl	清化	voiceless
'	主重音	primary stress
"	次重音	secondary stress
:	长度标记	length mark
<<	复制于	copied form

语言编　乌孜别克语及其结构

一　乌孜别克语音位研究

本章分析和描述乌孜别克语的音位系统，包括元音系统和辅音系统，音位的组合及语音和谐规律，最后讨论一些比较显著的语音变化规律。

（一）元音系统

乌孜别克语中的元音音素有十二个，分别是[a]、[å]、[ä]、[ȧ]、[e]、[i]、[ɨ]、[ï]、[o]、[u]、[ö]、[ü]。根据舌位的高低有八个高元音和四个低元音，根据舌位的前后分，有五个前元音，六个后元音和一个央元音，根据嘴唇的圆展分，有五个圆唇元音，七个展唇元音。在这些元音音素中，[ä]和[ȧ]在乌孜别克语中不会形成对立关系，因此属于同一个音位/ä/、[a]和[å]不会形成对立关系，同属于一个音位/a/。另外，[i]、[ɨ]、[ï]三个元音也不形成对立关系，同属于一个音位/i/。因此，根据语料，乌孜别克语的元音音位有以下八个，即/a/、/ä/、/e/、/i/、/o/、/u/、/ö/、/ü/，其区别特征如表2-1所示。

在乌兹别克斯坦使用的标准乌兹别克语（下文简称标准乌兹别克语）中，有六个元音，分别是：/å/、/ȧ/、/e/、/i/、/o/、/u/。通过对比，我们发现，我国乌孜别克语中的元音出现了与维吾尔语相同的三个元音，即：/a/、/ö/和/ü/。根据程适良、阿不都热合曼（1987：5-6）的解释，我国乌孜别克语中，元音/å/[æ]出现在突厥语言同源词中，或受维吾尔语的影响，在一些词中舌位下移而读作/ä/ [ɛ]。另外，元音/a/ [ʌ]在中亚乌兹别克语中读作后低圆唇元音/ɒ/，而我国乌孜别克语受到维吾尔语的影响读作后半低展唇元音[ʌ]。本研究中收集到的语料体现了上述所有元音，这是因为，部分发音合作人除了受到父母或祖辈的影响外，在实际生活中接触到中亚来探亲的亲人，或者通过网络视频、音像材料，受其影响，就产生了语料中所见的这几个元音混用的现象。

表2-1　　　　　　　　乌孜别克语元音音位区别特征

元音音位	元音	高	低	前	后	圆	展
a	a	-	+	-	+	-	+
	å	-	+	-	+	+	-
ä	ä	-	+	+	-	-	+
	ȧ	-	+	+	-	-	+
e	e	+	-	+	-	-	+
i	i	+	-	+	-	-	+
	ɨ	+	-	-	-	-	+
	ï	+	-	-	+	-	+
o	o	-	-	-	+	+	-
u	u	+	-	-	+	+	-
ö	ö	+	-	+	-	+	-
ü	ü	+	-	+	-	+	-

1.元音音位

我国乌孜别克语的音位系统与标准乌兹别克语有一定的差异。标准乌兹别克语中的圆唇元音[å]在乌孜别克语中多读作[a]，没有区别意义的功能。/a/的语音特点与维吾尔语中的/a/完全相同，而维吾尔语中并没有圆唇元音[å]。乌孜别克语中的/ä/和标准乌兹别克语中的[ȧ]发音特点也略微不同，前者与维吾尔语的一样,为前半低展唇元音/ɛ/,其对应的转写符号为/ä/,而标准乌兹别克语中的为前低展唇元音/æ/,其对应的转写符号为[å]。另外,元音/i/、[ɨ]和[ï]属于同一个音位,是/i/的变体。标准乌兹别克语中没有圆唇元音/ö/和/ü/,而乌孜别克语中出现了与维吾尔语一样的这两个音位。表2-2为乌孜别克语元音音位与乌兹别克语元音音位的对比总表,其中乌孜别克语例词选自田野调查语料,乌兹别克语例词是以标准乌兹别克语语音为准。

表2-2　　　　　乌孜(兹)别克语元音音位对比表

序号	乌孜别克语	开音节	闭音节	词首	乌兹别克语	开音节	闭音节	词首
1	a	atä 父亲	hajat 生命	ali 大学 mäktäp	å	åtä 父亲	häjåt 生命	åli mäktäp 大学
2	ä	özbekčä 乌孜别克语	šündän 从此	äzälär 成员	a	uzbekčå 乌兹别克语	šundån 从此	åzålår 成员
3	e	—	kejin 以后	endi 现在	e	—	kejin 以后	endi 现在
4	i	aldɨ 前面	til 语言	imtihan 考试	i	åldi 前面	til 语言	imtihån 考试
5	o	oqutquči 老师	rajon 地区	oquš 学习	o	oqutuvči 老师	räjon 地区	oqiš 学习
6	u	ušä 那个	ujγur 维吾尔	ulär 他们	u	ušä 那个	ujγur 维吾尔	ulär 他们
7	ö	öpkä 肺	köp 多	ötkän 过去的	o	opkä 肺	kop 多	otgän 过去的
8	ü	—	sözlük 词汇	üčün 为了	u / i	juz 百	sozlik 词汇	učun 为了

2.元音音位特点

/a/

从语料里/a/元音音位的功能来看，[å] 应该是音素，出现的位置并不规律，常与/a/交替使用，是/a/的变体。例如：åjilä（2:3，家庭）ajli-dä（1:35，家庭-位格）；hazir（1:17，现在），xåzirgi（2:4，现在的）。

在标准乌兹别克语中本来不应出现的位置上出现了圆唇元音[å]，于是在有些词中出现与其他元音交替使用的现象，其中比较典型的是[å]和/ä/、[å]和/o/的交替使用。例如：årä-si-da（2:10，在其中-领属3-位格），标准语为ärå（在其中）；gäzitxonä-dä(2:8，报社-位格)，标准语为gäzitxånä（报社），äsosän（3:7，基本上），标准语为äsåsän，qärindoš（2:19，兄弟姐妹），标准语为qärindåš。

/ä/

标准乌兹别克语中的/ä/在乌孜别克语中常被/a/取代，在音位特点上并不会形成对立关系，这应该是受到了维吾尔语的影响。

例如：navaji（1:10，纳瓦依①），标准语为nävåji。

/e/

/e/ 和 /i/的交替使用和维吾尔语的音变规律一样，/e/常常高化为/i/，但不形成对立关系。如：kijin（1:25，以后），kejin（2:8，以后）。

/e/ 和 /ä/在语料中常常交替使用，但不会形成对立关系。例如：ämäs（1:46）～ emäs（2:13/2:25/4:33），özbeg（1:12，乌孜别克②）～ özbäk（3:8/3:3，乌孜别克），seksän（2:4，八十）～ säksän（2:7，八十），jettinǰi

---

① 纳瓦依，全名为艾米尔·尼扎米丁·艾里希尔·纳瓦依（1441—1501年），是15世纪帖木儿帝国的诗人，伟大的学者、思想家、社会活动家。"纳瓦依"是他的笔名，意为"曲调、鸣啭"。纳瓦依用察哈台语文进行文学创作，使这一语文更加发达、完美。并使自己的创作达到顶峰。

② 乌孜别克：乌孜别克族/乌孜别克人。

(2:5，第七）～ jättinji（2:7，第七），mektäp（2:4，学校）～ mäktäp（1:3，学校），jetmiš （2:3，七十），jätti （1:9，七）等。

/i/

/i/ 有[ɨ]和[i]两个变体，其中[ɨ]通常与辅音/q/，/ɣ/，/x/一起出现，这三个音素处于互补关系，同属于一个音位。例如：til（2:8，语言），tɨl（2:10，语言），bilän（2:8，和），bɨlän （2:29，和），inistitot-i-gä（2:6，学院-领属3-向格），xɨzmät-kä（2:7，工作-向格），xɨtåj（2:9，中国），jastïq（2:18，枕头），jäqïn（2:19，枕头），qïrïq（3:3，四十）；qïryïzläšiš（3:20，柯尔克孜化）。

/o/

乌孜别克语中/o/与/u/交替的原因应该是受到维吾尔语方言的影响。一般来说，维吾尔语标准语中的/o/在南疆方言中有时会高化变为/u/，这是普遍现象。例如：nopus （3:1，户口），nupus（3:2，户口），ozbek（4:17，乌孜别克），uzbek（4:2，乌孜别克）

/u/

/u/和/ü/有时交替使用，不构成对立关系。如：uzbek（4:1，乌孜别克），üzbek（1:46，乌孜别克），koŋul（1:29，心意），köŋül（4:38，心意）等。标准乌兹别克语中本来应该是/u/，但由于语言接触的影响，乌孜别克语中常出现/u/和/ü/相互交替的现象。

/ö/

在标准乌兹别克语中没有元音/ö/，但是在乌孜别克语中是独立的音位，这应该是语言接触后形成的特点。例如：köp（3:7，多），söjlamäjdɪ（3:19，不说），körilädɪ（3:20，显示），köpkinä（4:9，多一点），sözlišädɪ（3:21，谈话），tötinǰi（4:2，第四），öz（4:23，自己），özläštirginɪ（4:17，吸收）。在标准乌兹别克语中，这些词中的/ö/的发音为/o/，如：kop（多），kor-（看），soz（话），tort（四），oz（自己），ozläštir（吸收）等。

/ü/

在标准乌兹别克语中没有元音/ü/，但是在乌孜别克语中是独立的音位，这应该是语言接触后形成的特点。如：kün-lär（4:2，天-复数），üstäl-dägi（4:4，桌子-位格），üčün（5:35，为了），jüräg-i-dän（4:22，心-领属3-从格）

在乌孜别克语中，元音音位有/a/、/ä/、/e/、/i/、/o/、/u/、/ö/、/ü/，其中/a/和[å]没有对立关系，如：bar（1:33，有）和bår（2:29，有）。[i]，[ɪ]，[ï]是/i/音位的变体，它们的出现与辅音密切相关，在词中出现的位置不同，尤其是[ï]，常常跟小舌音/q/、/ɣ/、/x/和小舌鼻音/ŋ/结合，如：bašqï（1:8，其他），jazïq（1:8，文字），jazïɣ-ï-dä（1:8，文字-领属3-位格），qïzɣïn-i-d-im（热情-领属3-过去-1单），xïzmät（1:21，工作），mïŋ（1:9，千）等。

（二）辅音系统

1.辅音音位

乌孜别克语共有二十五个辅音音素，其中[v]和[w]不形成对立关系，同属于一个音位/v/，因此有二十四个辅音音位，即/b/、/p/、/m/、/v/、/f/、/s/、/z/、/d/、/t/、/n/、/l/、/r/、/ǰ/、/č/、/š/、/ž/、/g/、/k/、/ŋ/、/j/、/q/、/x/、/h/、/ɣ/。这些音位与程适良，阿不都热合曼（1987：6），Boeschoten（2006：359），Mengliyev & Xoliyorov（2008：21）的研究结果一致。表2-3体现了乌孜别克语辅音音位的基本特征。

辅音音位在乌孜别克语中的表现与维吾尔语基本一致，这是维吾尔语和乌孜别克语本身具有的相似性的体现。表中的/v/和[w]在实际使用中有混用现象，并不形成对立关系，可以交替使用。例如：däwlät（1:37，国家），ähvål（2:10，情况），vaqït-tä（3:19，时间-位格），waqït-ta（1:48，时间-位格）räwšän（4:38，鲜明）等。表2-4从辅音出现的位置总结了乌孜别克语辅音音位的分布特征，例词选自田野调查语料。

表2-3　　　　　　　　　　　乌孜别克语辅音音位

	唇音 (Labial)	腭前音 (Prepalatal)	腭后音 (Post palatal)	软腭/小舌音/声门音 (Velar,uvular,gottal)
塞音(Stop)	p, b	t, d	k, g	q
擦音(Fricative)	f, v	s, z	š, ž	γ, x, h
鼻音(Nasal)	m	n		ŋ
塞擦音(Affricate)			č, ǰ	
滑音(Glide)			j	
流音(Liquid)		l, r		

表2-4　　　　　　　　　乌孜别克语辅音音位的分布特征

序号	辅音音位	词首位置		词中位置		词尾位置	
1	p	pärlåq	光明	äpändi	先生	köp	多
2	b	bir	一	özbek	乌孜别克族	säväb	原因
3	t	til	语言	oqitiš	教学	fäqät	仅仅
4	d	dunja	世界	müdir	主任/校长	—	—
5	k	kiräk	需要	seksän	八十	sözlik	词汇
6	g	gäziti	报纸	xåzirgi	现在的	özbeg	乌孜别克族
7	f	färq	区别	täläffuz	发音	äträf	周围
8	v	vaqït	时间	čüčüvirä	馄饨/饺子	pälov	抓饭

续表

序号	辅音音位	词首位置		词中位置		词尾位置	
9	s	säbäp	原因	pirsänt	比例	emäs	不是
10	z	zičlig	密度	azläš	减少	ottuz	三十
11	š	šündä	就是	qärši	反对	oxšäš	相同
12	ž	žil	年	iždimoji	社会的	—	
13	q	qärindåš	兄弟姊妹	bašqi	其他的	čäčiq	毛巾
14	ɣ	ɣulǰä	伊犁	qïzɣïn	热情	äräɣ	酒
15	x	xïzmät	工作	jaxši	好	tärix	历史
16	h	hajat	生命	ǰähät	方面	—	
17	m	miŋ	千	ämmå	但是	qïsm	部分
18	n	nåm	名声	ǰänup	南部	rajon	地区
19	ŋ			suŋrä	之后	äŋ	最
20	č	čuqur	深的	gärčä	尽管	åč	饿的
21	ǰ	ǰüdä	很	huǰǰat	文件	—	—
22	j	jigit	小伙子	täjjär	准备	šundäj	那样
23	l	likin	但是	hälägi	那个	oɣul	男孩
24	r	ravan	流利	orun	位置	hazir	现在

资料来源：本表中所选用的词语全部选自附录中的语料。

从表2-4的例词中可以得出如下的结论：第一，绝大多数辅音音位可以出现在词首、词中和词尾的位置；第二，不能出现的词首的音位只有/ŋ/；第三，没有出现在词尾的音位有四个，即/d/、/ž/、/h/和/ǰ/。乌孜别克语的语料体现了上述特点，但与标准乌兹别克语进行对比发现，前两个特点在乌孜别克语和标准乌兹别克语都是一致的，但是在标准乌兹别克语中/d/和/h/能够出现在词尾，如：ävlad（子孙），bäländ（高），färzänd（子女）ärvah（幽灵/鬼），därgoh（休息处），roh（灵魂）等。不能够出现在词尾的四个音位的情况有所差异。/ž/的情况比较特殊，仅限于个别词语，如：žigirmä（3:2/1:4，二十），žil（3:3/3:12，年），iždimoji（2:19，社会的），这应该是受到维吾尔语影响的原因。/ʃ/在乌孜别克语中不出现在词尾，而在标准乌兹别克语中该音位可以出现在词尾，如：ekipäǰ（<<俄，全体成员/乘务员/马车），ixraǰ（大戟属植物，有的可食用），mäxräǰ（<<阿拉伯，分母），me'raǰ（<<阿拉伯，天堂之路）等。从/ʃ/位于词尾的词语特点来看，多属于外来词。/d/不出现在词尾的主要原因是被/t/取代，而/h/在词尾位置发音时常常被脱落。

2.辅音音位特点

/f/ 和 /p/

唇塞音/p/和唇擦音/f/在乌孜别克语中的部分词语中可以互相交替使用，并不会产生对立关系。例如：pärzänt-lär（1:16，子女-复数），pärzänt-lär（1:16，5:28，子女），täläppuz（2:22，发音），täläffuz（2:23，发音），fäqät（2:11，仅仅），mektäp（2:4，学校），mektäf-tä（2:5，学校-位格），päqät（5:25，仅仅）。在标准乌兹别克语中发音均为/f/，如furqät（4:1，富尔开提）[①]，purqät（4:29，富尔开提），pɨrsänt（3:6，百分比），fɨrsän（2:26，百分比）等。另外一些词虽然在语料中没有体现出对应的形式，但是在实际使用中，/f/ 和/p/的交替使用并不会构成对立关系，如：fän-lär-i（2:8，学科-复数-领属3）~pän-lär-i，färq（2:21，区别）~ pärq（区别），ifädɨläjdɨ（4:27，表达）~ipadɨläjdu（表达），örfä-adät（2:10，风俗习惯）~örpä-adät（风俗习惯），väfät（4:2，去世）~ vapat（去世），mutafäkkür（4:6，思想家）~mutapäkkür（思想家），fikirlik（4:15，有思想的）~ pikirlik（有思想的），näfrät（4:20，仇恨）~ näprät（仇恨），näfäs（4:35，呼吸）~ näpäs（呼吸）等。

在一些词语或结构中，/f/ 和/p/并不能够交替使用。例如：käsɨp

[①] 富尔开提，全名 Zokirjon Xolmuhammad o'g'li，扎克尔江·哈利穆哈麦德之子，生卒年份 1859—1909，笔名 Furqat 富尔开提，乌孜别克族诗人，近代乌孜别克文学或察哈台文学的代表人物之一，https://en.wikipedia.org/wiki/Furqat。

（1:6，专业），不能说käsif。该词来源于阿拉伯语的käsäbä，表示职业、专业。因此语料中的käsp-i-n-dä（1:18，专业-领属3-N代名词-位格），käsp-i（2:7，专业-领属3）中的/p/不能替换为/f/。与此同样的词还有，kitap-lär-ni（1:8，书-复数-宾格），ärbap-lir-i（4:3，人士-复数-领属3）。kitap来源于阿拉伯语的kitab（书），ärbap来源于阿拉伯语ärbab，在借入维吾尔语时/b/发生清化现象，变成/p/。另外，/p/不能替换为/f/的词还有通过俄语借入的词，如pidagokikä（1:14，教育），pidagokikä（2:8，教育）。该词来源于英语的pedagogy，词首的/p/保持原词的语音，不能替换为/f/。这样不能替换的还有乌孜别克语特有的词语或早期突厥语来源的词，如：påččä（2:15，姐夫/姨父/姑父），öpkä-häsip（2:17，面肺子米肠子），köp（3:4，多），köp-kinä（4:11，多-表爱级），äjäjip（4:25，特别），pijalä（5:22，小茶碗）等。在一些语法结构，尤其副动词结构中，副动标记/Ip/中的/p/不能被/f/所代替，如šün-dän tart-ip（1:6，那-从格 拉-副动），bittir-ip（1:6，完成-副动），jazïq ügün-üp（1:8，文字 学习-副动），xïzmät qï-p tur-up-tu（1:21，工作 做-副动 站-副动-间接），oquš-ni tämomlä-p（2:7，学业-宾格 完成-副动），mänsup bol-up（3:14，属于 成为-副动），al-ip kit-ip bar-ip（5:1，带-副动 走-副动 去-副动）等。总体来说，辅音音位中/p/和/f/交替使用现象主要出现在波斯语或者阿拉伯语复制词中，这样的现象不仅在乌孜别克语中比较普遍，在维吾尔语中也一样普遍。

/j/ 和 [ž]

在部分词语中腭后滑音/j/和腭后擦音[ž]可以交替使用，不会引起意义上的对立关系，如：žil-i（1:3/3:3/3:12，年-领属3）～ jili（3:1，年-领属3），žigirmä（1:2/1:4/3:2，二十）～ jigirmä（3:14，二十）。这可能是受到维吾尔语方言的影响，而在标准乌兹别克语中并没有这样的变化现象。

（三）音节结构

与其他突厥语族语言的特点一样，乌孜别克语的音节以元音为中心，每个音节都由一个元音或者元音加辅音的形式构成。以元音结尾的音节称为开音节，如：jüdä（1:5，很），gärčä（2:10，尽管）等，以辅音结尾的音节称为闭音节，如hajat（1:7，生命），köp（3:4，多）等。乌孜别克语的音节由一个元音或者一个元音结合多个辅音构成。例如：由一个元音构成的词：u（1:24，他/她/它）；一个元音加一个辅音构成的词：öz（1:23，自己），šu（1:48，那个）；一个元音结合两个辅音构成的词：sän（1:47，你）；一个元音结合三个辅音构成的词：därs（2:9，课）。多音节词的构成形式以单音节结构为基础。

根据元音和辅音的结合规律和音节特点，程适良、阿不都热合曼（1987：11）总结了九种类型，以此为基础，本研究考察了所得语料，得出表2-5中的七种音节类型：

表2-5　　　　　　　　乌孜别克语音节的类型

序号	结构类型	例　词
1	Y	u（4:7，他/她/它）
2	FY	bu（3:4，这）；vä（4:7，和）
3	YF	åš（2:16，饭），uč（3:7，三）
4	FYF	joq（3:2，没有）；här（5:2，每）
5	YFF	ald（5:25，前面）
6	FYFF	sirt（5:4，外面）；xälq（4:29，人民）
7	FFYF	pråstin（2:18，床单）

注：Y=元音；F=辅音。

从语料来看，七种类型的音节结构都得到了不同程度的体现。程适良、阿不都热合曼（1987：11）提到的另外两种类型，即FYFFF（如：tekst，课文）和 FFYFF（如：frant，前线）的音节形式在本研究的语料中没有出现相应的实例，但是这并不代表乌孜别克语中没有这些类型。没有出现这两个音节结构类型可能有以下几个方面的原因：首先是本研究收集到的语料有限，文体也有限，因此不能完整全面地体现所有的音节结构类型；其次，表2-5中的后三种音节结构类型（5，6，7）多用于外语复制词。另外，在日常口语中，一部分乌孜别克族按照突厥语族语言共同的音节结构规律，用中间加元音的办法把复辅音分解成几个音节，[1]因而体现不出其原有的形式。可以说，乌孜别克语的音节结构与标准乌兹别克语对比，是基本一致的，即音节通常由一至四个音位组成，只有来源于其他语言的复制词会出现五个音位，如：tekst（课文）。[2]

（四）语音和谐规律

1.元音的和谐

元音的和谐规律是突厥语族诸语言的显著特征之一。根据音节中元音发音部位的前后，在缀接词尾时，词干最后一个音节的特征决定要附加的词尾的特征（Johanson，1998：33），乌孜别克语中词干的和谐规律也是如此。从语料体现的特点来看，元音的和谐主要分为词干内的和谐、词干和词尾的和谐两大类。

（1）词干内的和谐

根据对语料中词干内元音的分析，下文分别论述乌孜别克语词干中前元音和后元音的和谐规律。表2-6总结了乌孜别克语中词干内前元音的和谐规律。根据初步分析，乌孜别克语词干前元音的和谐规律主要有十二种形式。如前文所述，受到维吾尔语的影响，我国乌孜别克语出现了标准乌兹别克语中所没有的/ö/和/ü/两个元音音位。表2-6出现的十二种和谐规律包含了由这两个前元音和其他元音组成的六种形式，其构成与维吾尔语标准

---

[1] 程适良、阿不都热合曼：《乌孜别克语简志》，民族出版社1987年版，第11页。
[2] Baxtiyor Mengliyev & O'ral Xoliyorov, Uzbek Tilidan Universal Qo'llanma, Toshkent: O'zbekiston Republikasi Fanlar Akademiyasi, 2008, p.24.

语基本一致。

表2-6　　　　乌孜别克语词干前元音和谐规律

(a) /ä ä/
mäktäp 学校
pärzänt 子女

(b) /ä i/
čäčiq 毛巾
qärši 反对

(c) /e ä/
keräk 应该
seksän 八十

(d) /e i/
sekkiz 八
eriš- 得到

(e) /i ä/
bilän 和/与
millät 民族

(f) /i i/
ikki 二
kijin 以后

(g) /ü ä/
šünnäqä 然后
jüdä 很

(h) /ü i/
müdir 主任
üzi 他自己

(i) /ö ä/
özgär- 改变
kötär- 抬/提

(j) /ö ü/
köŋül 心意
sözlük 词汇

(k) /ü ü/
üčün 为了
-

(l) /ä ü/
täkšü- 调查
-

除了前元音的和谐，词干也普遍存在后元音的和谐规律，表2-7进行了举例分析。

表2-7　　　　乌孜别克语词干后元音和谐规律

(a) /a a/
katta 年长的
hajat 生命

(b) /a ï/
artïq 多余
jazïq 文字

(c) /ï a/
xïrajit 费用
xïtåj 中国

(d) /a o/
rajon 地区

(e) /o a/
orta 中间
toxsan 九十

(f) /ï ï/
qïzyïn 热情

(g) /a u/　　　　　　(h) /u a/　　　　　　(i) /o u/
　　ašur- 超出　　　　　tuqqan 亲戚　　　　oqu- 读
　　　　　　　　　　　undaq 那样　　　　toqquz 九

(j) /u u/
　　turmuš 生活
　　uluγ 伟大

从表2-7的分析中发现，乌孜别克语中后元音的和谐模式大致有十种，而/o ï/，/o o/和/u o/组合在词干中的和谐在理论上是可以成立的，但是在语料中没有得到体现。从词干内元音的和谐规律可以得出，前元音的和谐规律比后元音的和谐规律显得更加显著，除了个别前元音的和谐规律，如/ü ä/外，其余的和谐模式与维吾尔语基本一致。

（2）词干和词尾的和谐

按照元音和辅音的和谐规律，前元音词干通常缀接前元音词尾，后元音词干缀接后元音词尾。在标准乌兹别克语中，由于词尾的变体有限，致使词干和词尾的缀接没有服从严格的和谐规律。在乌孜别克语中，出现大量与维吾尔语相一致的词干与词尾的和谐现象。下文从词干与位格、向格和复数词尾的缀接为例，分析乌孜别克语词干和词尾的和谐现象。

标准乌兹别克语中的位格词尾为-dä，只有一种形式，无论词干具有什么特点，只能缀接相同的位格词尾，而在乌孜别克语中，出于词干与词尾的语音和谐规律，位格出现了与维吾尔语相一致的四种变体，如：

γulǰi-da（1:6，伊宁/伊犁_位格）

jä-dä（1:24，地方_位格）

nupus-ta（3:2，户口_位格）

mektäp-tä（2:4，学校_位格）

标准乌兹别克语的向格词尾为-gä，乌孜别克语语料中既有标准乌兹别克语的向格词尾，也出现了清辅音结尾的词干缀接与之相和谐的清辅音向格词尾-kä的现象，如：

oquš-gä　（1:11，学习-向格）
ügünüš-kä（1:23，学习-向格）

标准乌兹别克语中表示复数的词尾是-lär，而乌孜别克语语料中出现了与维吾尔语一致的-lar形式，缀接在后元音词干之后，如：

u-lar（5:29，他/她/它-复数）
kättä-lär（2:11，长辈-复数）
mihman-la(r)（1:32，客人-复数）
pärzänt-lä(r)（1:34，子女-复数）

无论是从元音的和谐规律还是从词干与词尾的和谐来讲，和谐规律主要产生在元音的前后特征中，唇状的和谐并不是核心。语料中几乎没有唇状和谐的实例，即使在实际语言中存在，其数量估计也不多。

2. 不和谐现象

乌孜别克语语音的不和谐现象主要体现在两个方面，一个是词干中的元音不服从和谐规律，另一个是词干和词尾结合时出现的不和谐现象。与其他突厥语族语言相比，这样的不和谐现象从某种程度上体现了乌孜别克语中语音和谐规律在某种程度上受到了破坏。

（1）词干内的不和谐

词干内的不和谐是乌孜别克语的特征之一，表2-8初步总结了词干中的元音不和谐规律。其中，由/ü/和其他元音组成的不和谐组合规律是我国乌孜别克语特有的现象，因为标准乌兹别克语中没有/ü/音位。

表2-8　　　　　　　　　词干内的不和谐

(a)　/a i/
nåliš　憎恨

(b)　/i a/
kitap　书

(c)　/ä å/
häjåt　生命

(d)　/ä u/
räjun　地区

(e)　/ü a/
šündaq　那样

(f)　/o i/
songi　然后

(g)　/u ä/
guzäl　美丽

(h)　/u ü/
učün　为了

(i)　/a ä/
kattä　年长的

(j)　/a ä/
anä　母亲

除了上述不和谐的组合外，标准乌兹别克语中还有其他的不和谐形式，如：/ä/和/ u/，zärur（必要），/e/和/ a/，mehman（客人）等。

（2）词干和词尾的不和谐

乌孜别克语中绝大多数词干在缀接词尾时体现出不和谐现象，这其实应该是乌孜别克语自身的特点所致，因此无论词干是前元音还是后元音，一些语法标记始终如一，如：位格标记为-dä，向格标记为-gä，从格标记为-dän，过去分词标记为- gän，复数标记为-lär，领属格标记为-niŋ。表2-9就以上述语法标记为例初步分析了词干词尾的不和谐现象。

表2-9　　　　　　　　词干词尾的不和谐与和谐

位格	orun-dä（1:29，位置_位格） ijon-dä（2:2，六月_位格）	ajlä-dä（1:16，家_位格） gäzitxonä-dä（2:8，报社_位格）
向格	väfåti-gä（4:2，他的去世_向格） Qoqan-gä（4:13，浩罕城_向格）	šähri-gä（2:7，城市_向格） ujyurčä-gä（2:12，维吾尔语_向格）
从格	jil-dän（2:3，那年_从格） bun-dän（3:7，现在_从格）	jähät-dän（3:12，方面_从格） jürägi-dän（4:22，心里_从格）
属格	ozi-niŋ（4:30，自己_属格） furqät-niŋ（4:3，富尔开提_属格）	xälqi-niŋ（4:1，人民_属格） jašäš-niŋ（5:23，生活_属格）
复数	tåvuš-lär（2:12，语音_复数） bu-lär（2:13，这_复数）	xälq-lär（4:3，人民_复数） päjt-lär（4:30，机会_复数）
过去分词	qål-gän（2:18，留下_-GAN过去分词） bol-gän（4:1，发生_-GAN过去分词）	bittir-gän（1:20，完成_-GAN过去分词） jür-gän（4:9，走_-GAN过去分词）

此外，条件标记（即条件/假设标记）-sä对词干没有条件限制，可以任意缀接在词干之后，表达假设意义。表2-10对比了乌孜别克语和维吾尔语条件标记的缀接方式。

表2-10　　　　　　　乌孜别克语与维吾尔语条件标记对比

动　词	乌孜别克语	维吾尔语	结构分析
közlä- 关注	közli-sä-k（1:38）	közli-sä-k	关注_条件_1复
äjt- 说	äjt-sä-m（5:5）	ejt-sa-m	说_条件_1单
jür- 走	jür-sä-ŋiz（5:25）	jür-sä-ŋiz	走_条件_2单尊
kel- 来	ki-sä-k（2:10）	käl-sä-k	来_条件_1复
kel- 来	ke-sä-m（3:16）	käl-sä-m	来_条件_1单
dä- 说	di-sä-m（5:4）	di-sä-m	说_条件_1单
dä- 说	di-sä（5:34）	di-sä	说_条件_3
bol- 是	bol-sä（2:10）	bol-sa	是_条件_3
tur- 站	tur-sä-ŋ（5:10）	tur-sa-ŋ	站_条件_2单普

通过对比分析，可以得出乌孜别克语条件标记与其他标记一样，对词干没有限制，其否定式也是如此，如：išlät-mä-sä（1:29，使用—否定—条件，不使用），bol-mä-sä（2:26，是—否定—条件，如果不是）。否定形式的缀接方式也符合乌孜别克语的基本规律。否定标记-mä对词干没有条件限制，无论词干最后一个音节的特点是前元音还是后元音，都缀接同一种形式，这也是遵循了乌孜别克语词干词尾不和谐的规律。

总而言之，标准乌兹别克语中的元音和谐规律并不明显，而乌孜别克语出现了部分元音和谐的现象，这应该是受到维吾尔语的影响，但也不能完全排除是乌孜别克语方言的部分特征，这有待进一步考察和研究。

(五) 语流音变

乌孜别克语和标准乌兹别克语对比，在语音方面有着较大的差异。尽管在一定程度上受到了维吾尔语的影响，但是单从语流音变考察，并没有体现维吾尔语中所有的音变现象和规律，而是在保留了乌孜别克语原有特征的基础上，发生了某些变化。下文将从三个方面对乌孜别克语的语流音变展开讨论，第一、第二部分在词语的形态层面上讨论常出现的元音和辅音音位的音变现象及其规律，第三部分主要讨论在连读情况下发生的其他的语音变化现象及其规律。

1.元音音变

（1）元音的高化和弱化

元音的高化是指出现在词首和音节首的中宽元音或低元音变成比原有音位更高位置的元音。乌孜别克语的元音高化主要体现在 /ä/ → /i/ 的变化。其他的高化现象在语料中并不规律，所以不能构成典型特点。

[ä]→/i/

乌孜别克语	标准乌兹别克语	意义
γulǰi-digi（1:6）	γulǰä-dägi	在伊宁的
ajlɨ-dä（1:47）	ailä-dä	在家里

（2）前元音的后元音化

乌孜别克语中的前元音常会被后元音替代，较典型的实例是前元音[ä]变为后元音/a/，这明显是受到维吾尔语的影响，如：

乌孜别克语	标准乌兹别克语	意义
katta（1:6）	kättä	很棒的
hajat（1:7）	häjåt	生命
rajon（3:4）	räjon	地区
ata-anä（5:24）	åtä-ånä	父母亲

（3）半闭元音的低化

乌孜别克语中，个别元音向更低的元音改变，其中较为显著的是[e]低化为/ä/，即[e]→/ä/，例如：

乌孜别克语	标准乌兹别克语	意义
äŋ（3:13）	eŋ	最
kät-（5:26）	ket-	走

（4）后元音的前化

后元音的前化中，最典型的规律是标准乌兹别克语中的[u]被乌孜别克语中的/ü/所替代，即[u]→/ü/。

乌孜别克语	标准乌兹别克语	意义
jŭdä （1:5）	ǰudä	很
šündän（1:6）	šundän	从那儿
kün（4:2）	kun	天
jüräg（4:22）	juräg	心脏
bügün（5:14）	bugun	今天

另一种前化的规律体现在 /o/ → /ö/。如：

乌孜别克语	标准乌兹别克语	意义
köŋül（1:5）	koŋul	心意
öt-（1:18）	ot-	通过
köp（3:7）	kop	多
kör-（4:15）	kor-	看

（5）圆唇元音的展唇化

乌孜别克语圆唇元音展唇化最典型的规律是标准乌兹别克语中的圆唇元音/å/在乌孜别克语中基本被展唇元音/a/所替代，只有个别发音合作人在话语中还保留了/å/，但是有明显的交替使用现象，即/å/→/a/，这样的实例较多，仅举几例说明：

乌孜别克语	标准乌兹别克语	意义
ali（1:12）	ålij	高级
dunja（2:2）	dunjå	世界
axɨrqi（3:14）	åxirgi	最后的
asmån（4:2）	åsmån	天空
ata-anä（5:24）	åtä-änä	父母亲

（6）元音的脱落

部分词语在缀接其他词尾时，最后一个音节中的元音会发生脱落或省略现象，这和维吾尔语的脱落现象一样，如：

/ šähär / '城市' +/i/ '属格3单'+/DA/ '位格' →šähr-i-dä（4:4）'在城市里'
/ šeʔr / '诗歌' +/i/ '属格3单'+/DA/ '位格' →šer-i-dä（4:27）'在诗歌里'
/unut- / '忘记' +/Ip/ '副动'+/qal/ '后动' →untup qa-（1:22）'忘记了'

2.辅音音变

（1）增音

乌孜别克语中，当词中出现两个相连的元音时，元音之间会增加硬腭滑音/j/以形成一个完整的音节。例如：

乌孜别克语	标准乌兹别克语	意义
šajir（4:14）	šå'ir	诗人
ajlɨ-dä（1:47）	åilä-dä	家_位格
ajilɨ-sɨ（2:2）	åilä-si	家-属人称3

（2）减音

减音是指说话人在连续发出一串音时，词语中的个别辅音出现脱落现象。乌孜别克语中，常见的辅音脱落主要表现为边音/l/和颤音/r/的脱落。/l/的脱落情况与标准乌兹别克语口语中的脱落情况基本一致，/r/的脱落有所不同。/r/在乌孜别克语中的脱落显得比较普遍和明显，脱落规律和维吾尔语相似，而在标准乌兹别克语中通常不会出现脱落的情况。

（a） /l/的脱落

乌孜别克语	标准乌兹别克语	意义
ki-gän（2:2）	kel-gän	来-GAN过去分词
kägän（1:4）	kel-gän	来-GAN过去分词
qå-gän（2:29）	qål-gän	留下-GAN过去分词
bo-p（1:19）	bol-ip	做-Ip副动
bo-sä（2:15）	bol-sä	成为-条件

（b） /r/的脱落

乌孜别克语	标准乌兹别克语	意义
töt（1:23）	tort	四
täkšü-（3:1）	täkšur-	调查
tötinǰi（4:2）	tortinči	第四
jä-dä（1:24）	jer-dä	地方-位格

语料中类似的例子较多，复数词尾中/r/也会脱落，例如：mäktäp-lä（1:6，学校-复数），kün-lä（1:10，日子-复数），özbek-lä-niŋ（3:20，乌孜别克族-复数-属格）。

从/r/和/l/音位的脱落规律看，和维吾尔语的脱落规律是一致的，很显然这是受到了维吾尔语的影响。

（3）擦音化

在部分词语中，处在词首第一个音节的腭后塞音/k/和腭后滑音/j/发生擦音化，分别变为腭后擦音/š/和/ž/，即：/k/→/š/，/j/→/ž/。

乌孜别克语	标准乌兹别克语	意义
iškki（4:1）	ikki	二
iškinǰi（2:4/3:8）	ikkinči	第二

žil-i（3:3）　　　　　　jil-i　　　　　　　　年-属人称3
žigirmä（1:4/3:2）　　　jigirmä　　　　　　二十

此外，唇塞音/b/也会发生擦音化现象，在词首变成唇擦音/v/，如：

乌孜别克语　　　　　　标准乌兹别克语　　　意义
vɨlän（1:35）　　　　　bilän　　　　　　　　和
var（5:21）　　　　　　bår　　　　　　　　　有
tärkiv-i-dä（3:20）　　　tärkib-i-dä　　　　　成分-属人称3-位格

（4）重叠

在部分词中，出现在两个元音之间的辅音出现重叠现象，这样的辅音有：腭后擦音/š/，腭后塞擦音/č/，腭前塞音/t/，例如：

乌孜别克语　　　　　　标准乌兹别克语　　　意义
piššɨɣᵃ-raq（1:23）　　pišiq-råq　　　　　　熟-增强级
bittir-（1:6）　　　　　bitir-　　　　　　　　完成
neččinči（3:1）　　　　nečinči　　　　　　　第几个

（5）腭化

在部分词语中，当腭音/g/，/ǰ/ 和 /l/出现在半低元音/ä/前面时，出现了轻微的腭化现象，例如：

乌孜别克语　　　　　　标准乌兹别克语　　　意义
bol-gʲän（1:3）　　　　bol-gän　　　　　　　成为-过去分词
šuyullän-gʲän（1:6）　　šuyullän-gän　　　　从事-过去分词
üjrän-gʲän-män（1:8）　orgän-gän-män　　　学习-过去分词-1单

ɣulʲän（1:3）	ɣulʲä	伊犁/伊宁市
da liʲän（1:18）	da liän	大连
täbijät（4:36）	täbiʔät	大自然

此外，在乌孜别克语中还存在元音之间插入滑音/j/产生的腭化现象。如：šåjir（4:27，诗人），šajir（4:3，诗人），šajir-niŋ（4:21，诗人_属格），šåjir /šåʔir（4:27，诗人）等。

（6）声门化

乌孜别克语的一部分词，尤其是阿拉伯语复制词中，当两个元音相邻出现时，中间会出现声门音/ʔ/用以隔开两个音节，如：

乌孜别克语	标准乌兹别克语	意义
suʔal-lär-gä（1:33）	suʔål-lär-gä	问题_复数_向格
åš- tåʔåm（2:16）	åš- täʔåm	食物
šåʔir（4:19）	šåʔir	诗人
šåʔir-lär（4:15）	šåʔir-lär	诗人_复数
riʔål（4:39）	reʔål	现实
täʔasɨr（5:17）	täʔsir	影响

（7）换音

在个别词中，处在词首的辅音发生了换音现象，如：/h/→/j/。

| 乌孜别克语 | 标准乌兹别克语 | 意义 |
| jäm（1:24） | häm | 也 |

除了上述辅音的音变外，可能还会存在鼻音化、边音化、齿音化、异

化、类推等语音现象，但是由于语料有限，目前尚无相关实例支持，有待进一步研究。

3.连读音变

（1）元音

从本研究的语料来看，乌孜别克语中连读现象比较少，并不像维吾尔语及其方言那样会出现多种连读中的元音音变现象，如：元音的低化或央化、首元音的脱落①等，个别实例也表明有元音的合并现象。至于标准乌兹别克语中的连读音变，由于相关的研究成果不足，因此不敢妄下定论。

/ bol-ä al-me-jsɨz / '成为_能动_否定_现在时2单尊'→ [bol-al-me-jsɨz] '您做不了'（5:26）

（2）辅音

从辅音的音变来看，因连读引起较明显的浊化、清化和音节脱落等音变现象，下文分别论述。

①浊化

在乌孜别克语的一些词中，当处在词的末尾音节的清辅音后出现元音起首的词或结构时，末尾音节中的辅音会不太规律地出现浊化现象。主要表现在以下两组辅音的浊化：

（a）/č/ →/ǰ/

乌孜别克语	标准乌兹别克语	意义
iškinǰi（2:4 /3:8）	ikkinči	第二
tötinǰi（4:2）	tortinči	第四

---

① Yakup Abdurishid, The Turfan Dialect of Uyghur, Gottingen: Harrassowitz Verlag, 2005, pp.87-90；努润古丽·马木提：《维吾尔语阿图什方言亲属称谓初探》，《延边教育学院学报》2015 年第 2 期。

（b）/q/→/ɣ/

qättiq iš → qättiɣ iš （5:18）艰难的事情
qäjmåq-ni ål-ip → qäjmåɣ-nɨ ål-ip （5:29）奶皮_宾格 拿_副动 '拿着奶皮'

（3）音节的脱落

口语中，在部分词语或副动词尾缀接后置动词的结构中，会发生音节脱落现象，这其实是某种语音的合并或者脱落现象所产生的后果。如：

乌孜别克语	标准乌兹别克语	意义
qärdåš（4:3）	qärindåš	兄弟姐妹
imtan（1:18）	imtihån	考试
vaq-ta（1:7）	våqit-dä	时候-位格
åjil-lär（2:29）	åilä-lär	家庭-复数
åp kel-（5:24）	ålib kel-	拿来
qïp tur-（1:21）	qilip tur-	做_副动 后动
bop（1:19）	bol-ip	做了
muš（4:1）	mänä šu	这个

从目前收集到的语料体现的连读音变来看，似乎没有辅音的擦音化、鼻音的同化、增音等语流音变现象。这可能是因为语料不够全面和丰富，在将来的研究中需要进一步深入研究和探讨。

二 乌孜别克语形态研究

本章主要描写乌孜别克语的形态特点，在进行总体描写的同时，对部分具有典型特点的语法范畴进行进一步分析和讨论，以求得到更详细的解释。本章包括四个部分，即名词性形态、动词性形态、固定词类及派生形态。

（一）名词性词类的形态学分析

名词性形态主要讨论具有名词性特征的词类，包括名词、代词、形容词、数词和量词。

1. 名词

（1）复数标记

乌孜别克语中，名词的复数标记为-lAr，其变体有-lar/-lär两种形式。表示复数意义时，通常会根据词干和词尾的和谐规律缀接在名词之后（如例1和例2），有时也会出现不服从和谐规律的现象（如例3）。另外，在口语中复数标记的-r有脱落现象。

例1：til ädäbijat fän-lär（2:8，语言 文学 学科-复数 语文科目）

例2：bal-lar（1:17，孩子-复数，孩子们）

例3：bal-lär（1:23，孩子-复数，孩子们）

在标准乌兹别克语中，复数标记只有一种形式-lär，缀接在词干后面时没有条件限制。此外，在使用时，-lär复数标记还有其他功能：其一是表示尊敬，如：dädä-m-lär（爸爸-领属1单-复数，我的爸爸）；其二，表示约数，如saät beš-lär-dä（小时 五-复数-位格，大约五点）；其三，加强语气，如：til-lär-i širin（语言-复数-领属3 甜蜜，语言优美）；其四，缀接在人名之后表达群体意义，如：ålim buvä-lär（阿力木 爷爷-复数，阿力木爷爷等人）；其五，缀接在地名之后表示类似的地方，如：Mirzäčol-lär（米尔扎乔里-复数，米尔扎乔里等地）；其六，缀接在不可数名词之后表示类别、丰富意义，如：tuz-lär（盐-复数，好多盐/多种盐）；其七，缀接在抽象名词后面加强意义，如：šådlik-lär-i（欢乐-复数-领属3，他/她的欢乐）等。

(2) 领属标记

乌孜别克语中的领属标记从所属者的角度分为第一、第二、第三人称三种，从数的角度分为单数和复数两种。表2-11是乌孜别克语中的领属标记。

表2-11　　　　　　　　　乌孜别克语的领属标记

	单数	复数
第一人称	-(X)m	-(X)miz
第二人称(普称)	-(X)ŋ	-(X)ŋiz
第二人称(尊称)	-(X)ŋiz	-(X)ŋiz
第三人称	i/si	i/si

从语料显示的各个人称的领属标记来看，第一人称单复数、第二人称单复数、第三人称单复数都有一定程度的体现，但是对于第二人称尊称目前还没有相应的实例，在有限的乌孜别克语参考文献中也没有明确提出尊称的形式。在标准乌兹别克语中，第二人称尊称的单复数形式为-(X)ŋiz和-lär(X)ŋiz，但是这里的-lär承载复数意义。下文通过语料中的实例加以说明。

带有第一人称领属标记单数的有：et-im（1:1，名字-领属1单，我的名字），at-äm（1:3，父亲-领属1单，我的父亲），bal-lar-im（1:17，孩子-复数-领属1单，我的孩子们）ortay-ïm（1:19，中间的-领属1单，我中间的孩子），qïz-ïm（1:20，女儿-领属1单，我的女儿）。表示第一人称复数的有：biz-niŋ til-imiz（1:24，我们-属格 语言-领属1复，我们的语言），ajili-miz（1:31，家庭-领属1复，我们的家庭），til-imiz（1:45，语言-领属1复，我们的语言），biz-niŋ ajt-ädigin-imiz（1:47，我们-属格 说-副动-领属1复，我们要说的），köŋül böl-üš-imiz（1:38，关心-名动-领属1复，我们关心的）。

带有第二人称领属标记的实例有：anä til-iŋ（1:34/1:48，母语-领属2单，你的母语），se-niŋ til-iŋ（1:35，你-属格 语言-领属2单，你的语言），atä-ŋiz（5:26，父亲-领属2单尊，您的父亲）。此外，在不影响领属关系的情况下，第二人称领属标记可以不出现，这是第二人称复数领属标记的典型特点，这个特点与维吾尔语一致，如：乌孜别克语中silä-niŋ kičik-kinä ajili-dä（1:33，你们-属格 小的-表爱 家庭-位格，在你们的小家庭），维吾尔语中silär-niŋ öj nä-dä（你们-属格 家 哪里-位格，你们的家在哪儿）。

带有第三人称领属标记的实例有：esm-i（1:2，名字-领属3，他/她的名字），jil-i（1:4，年-领属3，那年），atä-si（1:5，父亲-领属3，他/她的），bittä-si（1:17，一个-领属3，其中一个），säjasät oqutquči-si（1:19，政治 教师领属3，政治老师）。表示复数标记的有：til ädäbijat fän-lär-i（2:8，语言 文字 学科-复数-领属3，语文科目）。上述实例表明，领属第三人称单数和复数标记一致，没有单复数之分。因此，在第二人称和第三人称复数领属标记中，其复数意义由复数标记-lär体现，因此把-lär (X)ŋiz或者-lär (I)sI当作领属复数标记是不合适的。

与其他突厥语族语言一样，领属标记最显著的一个特点是，常常与表示领属关系的属格标记配套出现（a），也可以连续出现（b），如：

(a) Özbek-lä-niŋ　　köp qïsm-i
　　乌孜别克族-复数-属格 多 部分-领属3
　　乌孜别克族的大多数。（3:21）

(b) Özbäk　　a:li-si-niŋ　　san-i
　　乌孜别克族 人口-领属3-属格 数字-领属3
　　乌孜别克族人口的数字。（3:3）

（3）格标记

乌孜别克语中名词的格标记分为主格、属格、向格、宾格、位格和从格六种形式，①这些格表示句子中的名词与其他词语之间的句法关系。表2-12为乌孜别克语格标记一览表，以kitap'书'为例进行说明。

表2-12　　　　　　　　　乌孜别克语格标记

序号	格名称	格标记	例词
1	主格	∅	kitap
2	属格	-niŋ/-ni	kitap-niŋ
3	向格	-GA	kitap-gä
4	宾格	-ni	kitap-ni
5	位格	-DA	kitap-dä
6	从格	-DAn	kitap-dän

从表2-12中的标记来看，和维吾尔语一样，乌孜别克语的主格标记为零。属格标记为-niŋ或者-ni，后一种形式的/ŋ/会脱落，因此出现了与宾格标记一样的形式。-ni在句子中的功能是属格还是宾格，可以通过词尾的领属标记判断。另外三个格标记，即向格、位格、从格标记都有变体。下文将对上述格标记进行分别阐述。

①属格标记

乌孜别克语的属格标记为-niŋ，如例句（a）。属格标记并没有像维吾尔语那样出现-niŋki或者-niki形式。在口语中也会出现属格的另外一种形式-ni，-ni与宾格标记共享同样的形式（b）。乌孜别克语的宾格标记及其在口语中的表现形式与标准乌兹别克语相同，例如：

（a）atä-m-niŋ　　　　esm-i
　　父亲-领属1单-属格　名字-领属3
　　我的父亲的名字（1:2）

---

① 程适良、阿不都热合曼：《乌孜别克语简志》，民族出版社1987年版，第39页；Baxtiyor Mengliyev & O'ral Xoliyorov, Uzbek Tilidan Universal Qo'llanma, Toshkent: O'zbekiston Republikasi Fanlar Akademiyasi, 2008, p.180。

mi-niŋ   ortay-ïm
我-属格 中间的-领属1单
我的中间的（孩子）（1:19）

turmuš   bujum-lär-niŋ   nåm-lär-i
生活   用品-复数-属格   名称-复数-领属3
生活用品的名称（2:13）

u-lär-niŋ   til-i-dä
他-复数-属格   语言-领属3-位格
在他们的语言中（2:29）

atä-niŋ   qol-i-nɪ
父亲-属格   手-领属3-宾格
把父亲的手（5:19）

(b) atä-ni   råzilig-i-nɪ
父亲-属格   满意-领属3-宾格
把父亲的满意（5:22）

zåkɪrǰån-nɪ   mädäräsi-dägi   oquš-ni
扎克尔江-属格   经学院-位格-gi   学习-宾格
把扎克尔江的经学院的学习（4:10）

　　此外，受到语音同化规律的影响，属格出现了-nuŋ的变体，如：šu-nuŋ üčün（1:42，那-属格，为了、因此）。此短语中，属格-niŋ受到相邻的元音/u/的影响成为-nuŋ。据了解，这仅限于口语，而且是个别现象，不能当作真正的变体。

②向格标记

在标准乌兹别克语中，向格的标记为-GA，其具体体现为-gä，-kä，-qä，ɣä，-nä等形式。①乌孜别克语与此不同，除了标准乌兹别克语固有的一些变体（a）外，还体现出了与维吾尔语相一致的向格标记及其变体（b），如：

（a）与标准乌兹别克语相一致的向格变体有：dunjä-yä（1:4，世界-向格，对世界），oquš-gä（1:11，学习-向格，对学习），tärbijläš-kä（1:16，教育-向格，对教育），inistitot-i-gä（2:6，学院-领属3-向格，对学院），oquš-kä（2:6，学习-向格，对学习），xïzmät-kä（2:7，工作-向格，对工作），ähvâl-i-gä（2:10，情况-领属3-向格，对情况），bɨz-gä（2:29，我们-向格，对我们），a^{ha}lä-sɨ-gä（3:14，人口-领属3-向格，对人口），häqsizlik-kä（4:22，不公平-向格，对不公平），Jårkän nåjä-si-gä（4:41，莎车县-领属3-向格，对莎车县），äräq-qä（5:22，酒-向格，对酒）atä–anä-gä（5:25，父亲-母亲-向格，对父母）等。

（b）与维吾尔语相一致的变体有：oqutiš-qa（1:5，教学-向格），ǰuŋgo-ɣa（3:12，中国-向格）等。

从词干与向格标记的实例和缀接方式来看，乌孜别克语还保留了标准乌兹别克语的基本规律，除了-nä变体之外，其他变体都有一定程度的体现。受到维吾尔语的影响，乌孜别克语还吸收了一些维吾尔语向格的变体，如：-ɣa和-qa。

③宾格标记

乌孜别克语中的宾格标记为-ni。宾格在大多数情况下指明有定客体。如：

mäktäp-lä-ni bittir-ip
学校-复数-宾格 完成-副动
把学校完成（1:6）

---

① Baxtiyor Mengliyev & O'ral Xoliyorov, Uzbek Tilidan Universal Qo'llanma, Toshkent: O'zbekiston Republikasi Fanlar Akademiyasi, 2008, p.180.

oquš-nɨ tämomlä-p
学习-宾格 完成-副动
把学习完成（2:7）

özbek a:lä-si-niŋ oturaqläš-iš-i-ni nispätlä-n-dir-gändä
乌孜别克 人口-领属3-属格 居住-交互-领属3-宾格 比例-被动-使动-GANDA-副动
居住的乌孜别克人口比例来说（3:6）

zåkɨrǰån-nɨ mädäräsi-dägi oquš-nɨ
扎克尔江-属格 经学院-位格-gi 学习-宾格
把扎克尔江经学院的学习（4:10）

bɨr pijalä qäjmåy-nɨ
一 茶碗 奶皮子-宾格
把一茶碗奶皮子（5:29）

在句子中，如果宾语所表示的意义是泛指的，而且动宾关系结构紧密，宾格-nɨ可以省略，[①]这一点与维吾尔语一样。宾格在汉语中常常表达"把"的意义。

④位格标记

标准乌兹别克语和乌孜别克语语法[②]中，乌孜（兹）别克语的位格标记只有一种形式，即-dä，如实例（a）所示，在汉语中相当于"在"。从现在收集到的语料看，位格已经产生了与维吾尔语相一致的其他变体（b），这也体现了维吾尔语的影响。

[①] 程适良、阿不都热合曼：《乌孜别克语简志》，民族出版社1987年版，第42页。
[②] 程适良、阿不都热合曼：《乌孜别克语简志》，民族出版社 1987 年版，第 43 页；Baxtiyor Mengliyev & O'ral Xoliyorov, Uzbek Tilidan Universal Qo'llanma, Toshkent: O'zbekiston Republikasi Fanlar Akademiyasi, 2008, p.180.

（a）保持标准乌兹别克语特征的位格标记：ɣulʲʲi-dä（1:4，伊宁-位格），instot-i-dä（1:15，学院-领属3-位格），šähr-i-dä（2:2，城市-领属3-位格），gäzitxonä-dä（2:8，报社-位格），âjilä-si-dä（2:29，家庭-领属3-位格），orun-dä（3:10，位置-位格），šer-i-dä（4:35，诗歌-领属3-位格），aldɨ-lär-i-dä（5:15，前面-复数-领属3-位格）等。

（b）受到维吾尔语影响产生的位格标记：mäktäp-tä（1:5/4:9/2:4，学校-位格），ɣulʲʲi-da（1:6，伊宁-位格）nupus-ta（3:2，户口-位格），vaq-ta（1:7，时间-位格），ǰänup-tä（3:7，南疆-位格），häjât-tä（4:39，生命-位格），ǰähät-tä（2:10，方面-位格）等。

此外，与位格密切相关的是在维吾尔语语法中称为时位标志格[①]的结构，即位格dä+gi构成的-dägi。虽然目前为止在乌孜别克语研究中还没有为其命名为独立的格标记，实际上在句子中也起着将位格短语改变为形容词性短语的功能。[②]如：

sözlük-lär-dä-gi   tåvuš-lär
词语-复数-位格-gi   语音-复数
词语中的语音（2:12）

özbik   til-i-dä-gi   köp sözlik-lär
乌孜别克 语言-领属3-位格-gi 多 词语-复数
乌孜别克语中的多数词语（2:20）

šinǰaŋ-dä-gi Özbek
新疆-位格-gi   乌孜别克族
新疆的乌孜别克族（3:6）

---

① 力提甫·托乎提：《阿尔泰语言学导论》，山西教育出版社2002年版，第258页。
② Boeschoten，H, The Uzbek, In Johanson.L. & Csato. E.A. (eds.) The Turkic Languages, New York: Routledge，2006，p.361.

zåkirǰån-ni   mädäräsi-dä-gi   oqušni
扎克尔江-属格　经学院-位格-gi　学习-宾格
扎克尔江经学院的学习（4:10）

üstäl-dä-gi   nimä u
桌子-位格-gi 什么 那
桌子上的那是什么？（5:4）

⑤从格标记

乌孜别克语的从格标记为-dän①，其语音变体还有-din②。从语料来看，这两种变体都有不同程度的体现，其中使用频率较高的是-dän。从格的意义和功能相对其他格标记显得更加丰富，除了表示动作行为的起点（a）或动作的来源（b）外，还可以与其他词组合表达"之后"（c）、"其中之一"（d）、"相比"（e）等意义，此外，还有一些有从格构成的固定词组（f）。

（a）表示动作的起点

jetmiš jettinǰi jil-dän seksän ikkinǰi jil-gä qädär
七十　第七　年-从格　八十　第二　年-向格　为止
从七七年到八二年为止（2:5）

furqät   qoqan-dän   färyanä-gä
富尔开提　浩罕-从格　费尔干纳-向格
富尔开提从浩罕到费尔干纳（4:12）

---

① 程适良、阿不都热合曼：《乌孜别克语简志》，民族出版社1987年版，第43页。
② Baxtiyor Mengliyev & O'ral Xoliyorov, Uzbek Tilidan Universal Qo'llanma, Toshkent: O'zbekiston Republikasi Fanlar Akademiyasi, 2008, p.180.

zakirǰan　jaš　čäy-lär-ɨ-dän　åp
扎克尔江 年轻 时候-复数-领属3-从格 开始
扎克尔江从年轻时候开始（4:6）

özbegistan-din　kel-gän
乌兹别克斯坦-从格 来-形动
从乌兹别克斯坦来的（3:14）

sɨrt-dän　jügär-ib　kɨl-ɨp
外面-从格 跑-副动 来-副动
从外面跑进来（5:4）

（b）表示"原因"或"方面"

bašqɨ　säväb-dän-mɨ
其他 原因-从格-疑代
因为其他原因吗？（1:8）

åjilä-dä　kättä-lär　bɨlän　gäpir-iš　ixtijoǰ-i-dän
家庭-位格 长辈-复数 和 说话-交互 需要-领属3-从格
出于和家里的长辈说话的需要（2:29）

šundäj　säbäp-lär-dän
那样的 原因-复数-从格
由于那些原因（2:27）

ijdimaji jähät-dän
社会的　方面-从格
在社会方面（3:12）

qärdåš xälq-lär tämån-ä-dän
兄弟　民族-复数　方面-领属3-从格
从兄弟民族方面（4:3）

(c) 受后置词kijin的支配，构成后置词短语，表示"之后"
ottur mäktäp-ni bittir-gän-din kijin
中间　学校-宾格　完成-终后形动-从格　以后
中学毕业以后（1:12）

qajtip kä-gän-din kijin
返回　来-终后形动-从格　以后
回来以后（1:25）

bir neččä vaqit tur-gän-dän soŋ
一　几　时间　住-终后形动-从格　以后
住了一段时间以后（4:13）

jigirminči äsir-niŋ qïrïqinči älliginči jil-lär-i-dän itibarän
第二十　世纪-属格　第四十　第五十　年-复数-领属3-从格　从
从二十世纪四五十年代以后（3:18）

(d) 表示"顺序"或者"其中之一"

birinǰi-dän

第一-从格

第一/首先（2:19）

mäšyur ärbap-lir-i-dän bir-i

著名的 人士-复数-领属3-从格 一-领属3

著名的人士之一（4:3）

(e) 表示"相比"

uč miŋ-tä-dän köp özbek

三 千-量-从格 多 乌孜别克族

（比）三千多位乌孜别克族（3:7）

jaš-i atmiš-tän alqï-gän qerijä-lä-dän bäšqä-si

年龄-领属3 六十-从格 跨-形动 老人-复数-从格 其他-领属3

（比）年龄超过六十的老人之外的其他人（3:19）

(f) 由一些支配从格的动词所形成的固定用语：

bun-dän qal-sä（3:7，这-从格 留下-条件，除此之外）

šün-dän tart-ip（1:6，那-从格 拉开-副动，从那以后）

šün-dän bašla-p（1:11，那-从格 开始-副动，从那开始）

（3）代名词-n

一般来讲，乌孜别克语名词的第三人称领属标记后面不会出现代名词标记"n"，[①]而本研究的语料却体现了不同的特点，语料中出现了第三人称

---

① Boeschoten，H.，The Uzbek, In Johanson.L. & Csato. E.A. (eds.) The Turkic Languages，New York: Routledge，2006，p.360.

领属标记后缀接代名词"-n"的形式。如：

mäktäp ič-i-n-dä
学校　　里面-领属3-N-位格
在学校里（1:8）

bal-lär kičik mäzgil-i-n-dä
孩子-复数 小　　时候-领属3-N-位格
孩子们小的时候（1:23）

özbek til-i-n-dä　　　sözliš-üp
乌孜别克语言-领属3-N-位格　谈话-副动
用乌孜别克语谈话（1:31）

ikki miɲin-ǰi žil-i-dä-gi-n　　özbäk　　a:li-si-niŋ　　san-i
二　　千-序数　年-领属3-位格-GI-N　乌孜别克　人口-领属3-属格　数字-领属3
2000年的乌孜别克族人口数（3:3）

代名词标记-n在乌孜别克语中出现的主要原因可能是这里的乌孜别克族保留了察哈台语的特征。在一些现代突厥语，如土耳其语、哈萨克语、柯尔克孜语、诺盖语等语言中，都保留了这种领属标记后缀接代名词标记-n的特征，[①]而维吾尔语基本已失去了这一特征，只是在代词各位系统体现得比较全面。

2. 代词

（1）人称代词

乌孜别克语中的人称代词与维吾尔语基本一致，元音稍有差异，如：第一人称单数为 min（1:8）/ män（1:9）/men（4:1），第二人称单数为sen

---

① Yakup Abdurishid，The Turfan Dialect of Uyghur. Gottingen: Harrassowitz Verlag，2005，p.102.

（1:34）/sän（1:35）等。第一人称单数缀接属格的形式为miniŋ（2:26），第二人称单数缀接属格的形式为siniŋ（4:33），体现出与古代维吾尔语和察哈台语相同的特点，即当第一人称代词和第二人称代词单数之后出现属格标记时，词尾的-n脱落。表2-13体现了乌孜别克语人称代词和格标记的缀接形式。

由于语料有限，乌孜别克语中的人称代词没有能够全部体现出来。根据标准乌兹别克语的参考资料，本研究对人称代词做了补充（如表2-1）。与现代维吾尔语进行比较后，发现有两点显著的不同：其一，维吾尔语的第二人称单数siz在乌孜别克语中表示复数，在口语中也会使用sizlär表示复数；其二，第三人称单数u在缀接向格、位格和从格时，维吾尔语通常使用属格-niŋ连接格标记，而在乌孜别克语中，用代名词词尾-n来连接，如，undä，undän。这说明，维吾尔语仍在某种程度上保留古代维吾尔语的特点，而乌孜别克语保留的是察哈台语的特点。

表2-13　　　　　　　　乌孜别克语人称代词与格标记

格	第一人称	第二人称	第三人称
主格	单：min män　　men 复：biz	单：sen sän 复：siz sizlär	单：u 复：ulär
属格	单：meniŋ 复：bizniŋ	单：seniŋ 复：sizniŋ	单：uniŋ 复：ulärniŋ
宾格	单：meni 复：bizni	单：seni 复：sizni sizlärni	单：uni 复：ulärni
向格	单：mengä 复：bizgä	单：sengä 复：sizgä sizlärgä	单：ungä 复：ulärgä

续表

格	第一人称	第二人称	第三人称
位格	单：mendä 复：bizdä	单：sendä 复：sizdä 　　sizlärdä	单：undä 复：ulärdä
从格	单：mendän 复：bizdän	单：sendän 复：sizdän 　　sizlärdän	单：undän 复：ulärdän

（2）指示代词

乌孜别克语中的指示代词与维吾尔语很相似，也稍有不同。下文初步总结了目前语料所体现的指示代词及其意义，可以分为以下六类：

（a）指示代词 bu "这" 和 u "那"

和维吾尔语一样，表示"这"和"那"意义的指示代词出现频率最高，如：bu til-ni（1:23，这 语言-宾格，把这语言），bu arqïlïq（1:43，这 通过，通过这个），bu järjån-dä（2:9，这 过程-位格，在这个过程中），bulär（2:13，这-复数，这些），bu xäliq-niŋ（3:4，这 人民-属格，这里的人民），bu jähät-tän（4:24，这 方面-从格，从这方面），u（4:5，那），u jä-dä（1:24，那 地方-位格，在那个地方），u til-ni（1:29，那 语言-宾格，把那个语言），u-niŋ nåm-i（4:3，他-属格 名声-领属3，他的名声）。

（b）指示代词 šu "那" 和 mušu "正是那"

指示代词 šu（4:12/5:25）表示前文所述的某人、某物或某事，在汉语中相当于"就是那个"，"刚才那个"。例如：šu su'al-lär-gä（1:33，那 问题-复数-向格，对那些问题），šu-niŋ üčün（1:30，那-属格 为了，为此/因此），šu-ni（1:29，那-宾格，把那个），šu säbäp-dän（3:21，那 原因-从格，因此），šu waqït-ta（1:48，那 时间-位格，在那个时间）。此外，由šu构成的，强调前文提到的某人或者某事时，常常使用mana mušu（5:36，这儿 这个），表达"正是这个"的意义。表示相同意义的还有mušu（1:31），muš（4:1），前者省略了mana，后者出现了元音的脱落。

（c）指示代词 ušä "那"

乌孜别克语中的指示代词 ušä 表示"那个，那"，例如：ušä mäktäp-tä（2:7，那 学校-位格，在那所学校），ušä šäkil-dä（2:17，那 形式-位格，用那种形式），ušä äråɣ-nɨ（5:3，那 酒-宾格，把那酒）。与其相应的维吾尔语代词为äšu。

（d）指示代词构成的词语

除了上述指示代词外，乌孜别克语中还有一部分在指示代词的基础上构成的词语，这是维吾尔语中所没有的词，如：šunäqä（1:44/5:21，那样），šundäj（2:27/5:1，那样），šündä jäm（2:12，与此同时/和那一样），undän（5:18，比那个）等。

（e）指示代词构成的固定词组

乌孜别克语中也有一些在指示代词的基础上构成的固定词组，如：bu-n-dän qal-sä（3:7，这-代名词N-从格 剩下-条件，此外/在这之后），šu-n-dän ibårät（4:44，这-代名词N-从格 等等，诸如此类），šu-nɨŋ bɨlän bɨrgä（4:7，这-属格 和 一起，与此同时）。

（f）其他

除了上述指示代词外，语料还出现了hälägi，也指示前文出现的某人、某物或某事，如hälägi jigit（5:13，那个 小伙子），这相当于维吾尔语中的heliqi，其意义和功能相同。

有趣的是，语料5中出现了由指示代词缀接格标记构成的合成词组，如：u-ni ber bu-ni ber，（5:24，那-宾格 给 这-宾格 给，给这给那），在口语中也可以说 u-ni bu-ni ber（那-宾格 这-宾格 给）"给这个那个"。

（3）疑问代词

疑问代词在疑问句中用来代替说话者在句子中想要询问的东西，询问人、时间、地点、事物、动作行为方式、状态、原因目的、程度、数量等。用疑问代词形成的疑问句要求得到就疑问代词所提出的问题，即焦点的说明。说话者自己通过疑问试图从听话者（对话者）那里得到新的信息，句尾带问号。疑问句通常出现在对话式语言中。由于本书的语料文体非常有限，只出现了一句，üstäldägi nimä u?（5:4，桌子上面的是什么？）这还不能够体现疑问代词的基本面貌。为了研究的需要，表 2-14 初步总结了乌孜别克语中的疑问代词，通过与维吾尔语的对比，对疑问代词做了简要介绍。

表 2-14　　　　　乌孜别克语与维吾尔语疑问代词对比

序号	乌孜别克语	维吾尔语	汉语	功能
1	kim	kim	谁	问人
2	nimä	nemä	什么	问物
3	qäysi	qaysi	哪一个	问人或物
4	qändäy/qänday	qandaq	怎样	问性质、状态、方式
5	qačan	qačan	什么时候	问时间
6	qänčä/neččä	qančä/neččä	多少，几	问数量
7	qänčinči /neččinči	qänčinči /näččinči	第几	问次序
8	qäyäqä/qäyär	qäyär/nä	哪儿，什么地方	问处所
9	qäni	qeni	在哪里，哪儿呢	问处所
10	nimišqa/nimišgä/nimä üčün	nemišqa/nemiškä /nemä üčün	为什么	问原因

维吾尔语中除了表格中的疑问代词之外，还有它们通过正常的句法规则结合而形成的词组，也用来表示疑问，如 näkäm，"什么时候"，näwaq"什么时候"，qayaq"哪儿"，nemandaq"怎么那样的"，nemančä"怎么那么的"，nemä däp"为什么"，等等。①

维吾尔语和乌孜别克语中的疑问代词根据所能替代词类的性质，有些有数、格、领属人称的变化，其中 qänday 有级的变化，变化方式基本一致。以乌孜别克语的疑问代词为例：数的变化，如：kim"谁"，kim-lär（谁-复数，谁们），nimä"什么"，nimä-lär（什么-复数，什么），qäysi"哪一个"，qäysi-lär（哪一个-复数，哪些）。以 kim"谁"为例看格的变化：kim-niŋ（谁-属格，谁的），kim-gä（谁-向格，向谁），kim-ni（谁-宾格，把谁），kim-dä（谁-位格，在谁那里），kim-dän（谁-从格，从谁那里）。此外，部分疑问代词还有领属人称变化，如 qäysi-miz（哪一个-领属1复，我们的哪一个），qäysi-lär-i（哪一个-复数-领属3，他们的哪一些），有级的变化的 qänday-raq"比较怎么样"等。②

（4）反身代词

乌孜别克语的反身代词和维吾尔语一致，都由表示"自己"意义的 oz 为基础，附加各人称领属标记及格标记等词尾表达反身意义。在标准乌兹别克语中，其发音为 oz，乌孜别克语出现了元音高化的特点，从而出现了 uz、öz 和 üz 等变体，如：

第一人称：öz xïrajit-im（1:23，自己 费用-领属1单，我自己自费），öz-ɨmɨz-nɨŋ til-ɨ（1:25，自己-领属1复-属格 语言-领属3，我们自己的语言）。

第二人称：üz-üŋ-dɨn bašlä（1:47，自己-领属2单普-从格开始，从你自己开始），öz til-iŋ-ni išlät（1:35，自己 语言-领属2单普-宾格 使用，使用你自己的语言）。

---

① 力提甫·托乎提：《阿尔泰语言学导论》，山西教育出版社2002年版，第173页。
② 程适良、阿不都热合曼：《乌孜别克语简志》，民族出版社1987年版，第61—62页。

第三人称：öz-i-niŋ til-i-ni biliš（1:27，自己-领属3-属格 语言-领属3-宾格 懂得，懂得自己的语言），üz-i-niŋ ism-i-ni（1:46，自己-领属3-属格 名字-领属3-宾格），üz-i（1:46，自己-领属3），oz-i-niŋ（4:30，自己-领属3-属格），uz närâzilig-i-ni（4:22，自己 不满-领属3-宾格，把自己的不满），uz dävr-i-niŋ（4:40，自己 时代-领属3-属格，自己的时代），oz vätän-i（4:41，自己 祖国-领属3，自己的祖国）。

3. 形容词

形容词是用来表示人或事物的性质、特征、行为变化的词。根据其语法特征，形容词可以分为性质形容词和关系形容词两类，还有级的范畴。①例如：täniqli（4:2，知名的），mäšyur（4:3，著名的），uluɣ（4:6，伟大的），fikirlik（4:15，有思想的）等。

乌孜别克语中形容词的级通常有原级、比较级/减弱级与最高级三种形式。形容词词干为原级，减弱级由词干缀接-raq构成，最高级由表示程度的副词judä、eŋ、nähayiti结合形容词的原级而构成。例如：表示减弱级的piššiɣ-ᵃraq（1:23，熟的-减弱级，熟一点），表示最高级的 jüdä jäm jaxši（1:24，非常好）eŋ jäxši（4:17，最好的），äŋ axïridä（3:13，最后的）。

部分形容词还有表爱形式，或称为表爱级，表达对事物的喜爱，其结构为形容词原级缀接 -ginä/-kinä/-qinä 等词尾构成，②如：köp-kinä šijir-lär（4:9，多-表爱 诗歌-复数，比较多的诗），kičik-kinä ajïli-dä（1:33，小的-表爱 家庭-位格，在小小的家庭里）。

4. 数词和量词

乌孜别克语的数词和标准乌兹别克语的数词基本一致，比较明显的差异在于部分元音和辅音的音变（详见语音部分）。表 2-15 对比了乌孜别克语和标准乌兹别克语的数词，基数词的差别不大。

---

① 详见程适良、阿不都热合曼：《乌孜别克语简志》，民族出版社 1987 年版，第 46 页。
② 详见程适良、阿不都热合曼：《乌孜别克语简志》，民族出版社 1987 年版，第 49 页。

表 2-15　　　　乌孜别克语和标准乌兹别克语的数词对比

乌孜别克语	标准乌兹别克语	意　　义
bir（4:13）	bir	一
ikki（1:12）	ikki	二
uč（3:7），üč（2:19）	uč	三
töt（1:23）	tort	四
beš（2:7）	beš	五
alti（1:8）	alti	六
jetti（4:10）	jetti	七
sekkiz（2:2）säkkiz（3:3）	säkkiz	八
toqquz（1:4）	toqqiz	九
on（3:3）	on	十
žigirmä（3:2）jigirmä（2:2）	jigirmi	二十
ottus（3:1）	ottiz	三十
qïrïq（3:3）	qirq	四十
ällig（4:4）	ellig	五十
atmiš（2:2）	åltmiš	六十
jetmiš（2:3）	jetmiš	七十
seksän（2:4）säksän（2:7）	säksån	八十
toxsan（1:23）	toqsån	九十
jüz（1:4）	jüz	百
mïŋ（1:4）	miŋ	千

除了基数词，序数词标记也有轻微的差别。标准乌兹别克语序数词的标记为-(I)nči，如：beš-inči（1:4，第五），jigirmi-nči（3:13，第二十），ottuz-inči（3:13，第三十）等。但是语料显示，序数词标记中的/č/发生浊化，所以更多的序数词的标记体现为-(I)nǰi，如：sekkizinǰi（2:2，第八），ikkinǰi（4:40，第二），jättinǰi（2:7，第七），üčinǰi（3:10，第三）等。此外，数词范畴通

常包括集合数词、约数词、分数和小数的表达①等内容。

　　乌孜别克语的量词在语料中出现不多，多限于表示"个，位"的-tä，如：bit-tä-si（1:13/1:17，一-量-领属 3，其中之一），uč miŋ-tä-dän köp（3:7，三千-量-从格 多，三千多个），bir miŋ iškki juz-tä-dän artïq（3:9，一千二百-量-从格 多余，一千二百多个）等。实际上，在标准乌兹别克语中，量词还是比较丰富的，有 gäz"匹"， bir gäz čit "一匹棉布"，mähäl"顿"，uč mähäl ovqät"三顿饭"，båš"头"，dånä"颗/个"等。②

（二）动词的形态学分析

1.动词词干的构成

（1）使动动词标记

　　标准乌兹别克语中的使动动词的标记较多，常用的有-Dir, -(i)t, -Giz, -Gäz, -(i)z等。③从本研究收集的乌孜别克语语料来看，出现较多的标记有：-Dir（a），-(i)t（b），而-Giz, -Gäz, -(i)z出现的频率极少。其中，-Dir有两种变体，即-dir/-tir，它们的缀接方式跟词干的最后一个音节的清浊特性有关，受到词干和词尾和谐规律的限制。此外，由于受到维吾尔语的影响，-Dir还出现了变体-dur的形式。例如：

（a）-DXr

bit-tir-（1:20，完成-使动）　　　　püt-tir-（1:9，完成-使动）

özläš-tir-（4:17，掌握-使动）　　　äks et-tir-（4:19，反映-使动）

---

① 详见程适良、阿不都热合曼：《乌孜别克语简志》，民族出版社 1987 年版，第 51—54 页；Baxtiyor Mengliyev & O'ral Xoliyorov，Uzbek Tilidan Universal Qo'llanma，Toshkent: O'zbekiston Republikasi Fanlar Akademiyasi，2008，pp.201-203。

② 详见程适良、阿不都热合曼：《乌孜别克语简志》，民族出版社 1987 年版，第 54—55 页；Baxtiyor Mengliyev & O'ral Xoliyorov，Uzbek Tilidan Universal Qo'llanma，Toshkent: O'zbekiston Republikasi Fanlar Akademiyasi，2008，pp.204-205。

③ Boeschoten, H., The Uzbek. 357-378, In Johanson.L. & Csato. E.A. (eds.) The Turkic Languages, New York: Routledge，2006，p.373.

nispätlä-n-dir-（3:6，比例-被动-使动） sɪndɪr-（5:15，断-使动）
gävdɪlä-n-dir-（4:28，形象-被动-使动） täräqqi qildur-（1:43，发展-使动）

（b）-(i)t
oqu-t-（1:5，学习-使动）　　　　išlä-t-（1:29，使用-使动）

（2）能力标记

在标准乌兹别克语中，表达主体的能力时，通过能力标记-ä ål-，即副动词-ä 和助动词- ål-的结构来表达"可以、能够、会"等意义，其否定式为-ä ålmä-。例（a）①中为其标准形式：

（a）
ålim　　suz-ä ål-ä-di.
阿里木　游泳_能力_现在_3
阿里木会游泳。

män-iŋ　oz-im　　　　bår-ä ål-ä-män.
我-属格　自己_领属1单　去_能力_现在_1单
我能自己一个人去。

ulär　bugun　kel-ä ål-mä-di.
他们　今天　　来_能力_否定_过去3
他们今天没能来。

---

① 标准乌兹别克语语料来源于阿达来提，2013 年，第 237—293 页。

而在乌孜别克语中，能力标记发生了变化，成为-Al，其否定形式为-Alme，如：

til-imiz　　ravan　sözliš-äl-äj-miz
语言-领属1复　流利　说话-能力-现在-1复
我们能够语言流利地说话。（1:45）

jer-dägi　ata-ŋiz-dän　　härgiz　kättä　bol-al-me-j-siz
地-位格-GI　父亲-领属2单尊-从格　绝对　　大　　成为-能力-否定-现在-2单尊
绝对不会比地上的父亲更大。（5:26）

uša　äråy-nibir　kun　ič-mä-sä-m　　čid-ol-mäs-idi-m
那　酒-宾格　一　天　喝-否定-条件-1单　忍受-能力-否定-过去-1单
那酒我一天不喝都忍受不了。（5:3）

根据帕默的情态系统分类理论，表示能力意义的命题属于动力情态范畴，而动力情态表示说话者对一个事件成真的可能性或必要性的观点或态度，与句子主语的能力和意愿的意义相关。它主要涉及主语的能力或意愿，是主语取向的情态，不表达说话人的主观态度。[①]

（3）后置动词

后置动词也称助动词或体助动词，通常出现在副动词接助动词结构中，更确切地表达动作的类型，如持续状态、是否完成等意义。乌孜别克语中后置动词的表现形式及意义和维吾尔语基本一致，表2-16总结了本书语料中出现的八组后置动词，分析了其结构和意义。

一个有趣的现象就是后置动词的组合，即后置动词可以在部分结构

---

① Palmer，F.R《语气 情态》，世界图书出版公司2007年版，第7—11页。

中连续出现，以表达更为复杂的动作类型意义，维吾尔语中也有一样的现象。[1]亚库甫（2005：121）教授认为，在这种结构中，前一个后置动词的功能是紧接着出现的另一个后置动词的副动结构。在整体结构中，每个后置动词仍然保留其原有的基本功能，通过组合表达更为复杂的意义。如：

oqutuš iš-lär-i bilän mäšyul bol-up kel-maqtä-män.
教学　事情-复_领属3　和　从事-副动　后动-进行-1单
我正在从事教学事业。（2:8）

Bir jigit mä-ni toj-lär märasim-lär-i-gä al-ip kit-ip bar-ip.
一　小伙子　我-宾格　婚礼-复　仪式-复_领属3-向格　带-副动　走-副动　去-副动
一个小伙子在带我去婚礼的路上。（5:1）

表2-16　　　　　　　　后置动词的结构及其意义

后置动词结构	例　词	意　义
(X)p ket-	učup ket-（5:26，飞走） čiqip ket-（4:41，出去） alip kit-（5:1，带走） måjilläšip ket-（2:10，适应于） Ujyurčäläšip ket-（2:19，维吾尔语化）	表示动作的彻底性
(X)p kel-	ålip kil-（5:29，带来）åp kel（5:24，带来） jügärib kil-（5:4，跑过来） tilgä ålinip kel-（4:3，一直被提到） birip kel-（2:9，去了又回来） apirip kel-（1:23，带去又回来） qajtip kä-（1:25，返回） jötkälip kil-（2:8，调过来） bolup kel-（2:8，一直是）	表示动作的反复性和持续性

---

[1] Yakup Abdurishid, The Turfan Dialect of Uyghur, Gottingen: Harrassowitz Verlag, 2005, pp.121-122.

续表

后置动词结构	例 词	意 义
(X)p qal-	untup qal-（1:25/1:26，忘记） untup qa-（1:22，忘记） säqlänip qâ-（2:11/ 2:18，保留）	表示动作是意外或者自然发生的
(X)p tur-	tärbiläp tur（1:19，教育着） qïp tur-（1:21，做着） sözlišüp tur-（1:31，谈着） korinip tur-（4:21，显示着）	表示动作的持续性和规律性
(X)p bar-	ålip bår（2:19 /4:10，进行） kitip bar-（5:1，走着）	表示动作的持续性或者同时进行
(X)p jür-	oqup jür-（4:9，学着）	表示动作的持续性
(X)p qoj-	asib qoj-（5:13，打开了）	表示动作是无意中发生的
(i)vär-*	sindirvär-（5:20，使断） qaqšidivär-（5:11，使生气）	表示动作的瞬间性和彻底性

* 该词尾及其功能较明显是来源于后置动词结构，其意义与维吾尔语中的vat-基本一致。根据Yakup，2005年第111页，维吾尔语中的vat-<-Xp at，但是乌孜别克语的(i)vär-来源和音变过程有待进一步考证。

  事实上，在标准乌兹别克语中，后置动词很丰富，①其结构与维吾尔语有一定的差异。从结构特点看，除了表2-16中说明的"副动词+后置动词"的结构之外，还有"动词+后置动词"结构，如：tuzät-ä ål-（改正-后置动词），fajdilän-ä bil-（参考-后置动词），在这里，后置动词表示有能力完成某动作；ozgärtir-ä bar-（改变-后置动词），此结构表示动作的持续性；ket-ä qal-（走-后置动词），jur-ä qal-（走-后置动词）等结构表示主体的意愿、愿望等。

2. 动词的限定形式
（1）习惯过去时标记
乌孜别克语的习惯过去时标记为-är idi，即动词不定式和系动词 idi 的

---

① Baxtiyor Mengliyev & O'ral Xoliyorov，Uzbek Tilidan Universal Qo'llanma，Toshkent: O'zbekiston Republikasi Fanlar Akademiyasi，2008，pp.151-152.

结合，表示在过去出现的习惯性动作。在实际语言中，有时会出现/r/的脱落，有时会出现系动词中/i/的脱落。例如：

äql-im-gä　　　　ke①-sä-m　xotan-dä-gi　özbek-lär-niŋ　　kättä-lär-i
智慧-领属1-单-向格　来-条件-1-单　和田-位格-GI　乌孜别克人-位格-属格　长者-复-领属3
hämmä-si　özbek　　til-i-dä　　sözli-š-ä-dɨ ②.
都-领属3　乌孜别克　语言-领属3-位格　说-共同-系动-过去3
当我开始有记忆时，在和田的乌孜别克族长者都用乌孜别克语交谈。
（3:16）

savatli q-lär-ɨ　 xät yaz-gändä özbek　til-i-dä　　yaz-iš-är-dɨ③.
识字的人-复-领属3　信　写-副动　乌孜别克　语言-领属3-位格　写-共同-系动-过去3）
（那时候）识字的人互相写信时用乌孜别克语。（3:17）
här　gün-i　　äroq　ič-är　i-di-m.
每　天-领属3　酒　　喝-形动系动-过去-1-单
（那时候）我每天都喝酒。（5:2）

（2）终点内标记

标准乌孜别克语终点内标记，或称现在时进行体标记通常有三种，即-jäp/jatib, -jatir/-äjotir, -maqtä。④Boeschoten认为，(ä)jap和(ä)jatib是由动词yat-（躺）发展而来的。⑤从乌孜别克语的终点内标记来看，主要有以下几种：其一为-jäp/ -(i)jät；其二为(i)wat；其三为 -maqtä。例如：

---

① 此处ke-后面的 l 脱落，原形为 kel-。
② 此处为-ärdi，是习惯性过去时词尾。
③ 此处的-ärdi 的结构应该是 -är-系动-过去 3。
④ Baxtiyor Mengliyev & O'ral Xoliyorov, Uzbek Tilidan Universal Qo'llanma, Toshkent: O'zbekiston Republikasi Fanlar Akademiyasi，2008, p.158.
⑤ Boeschoten，H. , The Uzbek, In Johanson.L. & Csato. E.A. (eds.) The Turkic Languages，New York: Routledge, 2006, p.367.

（a）

özlüksɨz   ålɨp bar-ijät-kän   ɨjådi   iš-lär-nɨ   häm   toxtä-t-iš-kä
自发地   进行-终点内_形动   创作   事情_复_宾格   也   停止-使动_名动_向格
mäjbur et-ä-dɨ.
被迫-现在_3单
他自发进行的创造事业也被迫停止。（4:10）

（b）

bäzɨdä   öz-ɨmɨz-nɨŋ   til-i-ni   untup qal-ijäp-mɨz.
有时   自己-领属1复_属格   语言-领属3_宾格   忘记-终点内_1复
有时我们会忘记自己的语言。（1:25）

（c）

šu-nɨŋ   vilän   birgä   bal-lär-i-ni   tärbilä-p tur-ⁱvat-i-dɨ.
那-属格   和   一起   孩子-复_领属3_宾格   教育-副动 后动_终点内_现在_3单
与此同时，她正在教育她的孩子们。（1:19）

（d）

oqutuš   iš-lär-ɨ   bilän   mäšyul bol-up kel-maqtä-män.
教学   事情-复_领属3   和   从事-副动 后动_终点内_1单
正在从事教学事业。（2:8）

（3）情态标记

情态，或译为模态，模态更多使用于逻辑学，情态使用于语言学，本研究沿用情态。与时、体一样，情态是句子表达的事件的背景成分。[1]情态在各语言中可以通过一系列的形式和词汇手段来实现，即动词的形态语气、词汇及句法手段。[2]换言之，有的语言具有特定的语法标记，有的语言则通过词汇手段、特定的句子结构来表达情态意义，突厥语族语言亦是如此。[3]标准乌兹别克语在认识情态、道义情态和动力情态三种情态类型上都有特有的语法标记，有附加成分、词汇手段及形态结构。

标准乌兹别克语中，认识情态的表现形式主要有以下几种：一是由keräk"需要"为标记的结构，由条件标记-sä+领属标记+keräk 或者名动标记-(i)š+领属标记+keräk 构成。这两种结构表达根据迹象对主体行为可能发生的推测，意思是"可能"，其否定形式为-mäsä keräk 或者 -mäslik keräk。在句首通常会出现副词 ehtimâl（有可能）或者 bälki（或许）表达较为强烈的推测。二是由 mumkin"可能"为标记的结构，即名动标记-(i)š+领属标记+ mumkin 构成，否定形式为 mumkin emäs 或者-mäs/-mäslik mumkin（不可能）。三是句中有表示可能意义的副词 ehtimâl（有可能），bälki（或许）。除了能够独立使用，这两个副词还能够与 mumkin 同时使用，表达较为强烈的推测。四是-mikin 作为疑问语气助词词尾，缀接在动词后表达主观推测，意思是"可能、本以为"。

道义情态在标准乌兹别克语中表现形式较多，主要表达许可意义和必要性意义，如：bol-（可以）既能表示允许也可以表示指令。表示允许或可以时，常与动词的条件标记 -sä 连用，构成 -sä+领属标记+bol/bolmä（可以/不可以）结构。-ib bol 结构，其否定形式-ib bolmä（不允许、禁止）。qoy（允许、许可），其否定形式 qoymä（不允许、不许可）通常与表示目的意义的副动词 -gänni 连用，构成 -gänni qoy/qoymä（允许/不允许）。与其他突厥语言，如维吾尔语、哈萨克语一样，乌孜别克语使用名动标记+领属标

---

[1] 彭利贞：《现代汉语情态研究》，中国社会科学出版社 2007 年版，第 37 页。
[2] 梁晓波：《情态的多维研究透视》，《解放军外国语学院学报》2002 年第 1 期。
[3] 相关突厥语言的情态研究还有：Johanson，2009 年，第 487—510 页；Yakup，2009 年，第 479—493 页；Abish，2014 年，博士论文。

记+keräk /låzim/šärt/zärur，表达"应该、需要、必须、有必要"等意义，其否定式为 mäslik keräk /låzim/šärt/zärur。这些结构表达主体有必要或应该做某事，或出于自身需要，或出于社会道德、法律和社会规范。

　　表达意愿的动力情态通常有两种形式，即 -(i)š+ håhlä/håhlämä（名动标记+愿意/不愿意）和 -gan+领属标记+bår/yoq（形动标记+领属标记+有/没有）。在表达主体的能力时，乌孜别克语中通过能动体-ä âl 及其否定式-ä âlmä，表达"可以、能够、会"及其否定意义，详见上文90页（2）能力标记。除此之外，-gän bol（形动标记+成为）的结构表达主观上有能力的可能性情态。乌孜别克语中表达动力情态的词汇或句法手段不多。

　　反观本书的语料，虽然没有前文表述得那么全面，但三种情态均有不同程度的体现，如：认识情态（a），道义情态（b），动力情态（c）。

（a）

Özbek　　til-i　　　bilän　Ujyur　til-i　　　jŭdä　jäm　jäqïn
乌孜别克　语言-领属3　和　　维吾尔　语言-领属3　很　　也　　近

qärindåš　til-lär-i　　　bol-gän-lik　säbäb-i-dän　bol-sä　kiräk
同胞　　　语言-复-领属3　成为-形动-形　原因-领属3-从格　成为-条件　应该

de-p　　ojle-j-män.
说-副动　想-现在-1单

我想乌孜别克语和维吾尔语是特别接近的兄弟语言，这可能也是原因。（2:19）

（b）

biz　　xänzu　til-i-ni　　　　jäm　ügün-üš-ümiz　　keräk.
我们　汉族　　语言-领属3-宾格　也　　学习-名动-领属1复　应该

我们也应该学习汉语。（1:37）

bu arqïlïq hämmä millät öz millit-i-ni täräqqi qil-dur-uš-i
这 通过 所有的 民族 自己 民族-领属3-宾格 发展-使动-名动-领属3
Keräk.
应该

由此各民族都应该发展自己。(1:43)

näqädär ayïr jinajät ikän-lig-i-ni bil-iš-imiz keräk.
多么 严重 罪过 间接-形-领属3-宾格 知道-名动-领属1复 应该

我们应该知道（这是）多么重大的罪过。(5:23)

（c）

tin-mä-j qäjγur-gän-i-ni jäqqål kor-ä ol-ämiz.
休息-否定-副动 忧愁-终点后形动-领属3-宾格 清楚地 看-能动-1复

能清楚地看出他（为劳苦大众的前途）不停地忧愁。(4:35)

3. 人称标记、谓语性人称标记（哪些动词词尾后缀接第一套，哪些后缀接第二套）

表2-17总结了乌孜别克语的人称标记，这些人称标记用来体现终点内，即表示未达到终点的动作行为。这些人称标记中，第二人称尊称标记 -siz 与标准乌兹别克语中的 -siz 所指的人称不同。在标准乌兹别克语中 -siz 指的是第二人称复数，并不是单数尊称，-silär，在乌孜别克语中为第二人称复数标记，在标准乌兹别克语中也有相同的意义，但使用频率并不高。

表2-17　　　　　　　　乌孜别克语的人称标记（Ⅰ）

人　称	单　数	复　数
第一人称	-(I)män	(I)miz
第二人称普称 第二人称尊称	-(X)sän -(X)siz	-(X)silär
第三人称	-(I)di	-(I)di(lär)

如果以动词 kel- 为例，乌孜别克语中三个人称标记的附加情况应该如表2-18所示：

表2-18　　　　　　　　乌孜别克语人称标记的使用（Ⅰ）

人　称	单　数	复　数
第一人称	kel-ä-män	kel-ä-miz
第二人称普称 第二人称尊称	kel-ä-sän kel-ä-siz	kel-ä-silär
第三人称	kel-ä-di	kel-ä-di(lär)

在语料中人称标记也有一定的体现，如：dunjagɨ kigän-män（2:2，我来到世界），ičä-män（5:9，我要喝），ičä-siz（5:7，你要喝），täräqqi qïl-ädɨ（1:39，它会发展），täräqqijatqɨ eriš-idu（1:41，它会得到发展）等。

表2-19显示的人称标记主要出现在一般过去时、条件标记动词和系动词后。

表2-19　　　　　　　　乌孜别克语的人称标记（Ⅱ）

人　称	单　数	复　数
第一人称	-(X)m	(I)k
第二人称普称 第二人称尊称	-(X)ŋ -(X)ŋiz	-(X)ŋlär
第三人称	ø	-(lär)

为了对上述人称有一个更具体的认识，表2-20以 bar-"去"的一般过去时为例加以说明。

表2-20　　　　　　　乌孜别克语人称标记的使用（Ⅱ）

人　称	单　数	复　数
第一人称	bar-d-im	bar-d-ik
第二人称普称	bar-d-iŋ	bar-d-iŋlär
第二人称尊称	bar-d-iŋiz	
第三人称	bar-d-i	bar-d-i (lär)

在语料中，这些人称标记也有不同程度的体现，如 bɨlɨm ašur-dɨm（1:14，我进修了），oqu-dim（2:4，我读书了），jawap ber-dik（1:33，我们回答了），bašlä-dɨ（3:18，它开始了），dunjagɨ kel-dɨ（4:4，他来到这个世界了）等。

人称标记(Ⅱ)也常常出现在条件标记之后，如：kesäm（3:16，如果我来），ičmä-säm（5:3，如果我不喝），kičik tur-säŋ（5:10，你还小），közli-säk（1:38，如果我们关注），ki-säk（2:10，如果我们来到），jür-säŋiz（5:25，您走着），učup ket-säŋiz（5:26，您如果飞走了），untup qa-sa（1:28，如果他/他们忘记），di-sä（5:34，如果他/他们说）等。

4. 动词的非限定形式（副动词和形动词）

标准乌兹别克语的非限定形式主要体现在一般副动标记中，如：-ä/j（否定形式为 -mäj），-(i)b，-Gäč, Gäni/Gali, GUnčä/GUčä 等，如（a），带有条件标记的是一种特殊的副动形式，由 -sä 缀接属人称标记构成（详见上文），比这稍复杂的副动标记有 -(A)r+ekän > -rkän，①如（b）。语料中体现出的另一个不定式标记为形动词标记 -ädigän，如（c）。然而，乌孜别克语语料

---

① 详见 Boeschoten, H., The Uzbek, In Johanson.L. & Csato. E.A. (eds.) The Turkic Languages, New York: Routledge, 2006, p.369.

中并没有出现 -Gäč, Gäni/Gali, GUnčä/GUčä 等标记。

(a)

hazirqi① vaqït-tä jaš-i atmiš-tän alqi-gän qeriyä-lä-dän
现在的 时间_位格 岁数_领属3 六十_从格 跨过_GAN 形动 老人_复_从格
bäšqä-si Özbeg til-i-dä söyla-mä-j-di②.
以外_领属3 乌孜别克 语言_领属3_位格 说_否定_现在_3
现在岁数超过六十的老人以外其他人不会说乌孜别克语。（3:19）

(b)

miladä bir miŋ toqquz yüz yigirmä toqquz-inǰi yil-i-gä
公元 一 千 九 百 二十 九_序数 年_领属3_向格
toyïr kel-är-kän.
正好_副动_间接3
应该是公元一千九百二十九年。（3:14）

(c)

özbek til-i-dä sözli-š-ädigän③ vä özbek til
乌孜别克 语言_领属3_位格 说_共同_ÄDIGAN_形动 和 乌孜别克 语言
yaz-ädigän kiši-lär tädriǰi azlä-š-gä bašlä-di.
写_ADIGAN_形动 人_复 逐渐 减少_Iš_动名_向格 开始_过去3
说乌孜别克语和写乌孜别克语的人开始逐渐减少。（3:18）

---

① 此处 -qi 是构形词缀，缀接在名词后是词根成为形容词。
② söylä- 的意思是"说"，在前文中的形式为 sözlä-。
③ 此处 -ädigän 的功能是终点内形动词。

äräy   ič-ädigän   šiša-m-ni   sɨndɨr-vär-dɨŋ
酒   喝-ĀDIGAN,形动   瓶子-领属1_单_宾格   摔碎-后动_2_单普
你摔碎了我喝酒的瓶子。(5:20)

bir pijalä äråq-qä älmåštur-ädiyan nåmärt-lär häli jäm ärå-miz-dä   bår.
一 碗   酒-向格 交换-ĀDIGAN,形动 无知的-复   还 也 之间-领属1复_位格 有
我们中间还有一些无知的人用一小碗酒替代（父亲的赞许）。(5:22)

5.传据标记

传据又称传信范畴、可证性、实据性、言据范畴、言据性或传据等[①]。传据是关注信息来源的一种语法范畴，表示说话者陈述事实所依据的各种各样的证据，即信息是基于叙述者亲眼所见或是基于别人的描述，或者是根据某种迹象或证据所作的推断等。[②]Aikhenvald（2004）以语言中信息来源的编码和传据标记为标准，对世界上500种语言的语料分析，认为人类语言大致存在四大类型的传据系统，即二源传据、三源传据、四源传据、五源传据及更多信息来源传据，然后再细分为视觉性或非视觉性信息、报道性或推断性信息、假定性和引述性信息等子类型范畴。

从标准乌兹别克语的传据来看，可以分为直接和间接信息，从对信息的态度来看，可以分为推测性的、传闻性的、转述性的及其他（包括提醒性的、知情性的、疑问性的等），从获得信息的时间上看，有即知的和后知的等多种类型。基于传据的分类方法，标准乌兹别克语可以是具有四源传据的语言，其传据类型可以初步分为视听知觉性信息、味触推断性信息、报道性信息及推测性信息四大类。标准乌兹别克语的传据标记比较丰富，终点后形动标记、具体动词的限定形式和传据语气助词都能够表达传据意义。下文就从语料中的实例加以说明传据的标记及其意义。

[①] 胡壮麟，1994 年，第 9—15 页；房红梅，2006 年，第 191—196 页。
[②] Aikhenvald, A.Y., 2004 年，第 3 页。

（1）间接过去时标记-XptI

作为间接过去时标记的-XptI在乌孜别克语中使用频率很高，通常表达主体动作的间接性，由于维吾尔语的影响，-ipti出现了语音变体-uptu。在语言的实际使用中，-ipti除了表示信息的间接性（a）外，可以表示对叙述者来说意外的、不知不觉的或自然发生的动作等信息（b），也能够表达现在或过去亲眼所见的事实（c），也可以表示通过嗅觉、味觉以及触觉等感知的和根据迹象推断的信息。

（a）

äråq ič-iš-ni täšlä-pti.
酒　喝-名动_宾格　扔-传据3
他戒了酒。（5:17）

（b）

atä-niŋ qol-i-ni sin-dir-vär-ipti.
父亲-属格　手-领属_宾格　断-使动_后动_传据3
把父亲的手弄断了。（5:19）

（c）

hazir jämijät-tä xïzmät qi-p tur-uptu.
现在　社会-位格　工作　做-副动 后动_传据3
现在在社会上工作。（1:21）

biz özbek til-i-n-dä sözli-š-üp tur-äpti-miz.
我们　乌孜别克　语言-领属3-N-位格　谈话-共同_副动 后动_传据-1复
我们在用乌孜别克语交谈。（1:31）

（2）语气助词标记 ikän

-ikän 也是常用的传据语气助词标记之一，通常表达信息的间接性，即表示没有亲眼所见，而是听说、据说、传言，包括听觉、嗅觉、味觉以及触觉等感知的信息。如：

män bir miŋ toqquz jüz ottuz bir-inči jil-i
我   一   千   九   百   三十   一-序数   年-领属3
xotän šär-i-dä   tuyul-yan ikän-män.
和田   城市-领属3-位格   出生-终点后 传据-1 单
（听说）我于一九三一年出生于和田市。（3:15）

sïlä-nïŋ   kičik-kinä ajïlï-dä   häm   özbek   til-i   bar ikän
你们-属格   小-表爱   家庭-位格   也   乌孜别克 语言-领属3 有   传据
dä-p.
说-副动
（他们说）在你们这小小的家庭还有乌孜别克语。（1:33）

此外，推测性信息在句中通常是通过一些固定结构，或者词汇手段来表达，如：向格+öxšäj（好像），量似标记-dek+körin（看起来）等。-(i)miš 表示传闻信息，对信息的来源不作说明，对信息的可信度不作评价。

äjtišlärigä qärägändä（据说），bilišiča（据了解），ešit-（听说）等插入语，通常用于转述性或报道性信息，谓语一般会出现表示终点后标记的-gän 或-di。带有不定式标记的-ädi，-är ikän 缀加在动词词尾，表示将要发生的或存在的报道性信息，通常使用将来时，具有比较肯定的推断意义。由于语料限制，这些传据标记没能全面体现出来。

6.系动词

标准乌孜别克语中，系动词有-idi，-ikän，-(i)miš，-dir等。在本书的语料中，除了-(i)miš，其他系动词都有不同程度的体现。

(a) dir~dur~tir

äjåjip päråni-si-dur.
特别的 代表作-领属3-系动
特别的代表作。(4:25)

sämimi muhåbbät-i-niŋ jårqin ipådä-si-dir.
真诚的 爱情-领属3-属格 鲜明的 表现-领属3-系动
是他真诚爱情的鲜明的表现。(4:37)

älåxidä diqqät-kä säzåvär-dur.
特别的 注意-向格 获得-系动
值得受到特别的关注。(4:39)

biz üčün qädirlik-tir.
我们 为 尊贵的-系动
对我们来说是尊贵的（人）。(5:35)

(b) ikän

oɣul balä ikän.
男孩 孩子 传据
他是男孩。(5:16)

(c) idi[①]

šün-dän bašla-p oquš-gä jüdä jäm qïzɣïn-idi-m.
那-从格 开始-副动 学习-向格 很 也 热情-系动-1单
从那以后我对学习非常有热情。(1:11)

---

① 该系动词的来源于-erdi，是-er "是"的一般过去形式，Yakup，2005年，第146页。

änčä   ertä   båšlä-n-gän idi.
那么   早   开始-反身_终点后 系动3
很早就开始了。(4:8)

上述系动词在功能上其实就是人称标记的过去时形式，因此 ikän 和 idi 都带有人称标记。

（三）自由功能语类

标准乌兹别克语中的后置词非常丰富，[①]与自己支配的名词性语类或短语构成后置词短语以表达不同的意义和功能。常见的有 bilän（表示手段/方式），učun（表示原因/目的），soŋ（表示时间），käbi（表示范围）等。在乌孜别克语语料中也有为数不少的后置词，表2-21总结了语料中出现的后置词及其意义和功能。

表2-21　　　　　　　乌孜别克语后置词及其意义功能

bilän	通过	表示工具、伴随、状态、从事的活动	käsip bilän（1:6） Özbiklär bilän（2:19） muxåbbät bilän（4:3）
üčün	为了	表示动作的目标或目的	šuniŋ üčün（1:29） biz üčün（5:35）
tüpäjli	由于	表示原因	iš tüpäjlidin（1:31）
ara	之间	表示空间范围	pärzäntlä ara（1:31）
arqïlïq / arqäli/ ärqäli	通过	表示动作的途径	bariš-keliš arqïlïq（1:41） ifädälär arqäli（4:38） Tibät ärqäli（4:41）

---

① 详见 Baxtiyor Mengliyev & O'ral Xoliyorov，Uzbek Tilidan Universal Qo'llanma，Toshkent: O'zbekiston Republikasi Fanlar Akademiyasi，2008，pp.222-223。

续表

qädär	为止	表示时间的界限	jilgä qädär（2:3） ta håzirgä qädär（2:8）
bojiča	按照	表示动作的范围或依据	fänläri bojiča（2:8）
qalsä	此外	表示动作的范围	bundän qalsä（3:7）
bašlap	开始	表示动作的起点	mäktäpdän bašlap（1:12） šündän bašlap（1:15）
tartip	开始	表示动作的起点	šündän tartip（1:6）
itibarän	开始	表示动作的起点	jillärⁱdän itibarän（3:18）
åp	开始	表示动作的起点	jaš čäylärⁱdän åp（4:6）
kijin	以后	表示动作的起点	bittirgändin kijin（1:12） bittirgändän kejin（1:14）
soŋ	以后	表示动作的起点	turgändän soŋ（4:13）
bäšqä	之外	表示动作的范围	qerijälädän bäšqäsi（3:19）
häqqidä	关于	表示所涉及的内容	Furqät häqqidä（4:1）
tämånädän	由XX方面/被	表示动作的执行者	xälqlär tämånädän（4:3）
käbi	像XX一样	表示具有类型特征的	Zävqij käbi（4:14）
ibårät	等等	表示包括该内容在内的一系列事物	šundän ibårät（4:44）
qärši	反对	表示对所指内容的不满	häqsizlikkä qärši（4:22）

　　在实际使用中，与维吾尔语一样，乌孜别克语中的大部分后置词要求与格一起使用。在这方面，力提甫·托乎提教授（2012：207）对维吾尔语后置词的研究更为深入。他认为，后置词一般都与名词、形容词、代词、数量词、摹拟词以及相关短语一起出现，而且有的后置词还要求这些名词类短语先与格语类合并构成格短语，然后与该格短语一起构成自己的后置

词短语充当句子成分。

三 乌孜别克语句法研究

乌孜别克语的短语（或称词组）根据不同的语法关系，分为联合词组、宾动词组、偏正词组、主谓词组、同位词组和后置词词组六种。[①]Sjoberg（1997）将乌孜别克语的短语结构分为并列短语、名词性短语、形容词性短语、副词性短语和动词性短语等五大类。[②]这些分类方法中前者是按照传统语法进行分类，后者按照结构语法进行分类。与乌孜别克语最接近的维吾尔语的短语研究中，力提甫·托乎提按照生成语法理论将短语细分成了11类，[③]这对研究乌孜别克语短语有一定的参考价值。在上述研究的基础上，根据本研究语料中的短语结构特点，下文将短语分为四大类做一些初步的分析。

（一）短语及其结构

1.名词性短语

名词性短语的基本结构是由限定词+数量词（短语）+形容词（短语）+名词构成，[④]这些成分可以是有选择性的，因而其出现的位置也是灵活的。根据名词性短语各成分之间的句法关系，可以分为并列名词性短语和偏正名词性短语。

（1）并列名词性短语

顾名思义，并列名词性短语中各个成分之间的句法关系是并列关系，

[①] 程适良、阿不都热合曼：《乌孜别克语简志》，民族出版社1987年版，第127页。
[②] 该书第一版由印第安纳大学出版社出版于1963年。
[③] 力提甫·托乎提：《阿尔泰语言学导论》，山西教育出版社2002年版，第335—359页。
[④] Boeschoten, H., The Uzbek, In Johanson.L. & Csato. E.A. (eds.) The Turkic Languages, New York: Routledge, 2006, p.371.

没有主次之分，先后顺序也可以发生变化，不影响句子的意义。表示并列关系时常常使用连接词，如vä（a），bilän（b），häm...häm（c）等。当并列多个具有相同性质或特征的人或事物时，vä 出现在最后两个成分之间（d）。

（a）
Özbek   til-i-dä   sözliš-ädigän vä Özbek   til   jaz-ädigän kiši-lär
乌孜别克 语言-领属3_位格 谈话-形动   和 乌孜别克 语言 写-形动   人-复
会说乌孜别克语和会写乌孜别克语的人。（3:18）

Qazaq-läš-iš   vä Qïrɣïz-läš-iš
哈萨克-构形_名动 和 柯尔克孜-构形_名动
哈萨克化和柯尔克孜化。（3:20）
ädäbijåt vä mädänijät
文学   和 文化
文学和文化。（4:3）

（b）
Özbek   til-i   bilän Ujyur til-i
乌孜别克 语言-领属3 和   维吾尔 语言-领属3
乌孜别克语和维吾尔语。（2:19）

（c）
häm pärzänt-lä häm kijinki äwlat-lir-imiz-gä
也   子女-复   也   以后的 后代-复_领属1复_向格
对我们的子女和后代。（1:34）

(d)

Nizåmi Ganjåvi   Åfiz Šeråzi   Färiddin Ättår   Fuzuli
尼扎米·甘加伟   阿费孜·希拉兹   法里丁·艾塔尔、甫祖里
vä   bäšqä-lär
和   其他-复

尼扎米·甘加伟、阿费孜·希拉兹、法里丁·艾塔尔、甫祖里和其他人。(4:7)

(2) 偏正名词性短语

与并列名词性短语不同，在偏正名词性短语中各个成分之间有主次之分，前一部分通常起修饰限定作用，后一部分为被修饰和限定的名词。修饰限定部分可以是名词（a）、形容词（b）、代词（c）、数量词（d）、摹拟词（无）等词类，抑或是短语（e）。如：

(a) 名词+名词
šinǰjaŋ univirstit（1:19，新疆大学）
tätår mektäp（2:4，塔塔尔学校）

(b) 形容词+名词
katta mäktäp（1:6，大学校）
mihnätkäš xäliq（4:40，勤劳的人民）

(c) 代词+名词
u jä（1:24，那个地方）
bu xäliq（3:4，这些人民）

(d) 数（量）词+名词

ikki ali mäktäp（1:12，两所高等学校）

üčinǰi orun（3:10，第三位）

(e) 形动词/后置词+名词

ötkän künlä（1:10，过去的日子）

küjgän ǰigär（4:26，燃烧的心肝）

furqät häqqidägi qısqıčä muláhizä（4:44，关于富尔开提的简短的讨论）

（3）复数短语

复数短语由名词性短语缀接复数标记构成，在构成特点上，复数短语内部有一定的差异。复数标记可以缀接在名词或名词短语、形容词或形动词、数词、代词等不同的词类或语类之后，构成复数短语。如：

toj-lär（5:1，婚礼，名词+复数）

pärzänt-lär（5:28，子女们，名词+复数）

sɪ-lär（5:37，你们，代词+复数）

kättä-lär（2:11，长辈，形容词+复数）

digän-lär（5:28，说的人，形动词+复数）

jäšängän-lär（2:11，年长的人，形动词+复数）

koz aldɪ-lär（5:15，眼前，方位短语+复数）

乌孜别克语和维吾尔语复数标记所指意义的最大不同在于，乌孜别克语中的复数标记 –lär 还可以表示第三人称尊称的人称词尾，而在维吾尔语中没有这种功能。如：

bir　　jigit　　šundäj　　äjt-i-lär
一　　小伙子　　那样　　说-终点后-3尊
一个小伙子那样说。(5:1)

(4) 领属短语

乌孜别克语跟其他突厥语族语言一样，领属者和领属成分之间有严格的一致关系。领属短语的结构为领属者+属格标记niŋ+领属成分+领属人称标记。在实际使用中，领属者可以省略。关于领属人称标记在前文已有论述，详见上文70页（2）领属标记。领属标记可以缀接在名词、数量词、代词（主要是反身代词）、名词化短语、形容词/形动词、复数短语等领属成分之后，从而构成领属短语结构。例如：

at-äm（1:3，我的父亲，名词+领属标记1单）
bittä-si（1:17，其中之一，数量词+领属标记3）
öz-imiz（1:22，我们自己，反身代词+领属标记1复）
ügüniš-imiz（1:43，我们的学习，名词化短语+领属标记1复）
u-niŋ tärixi xäjåt-i（4:21，他的历史生活，代词+属格+名词性短语+领属标记3）
u-niŋ šijirlär-i（4:23，他的诗歌，代词+属格+复数短语+领属标记3）
koz aldilär-i（5:15，他们眼前，复数短语+领属标记3）

(5) 格短语

乌孜别克语中常见的格有六类，即主格、属格、向格、宾格、位格和从格等，除主格没有语法标记外，其他五类都有固定的语法标记，详见上文72页（3）格标记。这些格缀接在名词/名词短语、形容词、数词、数量词、代词、名词化短语、形容词化短语、复数短语、领属短语等成分之后构成格短语。由于这样的例子数量较多，在此只例举几个具有代表性的结构：

  dunjä-yä（1:4，来到世界，名词+向格）
  üčinči-dän（2:19，第三点，数词+从格）
  u-niŋ（4:23，他的，代词+属格）
  juztä-dän（3:9，比一百个，数量词+从格）
  üzi-niŋ（1:46，他自己的，领属短语+属格）
  özbek xälqi-niŋ（4:1，乌孜别克族人民的，领属短语+属格）
  jäšäš-i-gä（4:22，对他的生活，名词化短语+领属标记3+向格）
  xät jazgän-dä（3:17，在写信时，形动词+位格）
  pärzäntlär-nɨ（1:16，把子女，复数短语+宾格）
  xälqlär tämånä-dän（4:3，从人民那边，复数短语+方面+从格）

此外，乌孜别克语中还可以出现几个格短语并列的情况，力提甫·托乎提（2012：343）称之为并列格短语，例如：

  furqät qoqan-dän färyanä-gä bår-ä-di.
  富尔开提 浩罕-从格 费尔干纳-向格 去-现在-3
  富尔开提就从浩罕到了费尔干纳。（4:12）

（6）后置词短语

  乌孜别克语中有为数不少的后置词（详见上文95页后置词），这些后置词跟维吾尔语中的后置词短语一样，有的要求与主格复数短语、主格领属短语、主格单数名词类结合，有的则要求与代词、名词化短语、形容词化短语、复数短语、领属短语、格短语结合，从而构成后置词短语。[①]不过，并不是上述所有结构都在语料中完整地体现出来。例如：

---

  ① 维吾尔语后置词短语详见力提甫·托乎提《阿尔泰语言学导论》，山西教育出版社2002年版，第343—345页。

käsɨp bilän（1:6，从事专业，主格名词+后置词）

bariš-keliš arqïlïq（1:41，通过交往，名词化短语+后置词）

ifådälär arqäli（4:38，通过这些表达，复数短语+后置词）

šuniŋ üčün（1:29，因此，领属短语+后置词）

jilgä qädär（2:3，到那年为止，格短语+后置词）

2.形容词性短语

形容词本身就具有修饰限制的功能，形容词性的短语也具有相同的功能，因而构成的形容词性短语常常表现为偏正结构。另外，级形式的形容词可以被表示程度的副词所修饰和限制。从语料中的形容词性短语来看，大部分还是限于副词+形容词的结构，例如：

jŭdä jäm qïzyïn（1:11，非常热情，副词+形容词）

judä räwšän（4:38，很鲜明，副词+形容词）

äŋ fikɨrlik（4:15，最有思想的，副词+形容词）

jŭdä jäm jäqïn（2:19，非常近，副词+形容词）

3.副词性短语

副词性短语具有副词的特征，即修饰或限制形容词和动词，此外也可以被其他成分所修饰。如：bittɨrgändin kijin（1:12，完成以后，格短语+副词），turgändän soŋ（4:13，住了以后，格短语+副词）。

4.动词性短语

动词性短语具有动词的基本特征，有及物（a）和不及物（b）之分，此外还有被动短语（c）、系动词短语（d）等结构。下文总结和分析语料中出现的动词性短语的类型及其结构。①

---

① 动词短语部分的分类和术语参考了力提甫·托乎提：《阿尔泰语言学导论》，山西教育出版社2002年版，第347—351页。

(1) 及物性动词短语

(a) 带宾格短语的及物性动词短语

ikki ali　　mäktäp-nɨ　oqu-d-um.
二　高级　学校-宾格　　读-过去-1单
在两所大学读书了。（1:12）

siz-ni qaqšit-ä-män.
你-宾格 使生气-现在-1单
我要让你生气。（5:12）

furqät　　　häqqɨdä　iškki　čin gäpɨr-iš-ni　　mʷapɨq kor-d-um.
富尔开提　关于　　二　　句　说话-名动-宾格　认为合适-过去-1单
我认为说两句关于富尔开提的话合适。（4:1）

(b) 要求向格短语的趋向性及物性动词短语

oquš-nɨ　özbeg　　mäktäp-dän　bašla-p...
学习-宾格　乌孜别克　学校-从格　开始-副动
学习从乌孜别克学校开始……（1:12）

(c) 要求宾格和由 bilän 构成的后置词短语的及物性动词短语

älišɨr　　　nävåji　äsär-lär-i-ni　　　märåq　bilän　mutålä äqlä-dɨ.
艾利希尔　纳瓦依　作品-复-领属3-宾格　兴致　　用　　阅读-过去3
兴致勃勃地阅读了艾利希尔·纳瓦依的作品。（4:6）

（d）要求宾格和位格短语的及物性动词短语

ata - anä   dunja-dän kät-kän-dän kejin   qävrä-ni
父亲母亲   世界-从格   走-终点后-从格 以后   坟墓-宾格
märmär-dä   jap-ä-män.
大理石-位格   盖-现在-1单
等父母离世以后，要用大理石修建坟墓。（5:28）

（2）不及物性动词短语

不及物性动词短语大致有五种类型，包括不带有标记的短语和要求带有某种标记的短语结构，表达不同的功能。

（a）没有标记的不及物性动词短语
šinǰjaŋ   pidagokikä instoti-dä   ikki   jil   bilim ašur-d-im.
新疆   教育   学院-位格   二   年   进修-过去-1单
我在新疆教育学院进修了两年。（1:14）

（b）要求向格短语的趋向性不及物性动词短语
biz   häm   šu   su'al-lär-gä   özbek-či   jawap ber-d-ik.
我们   也   那   问题-复-向格   乌孜别克-等同   回答-过去-1复
我们也用乌孜别克语回答了那些问题。（1:33）

（c）要求从格短语的发源性不及物性动词短语
furqät   xäliq-niŋ   äzap   uqubät-tä   jäšä-š-i-gä
富尔开提   人民-属格   痛苦   痛苦-位格   生活-名动-领属3-向格
čin   jüräg-i-dän   äčin-ä-di.
真   心-领属3-从格   痛心-现在-3
富尔开提真心同情生活在痛苦之中的人民。（4:22）

（d）要求位格短语的处所性不及物性动词短语

šu-niŋ üčün ajɨlä iŋ mujim orun-dä tur-ä-dɨ.
那-属格 为了 家庭 最 重要 位置-位格 占-现在-3
因此，家庭占最重要的位置。（1:30）

（e）要求由 bilän 构成的后置词短语的从事性不及物性动词短语

ɣulǰi-da oqutquču-luq käsip bilän šuɣullän-gän.
伊犁-位格 教师-形 职业 和 从事-终点后3
他在伊犁从事教师职业。（1:6）

（3）被动短语

被动短语由领属短语或格短语缀接被动标记构成，被动标记之前的部分是句子的宾语，常带有宾格标记。如：

bu šinǰaŋ-dä-gi① özbek a:lä-si-niŋ oturaqläš-iš-i-ni
这 新疆-位格-GI 乌孜别克 人口-领属 3-属格 居住-交互-领属 3-宾格
nispätlä-n-dɨrʳ-gän-dä täxminän yätmiš pirsänt-i-nɨ
比例-被动-使动-形动-位格 大约 七十 百分比-领属 3-宾格
täškil it-ä-dɨ.
占 做后动-现在-3
从新疆居住的乌孜别克人口比例来说，这（人口数）大约占70%。（3:6）

（4）表语-系动词短语

表语-系动词短语由系动词作为标记，与其他词类或短语缀接而构成。如：

---

① 名词或代词后面缀接位格再缀接-GI 词缀后，词性变为形容词 （The locative case form of nouns and pronouns can be turned into an adjective by adding the suffix-gi to the case form，Bodrogligeti，2002:176）。

atä-m　　　ɣulj'ä　　özbek　　mäktäv-i-dä　　mäktäp　　müdir-i
父亲-领属1单　伊犁　乌孜别克　学校-领属3-位格　学校　校长-领属3

oqutquči　bol-gän.
教师　　　是-终点后

我父亲在伊犁乌孜别克学校曾经是学校校长和教师。（1:3）

xotan　šär-i-dä　　　tuɣul-ɣan　ikän-män.
和田　城市-领属3-位格　出生-终点后　是传据-1单

（听说）我是在和田市出生的。（3:15）

（5）体后置动词短语

乌孜别克语中有许多固定用在副动标记 –Xp 之后表达体概念的后置动词（助动词）或语法化的体标记，这些后置动词或体标记缀接在副词化的动词后面构成短语，从而表达前一个动词的伴随状态、方式、过程等更具体的信息。表2-22通过语料中出现的体后置动词短语实例，分析了体后置动词短语的语法标记和意义。

需要说明的是，在乌孜别克语中还有很多其他的体后置动词短语结构，如尝试体，其标记为-baq，利他体，其标记为-ber等，由于在语料中没有体现出来，暂不作过多讨论。

（二）句子类型

句子按照语气和用途分为陈述句、疑问句、祈使句和感叹句，按照句子的结构分为简单句和复合句（程适良 & 阿不都热合曼，1987：143）。标准乌兹别克语研究中，Mengliyev & Xoliyorov（2008：241）根据句子要表达的目的，把句子分为三大类，即陈述句、疑问句和祈使句，[①]Bodrogligeti

---

[①] Baxtiyor Mengliyev & O'ral Xoliyorov, Uzbek Tilidan Universal Qo'llanma, Toshkent: O'zbekiston Republikasi Fanlar Akademiyasi, 2008, p.241.

（2003：1121-1258）将句子分为简单句、扩展简单句、复合句、复杂句等四类。本书根据乌孜别克语语料所体现的特点，将句子按语气分为三类，按结构分为两类。由于语料中没有出现感叹句，在此暂不讨论。下文通过实例，逐一陈述不同的句子类型及其特点。

表2-22　　　　　　　　乌孜别克语中的体后置动词短语

体	标记	意义	实例
进行体	-(i)wat -(I)jat -(I)jäp	正在进行	käspindä oquwatidu 她正在读专业1:18 jašijätkän 正在生活的3:5 untup qalijäpmiz 我们正在忘记1:25
能动体	-(ä)ol -al -älä	有能力做	korä olämiz 我们能够看见4:35 čidolmäsidim 我不能够忍受5:3 bolalmejsiz 我们不能够5:26 sözlišäläjmiz 我们能够谈话1:45
呈现体	qal-	意外或自然地发生	untup qalijäpmiz 我们正在忘记1:25
强化体	ket-	彻底或完全地做	måjilläšip ketkän 已经适应2:10 čiqip ketip 出去4:41
处置体	-(i)vär	彻底或完全地做	qaqšidivärdiŋiz 您让（他们）伤心5:11 sindirvärdim 我摔碎了5:15
一贯体	kel-	动作的持续	tilgä âlinip keldi 一直被传颂4:3 mäšyul bolup kelmaqtämän 我一直从事2:8
重复体	tur-	动作的重复或持续	korinip turädi 看得出来4:21
投入体	jür-	动作的持续和专注	mäktaptä oqup jürgän čåylär¹dä 在学校学习的时期4:9

1. 陈述句

根据说话者对叙述事件所持的态度或信息来源，陈述句可以有直接陈述句、间接陈述句、持续状态陈述句等。其中，直接陈述句没有固定的标记，通过叙述者的语气可以辨别（a）；间接陈述句在动词词干后缀接 –XptI 或ikän 构成（b）；持续状态陈述句有动词词干缀接进行标记 –maqtä 再缀接人称标记构成（c）。

（a）直接陈述句

millät-lä　bariš-keliš　arqïlïq　täräqqijat-qɪ　eriš-i-du.
民族-复　来往　　　通过　　发展-向格　　得到-现在-3
各民族通过来往得到发展。（1:41）

yulǰä　šähär-lik　åltin-ǰi　båšlanyič　mektäp-tä　oqu-d-im.
伊宁　市-形　　六-序数　　小学　　　学校-位格　读-过去-1单
我在伊宁市第六小学上的学。（2:4）

（b）间接陈述句

hazir　ǰämijät-tä　xïzmät　qï-p　tur-uptu.
现在　社会-位格　工作　　做-副动　后动-间接3
现在她在社会上工作着。（1:21）

oɣl-i-niŋ　šun-čiki　söz-i-dän　tä'asir　al-ip　äråq
儿子-领属3-属格　那么-等同　话-领属3-从格　影响　得到-副动　酒
ič-iš-ni　täšlä-pti.
喝-名动-宾格　扔-间接
受到儿子那么点儿话的影响，他戒酒了。（5:17）

xotan šä:r-i-dä   tuyul-yan   ikän-män.
和田 城市-领属3-位格 出生-GAN 终点后 是间接-1单
(听说)我出生在和田市。(3:15)

(c) 持续状态陈述句
oqutuš iš-lär-i   bilän mäšyul bol-up kel-maqtä-män.
教学 事情-复-领属3 和 从事-副动 来后动-进行-1单
我在从事教学工作。(2:8)

2. 疑问句
疑问句根据疑问的意义和功能可以被分为一般疑问句/是非疑问句、特殊疑问句、选择疑问句、附加疑问句、追问句/反问句、惊异疑问句。[1]在乌孜别克语中，每一类疑问句都有相应的疑问代词或疑问标记（参看前文86页，疑问代词）。因为语料有限，仅举三例。

(a) 是非疑问句
men häm ič-ä-män hä, dädä ?
我 也 喝-现在-1单 疑代 爸爸
我也要喝是吗，爸爸？(5:9)

(b) 特殊疑问句
üstäl-dä-gi   nimä u?
桌子-位格-GI 什么 那
桌子上的那是什么？(5:4)

---

[1] 疑问句的分类引用力提甫·托乎提《阿尔泰语言学导论》，山西教育出版社2002年版，第366—369页。

（c）追问句/反问句

šiši-dä-gi-čɨ?

瓶子-位格-GI-疑代

瓶子里的呢？（5:5）

3. 祈使句

祈使句一般用来表示命令、请求、许可等意义。乌孜别克语中，祈使句多用于第二人称，有时也用于第三人称。用于第二人称单数普称、第三人称单数时，有两种表现形式，一种为动词原形，没有语法标记（a），另一种在动词词干缀接祈使标记 -gin。第二人称单数尊称的祈使标记为(I)ŋ，如例子（b）所示，复数标记为(I)ŋlär。第三人称间接祈使标记为-sin。部分祈使标记在语料中并没有出现。

（a）

anä til-iŋ-ni   ügün-üš-ni   unt-up   qa-ma!

母亲   语言-领属2单 学习-名动_宾格 忘记-副动 后动_否定

你不要忘了学习母语！（1:34）

aldɨ vilän ajli-dä   sän öz   til-iŋ-ni   išlät!

首先   家庭-位格 你 自己 语言-领属2单_宾格 使用

首先你在家要使用自己的语言！（1:35）

sän ajli-dä   til-ni   üz-üŋ-din   bašlä!

你 家庭-位格 语言-宾格 自己-领属2单_从格 开始

你在家（使用）语言从你自己开始！（1:47）

(b)

ata‑anä   nımä   di‑sä   xop   de‑ŋ.
父亲-母亲 什么 说-条件 是   说-2单
父母亲说什么你都要说是！（5:34）

4. 简单句

简单句可以分为主谓句（a）、无主句（b）、静词句（c）、情态句（d）等。①

(a) 主谓句

bu xäliq‑niŋ köp   qïsm‑ı   Ili   rayon‑ı‑dä   yäšä‑y‑dı.
这   人们-属格 多   部分-领属3 伊犁 地区-领属3-位格 生活-现在-3
他们大部分生活在伊犁地区。（3:4）

bal‑lär‑nı til   ügün‑üš‑kä   apır‑ıp   kel‑d‑ım.
孩子-复-宾格 语言 学习-名动-向格 带去-副动 回来-过去-1单
带孩子们去学习语言。（1:23）

šün‑dän bašla‑p   oquš‑ga jüdä jäm   qïzγın‑ıd‑ım.
那-从格   开始-副动 学习-向格 很   也   热情-过去-1单
从那以后我对学习非常有热情。（1:11）

öz   aldi‑gä   jiganä   täräqqi qı‑γan mıllät   bo‑me‑j‑dı.
自己 前面-向格 独自   发展   后动-形动 民族   有-否定-现在-3
没有自己独自发展的民族。（1:40）

---

① 简单句的分类参考了力提甫·托乎提《阿尔泰语言学导论》，山西教育出版社 2002 年版，第 420—423 页。

(b) 无主句

si-lär-gɨ　räxmät.

你-复-向格　谢谢

谢谢你们。（5:37）

(c) 静词句

ata-anä　　dunja-dän　kät-kän-dän　kejin　qävrä-ni

父亲母亲　　世界-从格　　走-终点后-从格　以后　　坟墓-宾格

märmär-dä　jap-ä-män　di-gän-lär　bar.

大理石-位格　盖-现在-1单　说-形动-复　　有

有等父母离世以后要用大理石修建坟墓的人。（5:28）

(d) 情态句

bɨz　Xänzu　til-ɨ-ni　　　jäm　ügün-üš-ümɨz　keräk.

我们　汉族　　语言-领属3-宾格　也　　学习-名动-领属1复　应该

我们也应该学习汉语。（1:37）

šu-niŋ　učün　ata-anä-gä　　ah bol-mäs-lik　keräk.

那-属格　为了　　父亲-母亲-向格　抱怨-否定-形　　应该

因此不应该抱怨父母亲。（5:33）

5.复合句

由两个或两个以上意义有联系、结构互相不包含的分句衔接起来的句子结构称为复合句。复合句中常常含有丰富的连词，这些连词不仅具有连接各分句的功能，还能成为表示各分句之间关系的句法标记。根据各分句之间的关系，复合句通常分为联合复合句（a）和偏正复合句/主从复合句①（b）。联合关系复合句包括并列关系、顺承关系、转折关系、选择关系、进层/递进关系、因果关系的复合句。主从复合句包括让步关系、条件—假设关系、无阻关系的复合句等。

（a）联合复合句

并列关系复合句

šunäqä   bol-g^jändä   millät   täräqqi qïl-du   **häm**   jämijät-i   jäm
那样   成为-副动   民族   发展后动-3   和   社会-领属3   也
täräqqi qïl-ä-dɨ.
发展 后动_现在_3

只有这样，一个民族才会发展，社会也会发展。（1:44）

顺承关系复合句

oquš-nɨ Özbeg   mäktäp-dän bašla-p   ügün-**üp**, šün-dän Ottur
学习-宾格 乌孜别克 学校-从格   开始-副动 学-副动   那-从格   中间
mäktäp-nɨ bittir-gän-**din** kijin,   bɨr   qanči ali   mäktäp-lär-dän...
学校-宾格   完成-终点后_从格   以后   一   几个   高级   学校-复_从格
ikki   ali   mäktäp-nɨ   oqu-d-um.
二   高级   学校-宾格   读-过去-1单

我从乌孜别克学校开始上学，然后，中学毕业以后，上了几个高等学校，……在两所高校学习。（1:12）

---

① 此处参考了程适良、阿不都热合曼：《乌孜别克语简志》，民族出版社 1987 年版，第 146—157 页；力提甫·托乎提：《阿尔泰语言学导论》，山西教育出版社 2002 年版，第 423—430 页。

jaš-lig-i-dä   u   mähälli-si-dä-gi koʰnä eski mäktäb-dä **suŋrä**
年轻-形-领属3-位格 他 居民区-位格-GI 旧 老 学校-位格 然后

mädʰräsä-dä oqi-d-i̵.
经学院-位格 读-过去-3

年轻时，他先在居民区的老学校，然后在经学院学习。（4:5）

转折关系复合句

bäzi-dä öz-imi̵z-niŋ til-i-ni̵ unt-up qal-ijäp-mi̵z,
有的-位格 自己-领属1复-属格 语言-领属3-宾格 忘记-副动 后动-进行-1复

likin ajli-dä täläb-imi̵z öz anä til-i-dä sözlü-š-üš.
但是 家庭-位格 要求-领属1复 自己 母亲 语言-领属3-位格 谈话-共同-名动

有时，我们就忘记了自己的语言，但是我们在家的要求是说母语。
（1:25-26）

选择关系复合句

ata - anä si̵z-dän zor-ɣa närsä täläp qi̵l-me-j-di̵, **vä jaki**
父亲母亲 您-从格 大-表爱 东西 要求 后动_否定_现在_3 和 或者

u-n-ča mu-n-ča pul-lär å-p kel, u-ni ber bu-ni ber
那-N-等同 这-N-等同 钱-复 拿-副动 后动 那-宾格 给 这-宾格 给

de-p täläp qi̵-me-j-di̵.
说-副动 要求 后动_否定_现在_3

父母不向你们要求太大的东西，也不要求你有时送点钱或给这给那。
（5:24）

进层/递进关系复合句

šu-niŋ bilän bir-gä u jänä šäriq ädäbijat-i-niŋ mäšhur
那-属格 和　　一-向格 他 还　　西方　文学-领属3-属格 著名的
nåmåjändi-lär-i ijåd-i-ni, **äjniqsä** Fåris, tåjik, åzärbäjjån
代表-复-领属3　　作品-领属3-宾格 尤其是 　波斯　塔吉克　阿塞拜疆
ädäbijat-i klåsik-lär-i, nizåmi Ganjåvi, åfiz šeråzi, färiddin
文学-领属3　　经典-复-领属3　　尼扎米甘加伟　阿费孜希拉兹　　法里丁
ättår, fuzuli vä bäšqä-lär-niŋ äsär-lär-i-ni qunt bilän ögin-ä-di.
艾塔尔　甫祖里 和　其他-复-属格　作品-复-领属3-宾格 刻苦　一起　学习-现在3

与此同时，他也刻苦学习了东方文学著名的代表作品，尤其是波斯、塔吉克、阿塞拜疆文学经典，如：尼扎米·甘加伟（Nizåmi Ganjåvi）、阿费孜·希拉兹（Åfiz Šeråzi）、法里丁·艾塔尔（Färiddin Ättår）、甫祖里（Fuzuli）和其他人的作品。（4:7）

因果关系复合句

biz az-tolä özbek-či bil-**gän-lig**-imiz **üčün**
我们 少-多　乌孜别克-等同　知道-终点后-形-领属1复　因为
özbegistan-din ki-gän bäzi plästika bäzi matirjal-la vo-sa
乌兹别克斯坦-从格　来-形动　有的 光碟　　有的 资料-复　　有-条件
tuqqan-lär-niŋ bar-iš-kil-iš-tä til-imiz ravan sözli-š-älä-j-miz.
亲戚-复-属格　去-名动-来-名动-位格 语言-领属1复 流利 说-共同-能动-现在-1复

因为我们懂一些乌孜别克语，当我们看一些从乌兹别克斯坦来的光碟和资料，当我们和亲戚们来往时，我们可以流利地说乌兹别克语。（1:45）

millät-lä bariš-keliš　　arqïlïq täräqqijat-qɨ eriš-i-du,　**šu-nuŋ**
民族-复　去-名动-来-名动　通过　发展-向格　　获得-领属3_3　那-属格
üčün　tɨl ügün-iš　jaxši iš,　jŭdä jäm köŋül　bül-üš keräk.
后动　语言学习-名动　好 事情　很　也　关心-名动_名动　应该
各民族通过来往得到发展，因此学习语言是好事，应该非常重视。
（1:41-42）

（b）主从复合句

让步关系复合句

bäzi　nakäs-lär　var-i-ki　　u-n-dän　qattiɣ　iš　bol-**sä**
有的　无知-复　有-领属3-KI　那-N-从格　艰难的　事情　有-条件
jäm-**mɨ**　de-me-j-dɨ.
也-语气　说-否定_现在_3
有一些无知的人，即使发生更大的事情也不说。（5:18）

asmån-g'ä　samåljät-tä　uč-up ket-**sä-ŋɨz**　　**häm**, jer-dä-gi
天空-向格　飞机-位格　飞-副动　后动-条件_2单尊　也　地面-位格-GI
atä-ŋɨz-dän　　härgiz　kättä　bol-al-me-j-sɨz.
父亲-领属2单尊-从格　绝对　大　成为-能动-否定-现在_2单尊
即使您乘飞机飞到天上，你也大不过在地上的父亲。（5:26）

条件-假设关系

qozan-gä　nɨmä　sa-sä-ŋɨz,　šu čiq-ä-dɨ.
锅-向格　什么　放-条件_2单尊　那　出来-现在_3

你往锅里放进什么，就会出来什么。(5:27)

ata - anä　　nimä　di-sä　　xop de-ŋ.
父亲-母亲　什么　说-条件　是　说-2单
父母亲说什么你都要说是！(5:34)

无阻关系

šu-nïŋ üčün biz **mäjli** qäddä ojlä-j-li,　　biz til
那-属格 为了 我们 无论 怎样 想-现在-祈愿 我们 语言
ügün-iš-ɨmɨz,　mädɨnjät ügün-iš-ɨmɨz,　　sän'ät ügün-iš-ɨmɨz,
学习-名动-领属1复 文化 　学习-名动-领属1复 艺术 学习-名动-领属1复
bu　arqïlïq　hämmä　millät　öz　millit-i-nɨ
这　通过　所有的　民族　自己　民族-领属3-宾格
täräqqi qil-dur-uš-i　　keräk.
发展 启动-使动-名动-领属3 应该

所以，无论我们怎么想，我们都应该学习语言、学习文化、学习艺术，各民族都应该这样发展自己。(1:43)

文化编 乌孜别克族文化特色

一 文化和语言

关于文化的定义很多,《现代汉语词典》中的文化有三个义项,其一是人类在社会历史发展过程中所创造的物质财富和精神财富的总和,特指精神财富,如文学、艺术、教育、科学等;其二是指运用文字的能力及一般知识;其三指考古学用语。①美国人类学家兼语言学家萨丕尔认为,文化就是社会遗传下来的习惯和信仰的总和,可以决定我们的生活组织。②语言不能离开文化而存在。他认为文化包括三个主要的意义,即:文化被文化人类学家和文化历史学家专门用来涵盖人们生活中的所有社会继承元素,包括物质的和精神的;文化指的是一个相当传统的个人修养的理想;文化强调群体而非个人所拥有的精神财富。③英国著名人类学家认为,"所谓文化或文明,就其广泛的民族志意义上来说,是知识、信仰、艺术、道德、法律、风俗及任何人作为社会成员而获得的所有能力和习惯的复合的总体。"④曲彦斌把文化定义为,人类在社会历史实践过程中所创造的物质财富的总和,狭义上则指社会的意识形态及与之相适应的

---

① 中国社会科学院语言研究所词典编辑室:《现代汉语词典》2015年版,第1363页。
② 萨丕尔:《语言论》,商务印书馆1964年版,第221页。
③ 萨丕尔:《萨丕尔论语言、文化与人格》,商务印书馆2011年版,第231—234页。
④ 转引自庄锡昌等《多维视野中的文化理论》,浙江人民出版社1987年版,第99—100页。

制度和组织机构。①

戴昭铭（2005：5）把文化分为广义和狭义两种，狭义的理解着眼于精神方面，指社会的意识形态、风俗习惯以及与之相适应的社会制度与社会组织。从广义方面理解，"文化"应当包括精神和物质两个方面，即指人类历史中所创造的物质财富和精神财富的总和。文化具有超自然性、符号性、整合性、可变性、民族性和区域性。具体来说，文化包含着这个民族所生活于其中的整个生态环境、社会文化、政治文化、道德文化、观念文化、物质文化、自然文化、地理文化等，凡是与这个民族的社会活动、生产活动有关的各种因素，都有可能会影响到这个民族所使用的语言。②综上所述，文化就是与人有关的一切活动、现象、事务。

语言和文化有密切的关系，有人认为语言是文化的一部分，也有人认为语言的历史和文化的历史是相辅相成的。萨丕尔（1985）在探讨语言、种族和文化时认为，"语言有一个底座，省略号 ，语言不脱离文化而存在，不脱离社会流传下来的、决定我们生活面貌的风俗和信仰的总体"③。日本学者田中春美对语言和文化的关系作了精辟的解释，认为语言是构成文化这一统一体的各种要素之一，文化的其他要素都是由语言来传达，从而得到发展。④苏新春（2011）认为，二者之间至少有两种关系，即：语言是文化的载体；语言是一种文化样式。语言作为文化的载体，常常反映出该语言的物质文化、制度文化、心理文化等。作为一种文化样式，语言被看作是该民族观察世界的样式。

罗常培先生的《语言与文化》从语言的角度初次探讨了其背后的文化内涵，为语言文化学的建立奠定了基础，搭建了桥梁，开创了语言和文化相结合进行研究的先河。其研究包含了以下一些主要内容：从词语的语源和演变推溯过去文化的遗迹；从造词心理看民族的文化程度；从借字看文

---

① 曲彦斌：《语言民俗学概要》，大象出版社 2015 年版，第 6 页。
② 苏新春：《文化语言学教程》，外语教学与研究出版社 2011 年版，第 2 页。
③ 萨丕尔·爱德华：《语言论》（中译本），商务印书馆 1985 年（第 2 版），第 186 页。
④ 田中春美：《语言学漫步》，陕西人民出版社 1986 年版，第 221 页。

化的接触；从地名看民族迁徙的踪迹；从姓氏和别号看民族来源和宗教信仰；从亲属称谓看婚姻制度。该书从词汇着手，探讨了其语源、演变轨迹、造词借字的方式等，综合论述了语言和文化交融的大量实例。在此研究方法的基础上逐渐形成的文化语言学领域对语言、文化、语言与文化的关系都有不同的解释和定位。[1]

从语言的角度出发，现代语言学各个流派采用不同的研究方法进行了描写和解释，如：历史语言学主要阐释印欧语言及其他语言之间的亲属关系，转换生成语法理论研究人类如何用有限的语言符号和规则生成无限的话语的规律，功能语言学主要解释语言符号的交际功能及其表达，对语言研究来说，各有所长，而文化语言学解释的不仅是语言的规律，更注重语言所包含的文化意义。目前，我国文化语言学研究分为三个流派：文化参照派，以游汝杰为代表；文化认同派，以申小龙为代表；社会学派，以陈建民为代表。[2]这些学派有一些共同的学术主张，他们主张语言研究要结合语言的人文生态环境，反对全盘吸收西方的语言学理论和方法，要求建立独立的文化语言学学科，重视各语言的功能研究等。然而各个学派研究者对语言和文化的关系、语言的人文属性、学科性质等都有自己的学术主张。[3]

不管语言被认为是文化现象或者是社会现象，语言和文化密不可分。通常认为，语言具有建构和传承文化的功能，语言中充满了民族的文化精神和文化心理，是一个民族世界观的体现。语言的变化与文化的变化是互为因果的共变关系。分析和研究语言，就是要分析和研究语言作为文化符号的功能，分析和研究特定民族的文化哲学、文化思维、文化风俗、文化心理和文化史实。[4]因此，采用文化语言学的研究方法观察语言，就是要找出隐藏在语言背后的文化因素和文化特征。

---

[1] 罗常培：《语言与文化》，北京出版社2013年版。
[2] 苏新春：《文化语言学教程》，外语教学与研究出版社2011年版，第38页。
[3] 苏新春：《文化语言学教程》，外语教学与研究出版社2011年版，第38—44页。
[4] 戴昭铭：《文化语言学导论》，高等教育出版社2005年版，第21页。

二 乌孜别克族文化概述

　　一定的文化总是在一定民族的机体上生长起来的，民族群体是民族文化的土壤和载体，文化的疆界通常总是和民族的疆界相一致。当一个人口众多的民族分布在广大的地域上时，在文化的各个层次的细节上保持完全的一致性势必不可能，于是民族文化在地域性渐变的基础上往往形成一些互有差异的次文化，形成大传统下具有各自特色的小传统。小传统具有区域性，是大传统的组成部分，同时又受着大传统的支配和统摄。于是在民族文化的大范围内常有区域性文化同时并存。①作为文化载体的语言，由于其存在的背景、社会背景、历史背景的不同，在各民族语言中表现出很大的差异。

　　我国乌孜别克族作为跨境民族，其人口的主体在国外，作为其极少部分，散居在新疆维吾尔自治区南北各地的乌孜别克族，在长期的历史发展中，逐步形成了既具有中亚乌兹别克族文化特点，又具有自身特色的文化。本研究就是采用文化语言学中的阐释法，试图通过对乌孜别克语中的部分语言现象，从词汇研究的角度，对词汇的结构进行分析、说明，揭示隐含或依附在其中的社会、历史、民俗、观念、道德、思维、物质、自然等相关的文化因素及其意义。

　　关于乌孜别克族民俗文化研究，国家民委修订出版的《乌孜别克族简史》、贾丛江的《乌孜别克族》②、罗建生的《乌孜别克族》中都有不同程度的论述。③中国新疆民族民俗文化系列丛书中的《乌孜别克族民俗文化》是目前为止对乌孜别克族民俗文化研究的专题成果。其中，《乌孜别克族简史》较全面地介绍了乌孜别克族的概况，按照历史发展进程深入地探讨了乌孜（兹）别克族的族称和早期历史，详细介绍了乌孜别克族在近代和新

---

① 戴昭铭：《文化语言学导论》，高等教育出版社2005年版，第9页。
② 贾丛江：《乌孜别克族》，古吴轩出版社1996年版。
③ 罗建生：《乌孜别克族》，民族出版社2004年版。

中国成立以后的方方面面，包括其社会经济事业的发展情况及其民俗文化。两部专著对乌孜别克族民俗也在专门的章节里介绍了乌孜别克族的民俗文化。赵小刚的《乌孜别克族社会经济文化研究》①从宗教信仰、传统习俗、文化教育等方面探讨了乌孜别克族文化变迁，并与境外各国同源民族进行比较研究，分析其文化的异同。此外，作为少数民族知识普及手册，一些专家也对乌孜别克族的族称、族源、社会生活、信仰及其文化等方面都有不同程度的介绍，这类研究成果有：《中华民族大家庭知识读本·乌孜别克族》②《中华民族全书·中国乌孜别克族》③《中国文化知识读本·乌孜别克族》④等。上述研究对了解乌孜别克民族提供了诸多基本信息，也是本研究得以顺利开展的基础之一。其不足之处在于，大多数成果属于介绍性的资料，对乌孜别克族文化的细节，如亲属称谓、婚姻习俗用语及其反映的文化含义等内容，目前还没有专门的研究。本研究以田野调查资料为基础，将对上述研究中还没有涉及或没有系统研究的部分文化参项进行分析和讨论。

三 亲属称谓与乌孜别克族文化

（一）亲属称谓与文化

词是人类在认识客观世界过程中通过命名活动而给予特定事务或现象的语言标记。它是一种纯粹的符号，由声音和意义两个方面构成。用以指称某一个或某一类事物或现象。词汇是人类认识成果的体现，因而总是反映着人们在认识过程中的思维特点。⑤通常，不同的语言要素能够反映出不同的文化意义和特征，而不同的文化含义也会渗透到语言的不同层面。正如苏新春所言，由于语音的物质属性较为突出，其文化属性也多半会在语

---

① 赵小刚：《乌孜别克族社会经济文化研究》，民族出版社2006年版。
② 袁琳瑛：《中华民族大家庭知识读本：乌孜别克族》，新疆美术摄影出版社2010年版。
③ 米娜瓦尔·艾比布拉·努尔：《中国乌孜别克族》（中华民族全书），宁夏人民出版社2012年版。
④ 张琪：《中国文化知识读本：乌孜别克族》，吉林文史出版社2013年版。
⑤ 戴昭铭：《文化语言学导论》，高等教育出版社2005年版，第127页。

音使用习惯上体现；语法属于语言中抽象的规律和规则，一般会与文化中的抽象关系、逻辑性发生联系；词汇作为语言的指意时体单位，对文化的反映比较直接和直观，往往能直接对应着某个具体的文化事件。①

称谓是人类社会中体现特定的人在特定的人际关系中的特定身份角色的称呼。这种称呼反映着一定社会文化或特定语言环境中人与人之间的关系。称谓可以按是否表示亲属关系分为亲属称谓和社会称谓两大类，社会称谓也可用于亲属之间，亲属称谓是一定的婚姻制度所产生的文化符号。②亲属称谓，也是人们之间的亲缘关系在语言上的表达形式，属于语言的范畴。③

亲属称谓词是对一种语言进行文化考察的最引人注目的焦点之一。同时，这也是人类学家研究社会组织形态及其发展演变的窗口。④近现代语言学和文化学研究中，汉语亲属称谓词研究成果颇丰。从语言和文化的角度研究亲属称谓的成果中，不能不提的是罗常培先生的《语言与文化》。⑤他通过大量的语言事实说明了亲属称谓词所隐含的婚姻制度。他认为，民族中的亲属称谓可作为研究初民社会里婚姻制度和家庭制度的佐证，不过，应用它的时候，得要仔细照顾到其他文化因素，以免陷于武断、谬误的推论。⑥类似的研究还有很多，如：陈月明（1990）采用图解的方式，对现代汉语的亲属称谓做了分析，总结了其特点，并讨论了这些亲属称谓所反映的文化特征。⑦陈佳（2002）从汉语中的血缘亲属称谓系统及其使用特点着手，探讨了语言对文化的映现作用和文化对语言的影响。⑧

关于乌孜别克语中的亲属称谓词，目前国内研究涉及极少，而关于相近的其他突厥语族语言的亲属称谓研究较丰富，有对某一种语言的研究，

---

① 苏新春：《文化语言学教程》，外语教学与研究出版社2011年版，第63页。
② 戴昭铭：《文化语言学导论》，高等教育出版社2005年版，第211—212页。
③ 何星亮：《从哈、柯、汉亲属称谓看最古老的亲属制》，《民族研究》1982年第5期。
④ 徐静茜：《文化语言学瞩目的课题—亲属称谓》，《湖州师专学报》1994年第4期。
⑤ 罗常培：《语言与文化》，北京出版社2013年版。
⑥ 罗常培：《语言与文化》，北京出版社2013年版，第95—105页。
⑦ 陈月明：《现代汉语亲属称谓系统及其文化印迹》，《汉语学习》1990年第5期。
⑧ 陈佳：《从汉语的血缘亲属称谓看语言对文化的反映》，《语言研究》2002年特刊，第77—82页。

也有对两种或更多语言亲属称谓的对比分析。在对比研究中，最经典的研究之一是何星亮（1982）对我国哈萨克语、柯尔克孜语及汉语亲属称谓及其反映的最古老的亲属制的探讨。他认为，哈萨克族的亲属制只有基本的三类亲属称谓，亲属范畴不是按辈分划分。柯尔克孜族亲属称谓的特点与哈萨克语大同小异。究其原因，主要有三个方面：其一是受到了古老的社会组织形式和原始的牧业经济生活的影响；其二是风俗习惯的影响；其三是婚姻制度的影响。相对而言，汉族最早的亲属也是按老、中、幼划分的三等亲属制。[①]顾秀萍（1994）对比了维吾尔语和汉语中的亲属称谓。根据对新疆南部的喀什和北部的伊犁维吾尔语中亲属称谓的田野调查所得和对汉语亲属称谓的研究，将维吾尔语和汉语中的亲属称谓按照书面语和口语，方言地域特点，直称、间称和描述式，辈分称呼等特征进行分类叙述，认为这两种语言的亲属称谓有一定的差异，主要表现在分类系属不同，亲属称谓的开放性和闭锁性等。对维吾尔语亲属称谓的专门研究还探讨了亲属称谓制的类型，[②]亲属称谓的特点，[③]维吾尔语亲属称谓的社会称呼法[④]等。还有对维吾尔语方言和地方话中的亲属称谓研究。[⑤]由于乌孜别克语与维吾尔语的相似性，在对乌孜别克族亲属称谓的研究中，上述研究成果及其研究方法有一定的启发作用。

（二）乌孜别克语亲属称谓调查

乌孜别克族的亲属称谓调查主要在新疆莎车县的乌孜别克族中进行，

---

① 何星亮：《从哈、柯、汉亲属称谓看最古老的亲属制》，《民族研究》1982年第5期。
② 孙岿：《维吾尔族亲属称谓制的类型》，《西北民族研究》2000年第2期。
③ 孙岿：《试论维吾尔族亲属称谓的特点》，《喀什师范学院学报》2001年第3期。
④ 孙岿：《维吾尔语亲属称谓的社会称呼法》，《中央民族大学学报》2001年第5期。
⑤ 此类研究有：阿孜古丽·阿布里米提：《试论维吾尔语和田方言亲属称谓的特点》，《中央民族大学学报》2001年第6期；艾尼瓦尔·艾合买提江：《谈维吾尔语喀什话的亲属称谓特点》，《喀什师范学院学报》2005年第2期；热孜娅·努日：《浅析维吾尔语亲属称谓词的词源》，《语言与翻译（维文版）》2014年第3期；努润古丽·马木提：《维吾尔语阿图什方言亲属称谓初探》，《延边教育学院学报》2015年第2期。

其原因主要是考虑到莎车是新疆南部乌孜别克族最聚居的地方，鉴于其地理位置较为偏远，在乌孜别克族迁徙史中的特殊地位，笔者认为莎车乌孜别克族的亲属称谓系统在生活中保存得较好。事实也表明，在莎车乌孜别克族中，虽然大家在日常生活中都已经转用维吾尔语，但亲属称谓与维吾尔语确实有一定程度的差异。下文按照兄弟姐妹辈（见表 3-1）、父母辈（见表 3-2）、祖父母辈（见表 3-3）、儿女/孙儿女辈（见表 3-4）为基本类别，称谓以直接称谓（面称）、间接称谓（背称）或描述式为主，总结乌孜别克族的亲属称谓。

表 3-1　　　　　　　　兄弟姐妹辈亲属称谓

序号	亲属称谓名称	面称	背称
1	哥哥	aka/ äkä	aka/ äkä
2	嫂子	kilnijä*	kilnijä /kilinpašä/ kilin äjä
3	弟弟	以名相称	ukä/ini
4	弟媳	以名相称	ukä/kilinpašä/kilinčäk,
5	姐姐	ačä**/ača	ačä/ ača
6	姐夫	aka/paččä	paččä
7	妹妹	以名相称	siŋil/ siŋilčä
8	妹夫	以名相称	ki'ov balä/ ki'ov（如果年龄跟自己相当或小）ki'ov paččä(如果年龄比自己大)
9	表/堂兄弟姐妹、姐夫等	与上述兄弟姐妹的称谓一样***	bir nävrä（表/堂兄弟姐妹），nävrä ača（表/堂姐），nävrä siŋil（表/堂妹），nävrä aka（表/堂哥），nävrä ini（表/堂弟）

*　　kilniyä,< kilin 媳妇 + äyä 母亲。
**　　姐姐，南疆喀什、莎车等地叫做 ača，在北疆伊犁等地叫做 hädä，意义相同。
***　姐妹在乌孜别克语中也被叫做 hämširä，这个词在维吾尔语中表示护士；兄弟在乌孜别克语中被叫做 ortaq，也有朋友之意，在维吾尔语中为"共同"之意。

表 3-2　　　　　　　　　　父母辈亲属称谓

序号	亲属称谓名称	面称	背称
1	父亲	dada	dada/dädä,/atä,
2	母亲	anä/ apa* /validä/ äjä/büvi	anä/ apa/validä/ äjä/büvi
3	岳父/公公	dada	qinata**
4	岳母/婆婆	apa/äjä/büvi	qinana
5	伯父	aka/dada	ämäki/ ämäkä
6	伯母	kilnijä/ äjä	kilnijä/ äjä
7	叔父	aka	ämäki/ ämäkä
8	叔母	kilnijä	kilnijä / kilinpašä/ kilinäjä
9	姑父	dada/ aka	taγä/ aka
10	姑母	ača	ämmä
11	舅父	dada/ akä	taγa
12	舅母	kilnijä	kilnijä
13	姨父	dada/aka	pačča
14	姨母	ača	hala / halä

* apa，在此既表示姐姐也表示妈妈，姐姐是词的本义，后转用为妈妈之意。

** qinata<qejin ata，岳父/公公，qinana<qeyin ana，岳母/婆婆，都有语音脱落现象。

表 3-3　　　　　　　　　　祖父母辈亲属称谓

序号	亲属称谓名称	面称	背称	叙述式
1	祖父	appaq dada / čoŋ dada	baba/appaq dada/čoŋ dada	dadamniŋ dadisi 我爸爸的爸爸
2	祖母	čoŋ apa/ čoŋ ana	kättä büvim (kitäbüm)/čoŋ apa	dadamniŋ apisi/anisi 我爸爸的妈妈

续表

序号	亲属称谓名称	面称	背称	叙述式
3	外祖父	appaq dada / čoŋ dada	baba/appaq dada / čoŋ dada	anam/apamniŋ dadisi 我妈妈的爸爸
4	外祖母	čoŋ apa/ čoŋ ana	kättä büvim (kitäbüm)/čoŋ apa/ čoŋ ana	anam/apamniŋ anisi 我妈妈的妈妈

注：其他祖父母辈的亲属，如伯祖父母、叔祖父母，称呼与祖父母相同。

表 3-4　　　　　　　　儿女和孙儿女辈亲属称谓

序号	亲属称谓名称	面称	背称	叙述式
1	女儿	以名相称	qiz	
2	女婿	以名相称	ki'ov balä/ki'ov	
3	儿子	以名相称	oγul	
4	儿媳	以名相称	kilin	
5	外甥/外甥女	以名相称	qiz / oγul balä ǰijän	ačam/siŋlimniŋ balisi 我姐姐或妹妹的孩子
6	侄儿/侄女	以名相称	qiz / oγul balä ǰijän	akam/ ukamniŋ balisi 我哥哥或弟弟的孩子
7	孙子/孙女	以名相称	nävrä	oγulmniŋ balisi 我儿子的孩子
8	外孙/外孙女	以名相称	nävrä	qizimniŋ balisi 我女儿的孩子

注：乌孜别克族长辈把所有的儿女都称作是"balam"，意为"我的孩子"，所有的孙儿女都称作是"nävräm"，意为"我的孙子女"，在有必要说明时才会说明孩子的性别、或者是谁的孩子，正如表中的叙述式。

在称呼儿女辈时，面称时都会直呼其名，或者统称"balam"，意思是"我的孩子",而在被称中,常常会用叙述式来表达具体的关系,如"qizim"("我的女儿"),"nävräm"("我的孙子")。在叫名字时,乌孜别克族非常忌讳直接叫名字,如直呼"Ismajil"("伊斯马义力"),那被认为是粗鲁或不尊重。所以,面称时在名字后面会根据性别缀接特殊的词尾,以示对该人的尊重,对孩子们也不例外。在孩子的名字后面缀接这样的词尾更多是表示孩子地位的尊贵。女孩的名字后面通常会缀接"qiz",表示"女孩";"xan",表示"贵小姐";男孩名字后面缀接"江",与乌孜别克语中表示生命之意的"jan"谐音,表达像自己的生命一样宝贵。关于乌孜别克族的姓名特点将在以后的章节详细地讨论。

  从上述四类亲属称谓范畴中,可以看出乌孜别克族亲属称谓有以下几个显著特点:第一,乌孜别克语的亲属称谓有面称、背称和叙述式三种。从总体上来说,面称、背称还是叙述式,在准确地表达亲属称谓方面形成了一定程度的互补关系。当面称能够准确表达亲属关系时,与背称称呼基本一致,如:爸爸、妈妈、哥哥、姐姐、弟弟、妹妹等。当面称不能完全表达亲属关系时,背称就会起一个补充作用,如:姐夫、叔父、伯父、舅父等。当面称和背称都不能表达准确的亲属关系时,常常会用叙述式表达,如祖父母、外祖父母、侄儿女、外甥儿女。第二,亲属称谓不是按照辈分划分的。这从两组称谓中可以得到印证。首先,父母辈的称谓中与父亲同辈的男性面称中,几乎都称作"aka 或 dada",意思是"哥哥或爸爸",而背称中才有表达确切意义的"舅父、伯父"等称谓。其次在儿女、孙儿女辈的称谓中,所有的孩子都被亲切地称作"balam"("我的孩子"),在此基础上再分为亲生儿女和孙儿女,在给别人介绍时说明具体的关系。第三,一个称谓表达多个称谓意义。如:"aka"表示哥哥,或者用来称呼比自己大,或与哥哥年龄相仿的姐夫、伯父、叔父、舅父、表哥、堂哥等,"kilnijä"可以是嫂子、伯母、叔母、舅母等多个嫁入自己家庭的女性。

(三) 乌孜别克语亲属称谓与维吾尔语亲属称谓对比

下文将以乌孜别克语的亲属称谓与维吾尔语中的亲属称谓作比较，解析其称谓的异同。表 3-5 为乌孜别克语与维吾尔语中兄弟姐妹辈称谓的对比。

表 3-5　　　　乌孜别克语与维吾尔语兄弟姐妹辈称谓对比

序号	亲属称谓名称	乌孜别克语面称	乌孜别克语背称	维吾尔语面称	维吾尔语背称
1	哥哥	aka/ äkä	aka/ äkä	aka	aka
2	嫂子	kilnijä	kilnijä /kilin äjä /kilinpašä/	ača/hädä	jäŋgä
3	弟弟	以名相称	ukä/ini	以名相称	uka/ini
4	弟媳	以名相称	ukä/kilinpašä/kilinčäk	以名相称	kelin
5	姐姐	ačä/ača	ačä/ača	ača/hädä	ača/hädä
6	姐夫	aka/paččä	paččä	aka	ača/hädämniŋ joldiši 姐姐的丈夫
7	妹妹	以名相称	siŋil/ siŋilčä	以名相称	siŋil
8	妹夫	以名相称	ki'ov balä/ ki'ov（如果年龄跟自己相当或小）ki'ov paččä(如果年龄比自己大)	以名相称	siŋilniŋ joldiši 妹妹的丈夫
9	表/堂兄弟姐妹	与上述兄弟姐妹的称谓一样	bir nävrä（表/堂兄弟姐妹），nävrä ača（表/堂姐），nävrä siŋil（表/堂妹），nävrä aka（表/堂哥），nävrä ini（表/堂弟）	与上述兄弟姐妹的称谓一样	bir nävrä（同乌孜别克语）

注：在乌孜别克语和维吾尔语亲属称谓对比中，乌孜别克语的称谓以新疆莎车乌孜别克语为准，维吾尔语以现代维吾尔标准语为准。

表 3-5 对比了乌孜别克语和维吾尔语亲属称谓中兄弟姐妹辈的异同。上述称谓中，表示哥哥、弟弟、妹妹、表/堂兄弟姐妹的称谓基本一致，发音略有差别，但不会产生误解。在表示姐姐、嫂子、弟媳、姐夫、妹夫时，有一定的差异。乌孜别克语中表示姐姐的"apä"在维吾尔语中表示"妈妈"，没有姐姐的意思。在表示嫂子、姐夫和妹夫时，虽然两种语言相似性极高，但在此却采用了不同的词语或表达方式。表示弟媳的词，从词源上看得出都是来自"kilin"，乌孜别克语中附加了表爱附加成分-čäk，成为 kilinčäk，表达可爱的、宠爱的、小巧的意义。这种表达在妹妹一词中也有表现，原形是 siŋil，附加具有表爱功能的-čä，成为 siŋil-čä，表示可爱的妹妹之意。表 3-6 对比乌孜别克语和维吾尔语中父母辈亲属称谓。

表 3-6　　　　　　乌孜别克语与维吾尔语父母辈称谓对比

序号	亲属称谓名称	乌孜别克语面称	乌孜别克语背称	维吾尔语面称	维吾尔语背称
1	父亲	dada	dada/dädä	dada/ata	dada/ata
2	母亲	anä/apa/validä/äjä/büvi	anä/apa/validä/äjä/büvi	anä/apa	anä/apa
3	岳父/公公	dada	qinata	dada	qinata
4	岳母/婆婆	apa/äjä/büvi	qinana	anä/apa	qinana
5	伯父	aka/dada	ämäki/ämäkä	aka/dada	taɣa aka/kičik dada
6	伯母	kilinäji/äjä	kilinäji/äjä	ača/hädä	taɣaniŋ ayali
7	叔父	äkä	ämäki/ämäkä	aka/dada	taɣa/kičik dada
8	叔母	kilnijä	kilnijä/kilinpašä/kilinäjä	ača/hädä	taɣiniŋ ayali
9	姑父	äkä/dada	taɣä/äkä	aka/dada	taɣa

续表

序号	亲属称谓名称	乌孜别克语面称	乌孜别克语背称	维吾尔语面称	维吾尔语背称
10	姑母	ača	ämmä	ača/hädä	tayača/hamma
11	舅父	dada/akä	taya	aka/dada	taya/kičik dada
12	舅母	kilnijä	kilnijä	ača/hädä	hamma
13	姨父	dada/aka	pačča	aka/dada	taya
14	姨母	ača	halä/hala	ača/hädä	tayača/hamma

从表 3-6 的对比中，可以看到很多的一致性，二者显著的不同之处在于，乌孜别克语中对父系和母系的兄弟姐妹的称呼有差别，而维吾尔语中这些称谓没有差别。如：母亲的姐妹，即姨母，称为 holä；父亲的姐妹，即姑母，称为 ämmä；母亲的兄弟，即舅父，称为 tayä；父亲的兄弟，即伯父、叔父，称为 ämäki/ämäkä。在维吾尔语中，不管父系还是母系，其兄弟都被称为 taya，其姐妹都被称为 hamma。

表 3-7 是乌孜别克语和维吾尔语中祖父母辈称谓对比。对比结果显示，无论是面称还是背称，称谓有很多相似之处。乌孜别克语中的称谓相对较多。这可能跟莎车乌孜别克族移民的来源地不同有关，具体情况有待进一步考证。

表 3-7　　　　　　　乌孜别克语与维吾尔语祖父母辈称谓对比*

序号	亲属称谓名称	乌孜别克语面称	乌孜别克语背称	维吾尔语面称	维吾尔语背称
1	祖父	appaq dada/čoŋ dada	čoŋ dada/baba/appaq dada	čoŋ dada	čoŋ dada
2	祖母	čoŋ apa/čoŋ ana	čoŋ apa/čoŋ ana/kättä büvim (kitäbüm)	čoŋ apa/čoŋ ana	čoŋ apa/čoŋ ana

续表

序号	亲属称谓名称	乌孜别克语面称	乌孜别克语背称	维吾尔语面称	维吾尔语背称
3	外祖父	appaq dada / čoŋ dada	čoŋ dada /baba/ appaq dada	čoŋ dada	čoŋ dada
4	外祖母	čoŋ apa/ čoŋ ana	čoŋ apa/ čoŋ ana / kättä büvim（kitäbüm**）	čoŋ apa/ čoŋ ana	čoŋ apa/ čoŋ ana

* 由于篇幅所限，此表省略了叙述式，需要说明的是，在祖父母辈的称谓中，叙述式完全相同。详见前文表 3-3。

** kitäbüm < kättä 大，büvim，我的妈妈，表示祖母和外祖母，连读时发生语音变化。

表 3-8 对比了乌孜别克语和维吾尔语中对儿女和孙儿女辈的称谓。整体来说，这部分的称谓基本上是一样的。稍有差异的，表示女婿的词，乌孜别克语中称为 ki'ov balä/ ki'ov，其实跟维吾尔语一样，来源于 küj oγul，由于出现语音脱落现象，组合成一个词，表示女婿。《五体清文鉴》中，küj 的形式是 küjö，[1]表示"夫"，其历史演变过程有相关研究。[2]

表 3-8　　乌孜别克语与维吾尔语儿女和孙儿女辈称谓对比*

序号	亲属称谓名称	乌孜别克语面称	乌孜别克语背称	维吾尔语面称	维吾尔语背称
1	女儿	以名相称	qiz	以名相称	qiz
2	女婿	以名相称	ki'ov balä/ki'ov	以名相称	küj oγul
3	儿子	以名相称	oγul	以名相称	oγul
4	儿媳	以名相称	kilin	以名相称	kilin

[1] 海拉提·阿不都热合曼·奥孜哈尔：《从〈五体清文鉴〉看现代维吾尔语中的亲属名称（1）》，《语言与翻译（维文版）》2010 年第 4 期。

[2] 热孜娅·努日：《浅析维吾尔语亲属称谓词的词源》，《语言与翻译（维文版）》2014 年第 3 期。

续表

序号	亲属称谓名称	乌孜别克语面称	乌孜别克语背称	维吾尔语面称	维吾尔语背称
5	外甥/外甥女	以名相称	qiz / oyul balä jïjän	以名相称	Jïjän/ Jïjän qiz
6	侄儿/侄女	以名相称	qiz / oyul balä jïjän	以名相称	Jïjän / Jïjän qiz
7	孙子/孙女	以名相称	nävrä	以名相称	nävrä
8	外孙/外孙女	以名相称	nävrä	以名相称	nävrä

* 由于篇幅所限，此表省略了叙述式，需要说明的是，在儿女/孙儿女辈的称谓中，叙述式完全相同。详见前文表 3-4。

（四）乌孜别克语与察哈台语亲属称谓对比

作为现代乌孜别克语和现代维吾尔语的前身，察哈台语中的亲属称谓在乌孜别克语亲属称谓研究中具有重要的参考价值，可以看出亲属称谓的演变特点。下文将对现代乌孜别克语中的亲属称谓，以背称为主，与察哈台语[①]中的称谓进行对比，以考察乌孜别克语中亲属称谓的变化。表 3-9 至表 3-12 为乌孜别克语亲属称谓（背称）和察哈台语亲属称谓的对比。

表 3-9　　乌孜别克语与察哈台语兄弟姐妹辈称谓对比

序号	亲属称谓名称	乌孜别克语	察哈台语
1	哥哥	aka/ äkä	aka / aɣa
2	嫂子	kilnijä /kilinpašä/ kilin äjä	yänkä
3	弟弟	ukä/ini	ini

---

① 察哈台语中的亲属称谓主要参考：海拉提·阿不都热合曼·奥孜哈尔：《从〈五体清文鉴〉看现代维吾尔语中的亲属名称（1）》，《语言与翻译（维文版）》2010 年第 4 期；海拉提·阿不都热合曼·奥孜哈尔：《从〈五体清文鉴〉看现代维吾尔语中的亲属名称（2）》，《语言与翻译（维文版）》2011 年第 1 期。

续表

序号	亲属称谓名称	乌孜别克语	察哈台语
4	弟媳	ukä/kilinpašä/kilinčäk	kälin
5	姐姐	ačä/ača	afa/ igäči/ igäčisi
6	姐夫	paččä	jäznä
7	妹妹	siŋil/ siŋilčä	siŋil
8	妹夫	ki'ov balä/ ki'ov（如果年龄跟自己相当或比自己小） ki'ov paččä(如果年龄比自己大)	siŋilniŋ küjösi
9	表/堂兄弟姐妹、姐夫等	bir nävrä（表/堂兄弟姐妹），nävrä ača（表/堂姐），nävrä siŋil（表/堂妹），nävrä aka（表/堂哥），nävrä ini（表/堂弟）	aɣa ininiŋ balalari/ igiči siŋilniŋ oyul

表 3-10　　乌孜别克语与察哈台语父母辈称谓对比

序号	亲属称谓名称	乌孜别克语	察哈台语
1	父亲	dada/dädä,/atä,	ata
2	母亲	anä/ apa/validä/ äjä/ büvi	ana/ validä /äčä
3	岳父/公公	qinata	qäyin ata
4	岳母/婆婆	qinana	qäyin ana
5	伯父	ämäki/ ämäkä	čoŋ čämäki
6	伯母	kilnijä/ äjä	čoŋ čämäkiniŋ köči
7	叔父	ämäki/ ämäkä	čämäki / kičik čämäki
8	叔母	kilnijä / kilinpašä/ kilinäjä	kičik čämäkiniŋ köči
9	姑父	taɣä/ aka	yäznä
10	姑母	ämmä	ämmä
11	舅父	taɣa	taɣa / ta'a
12	舅母	kilnijä	taɣa / ta'aniŋ köči
13	姨父	paččä	yäznä ata
14	姨母	hala / halä	hallä(大姨母)/yäznä ana

表 3-11　　乌孜别克语与察哈台语祖父母辈称谓对比

序号	亲属称谓名称	乌孜别克语	察哈台语
1	祖父	baba/appaq dada/čoŋ dada	baba / ras baba
2	祖母	kättä büvim (kitäbüm)/čoŋ apa	mama/ ras mama
3	外祖父	baba/appaq dada / čoŋ dada	yat baba
4	外祖母	kättä büvim (kitäbüm)/čoŋ apa/ čoŋ ana	yat mama

表 3-12　　乌孜别克语与察哈台语儿女和孙儿女辈称谓对比

序号	亲属称谓名称	乌孜别克语	察哈台语
1	女儿	qiz	qiz bala
2	女婿	ki'ov balä/ki'ov	küjö oγul
3	儿子	oγul	oγul
4	儿媳	kilin	kälin
5	外甥/外甥女	qiz / oγul balä jijän	igiči siŋilniŋ oγul(外甥)
6	侄儿/侄女	qiz / oγul balä jijän	aya ininiŋ balalari
7	孙子/孙女	nävrä	näbrä
8	外孙/外孙女	nävrä	yiraq näbrä

　　从上述表格中亲属称谓的对比来看，乌孜别克语和察哈台语亲属称谓有以下四个特点：第一，乌孜别克语的称谓完全传承了察哈台语中的称谓，同音同义。这类词有：aka 哥哥，ini 弟弟，siŋil 妹妹，ata 父亲，ana/ validä 母亲，baba 祖父，ämmä 姑母，halä 姨母，qiz 女儿，oγul 儿子。第二，乌孜别克语的称谓部分传承了察哈台语中的称谓，同义但不完全同音。这类词有：kilin-kälin 儿媳，ämäki- čämäki 叔父、伯父，apä-afa 姐姐，ki'ov-küjö oγul 女婿，nähra-nävrä 孙子/女，qinata-qäyin ata 岳父/公公，qinana-qäyin ana 岳母/婆婆等。虽然多多少少发生了一些形式上的变化，但能够看

出察哈台语的痕迹。第三，乌孜别克语中已经完全不使用一些察哈台语称谓。这类称谓有：yäznä 姐夫/姑父，aya 哥哥，ukä 弟弟/妹妹，yäŋgä 嫂子，igäči 姐姐，ras/yat baba 亲/外祖父中的 ras/yat，等等。第四，乌孜别克语中有而察哈台语中没有出现的亲属称谓。这类称谓有：kilnijä /kilinpašä/ kilin äjä，表示嫂子/伯母/叔母/舅母等意义，paččä 姐夫/姨父，äjä/ büvi 母亲等。这类词语进入乌孜别克语中大致有两种可能性，其一是借用察哈台语之外的语言；其二，可能是吸收乌孜别克语方言词汇的缘故。

（五）乌孜别克语亲属称谓的结构特点

从上述总结和对比研究，我们可以得出如下的结论：乌孜别克语亲属称谓的基本结构有以下几种类型：

第一，单纯词。此种类型的亲属称谓有：aka/ äkä 哥哥，ukä/ini 弟弟，ačä/apä 姐姐，paččä 姐夫，dada/dädä/atä 父亲等词语。

第二，复合词。此种类型的亲属称谓比较多，如：kilnijä /kilinpašä/ kilin äjä 嫂子/伯母/叔母/舅母，kilnijä(< kilin+äyä)媳妇+妈妈，kilin+pašä 媳妇+，ki'ov balä 女婿+孩子，bir nävrä 一个+孙子/女，表示表/堂兄弟姐妹，appaq+dada 白白的+爸爸，čoŋ+dada 年长的+爸爸，表示祖父/外祖父等。在此不一一举例说明。

（六）乌孜别克语亲属称谓及其文化意义

语言的亲属称谓特点反映了使用该语言民族的社会文化特点，同时也映射了语言和文化的关系。从乌孜别克族的亲属称谓系统看，大概可以总结出以下几个重要特点：长幼有序、年龄为主、一词多义、男女有别等，也从而体现了乌孜别克族的社会构成、血缘、婚姻、家庭等文化特点。

第一，长幼有序，即乌孜别克语的亲属称谓是以老、中、幼为基础的四类亲属称谓。从前文的表 3-1 至表 3-4 的所有亲属称谓来看，如果以"我"为中心，可以分为：我的祖父母辈、我的父母辈、我的同辈、我的子嗣辈，从背称来看，每一层辈分都有自己的称谓词，每个人的所有亲属都可以在上述称谓中找到合适的称呼。

第二，年龄为主，即亲属称谓与辈分没有直接关系，而以年龄为基础。这从亲属称谓的面称和背称中得到印证。比如，在表示女婿一词时，如果女婿的年龄跟自己相当或比自己小，面称时就可以以名相称，背称时就叫作 ki'ov balä/ ki'ov，如果女婿的年龄比自己大，就要称作 ki'ov paččä，而 paččä 也用来称呼姐夫、伯父、叔父等。同辈中，家里的儿媳，如果年龄跟自己相仿或比自己小，即使是嫂子辈，也可以以名相称。父母辈亲属称谓的面称形式中，aka，指的是哥哥或者年龄与哥哥相仿的男性亲属；dada，指的是爸爸或者年龄跟爸爸相仿的男性亲属。所以，乌孜别克语中的亲属称谓还是以年龄为基础，为避免称谓的混乱，常用背称或者叙述式来表达更清楚的亲属关系。

第三，一词多义。从前文对亲属称谓的系统总结中，我们可以清楚地看到，与维吾尔语的称谓相似，乌孜别克语亲属称谓的显著特点之一就是一个称谓可以表示多个称谓。如：kilniyä，表示所有比自己年龄大的，娶进自己家门的媳妇类，如嫂子、舅母、伯母等；与之相反，paččä 表示所有比自己年龄大，进了自己家门的女婿，如姐夫、姑父、姨父等。子嗣辈中，所有的孩子都称为 bala，长辈都以名相称，而在背称中才区别自己的孩子和外甥/外甥女、侄儿/侄女、孙子/孙女等，当这些称谓都不足以说明具体关系时，大家通常会用叙述式进行具体描述。对于这种一词多义的亲属称谓现象，戴昭铭作了如下解释，很有道理：从名实关系而论，正因为语言符号的能指（名）和所指（实）之间并不存在必然关系，名称只不过是人创造出来为了便于直称的一种代码。名称中包含一定价值，为了情感、伦理、名誉的原因，人们宁可使用"不副实"的名称。比如，"父母—子女"的名称表示血亲（生育）关系，"养父/母—养子/女"的名称则表示不存在血亲关系，仅有养护关系，但通常在非特别需要的情况下，后者宁肯使用前者的名称。①

第四，男女有别。这应该说世界上所有语言的共性，根据性别的不同，亲属称谓有一定的差别，乌孜别克语也不例外。在本书叙述的称谓中，祖父母辈和父母辈男女称谓有明显的差异，同辈的表/堂兄弟姐妹，都在背称时叫作 bir nävrä，意为一个孙子女（同一个人的孙子女），子嗣辈的都被称为 balam，意为我的孩子。为了区分其性别，通常会在 nävrä 和 balam 前附加 qiz 或者 oγul，表示是女孩或者男孩。在本族内部，大家会根据名字作出性别的准确判断。

第五，父系母系有别。乌孜别克语亲属称谓与维吾尔语称谓的最大不同就在于父母辈亲属称谓中父系和母系称谓。维吾尔语中不区分父系和母系的兄弟姐妹，父母的兄弟被称为 taγa，其姐妹被称为 hamma，而乌孜别克语中，父亲的兄弟被称为 ämäki/ämäkä，姐妹被称为 ämmä，妈妈的兄弟被称为 taγä，姐妹被称为 hala/halä。

乌孜别克语亲属称谓的特点不仅反映了乌孜别克族的亲属制，也从某种程度上体现了与其他突厥语诸民族共享的亲属制及其特点。如：一个家庭中，祖父母是家庭之首。据考证，过去在中亚、西伯利亚、乌拉尔、伏尔加一带的突厥语诸民族中，已婚的儿子通常不离开父母，而和他们继续生活在一个家庭内，这样，作为社会经济细胞的家庭一般就包括三代或三代以上的人。②所以，乌孜别克语亲属称谓中以老、中、幼为序的特点，体现了祖父母在家庭中的权威地位。如：appaq dada / čoŋ dada，祖父；čoŋ apa/ čoŋ ana，祖母，就是用表示爸爸的 dada 和表示妈妈的 apa/ana，前面附加表达"年长的、年老的"词 čoŋ 而构成，čoŋ 这个词也表示"大"，家庭中再也没有比他们更大的人。子女有义务抚养老人，通

---

① 戴昭铭：《文化语言学导论》，高等教育出版社 2005 年版，第 147 页。
② 比克布拉托夫，H.B.：《突厥民族的亲属制和大家庭问题》，邓浩、郑捷译，《民族译丛》1988 年第 2 期。

常祖父母会选择和儿子住在一起。

亲属称谓背后的文化因素包括其社会的组织方式、家庭形式、财产分配及继承原则、社会生产水平等。民族中的亲属称谓可作为研究初民社会里婚姻制度和家庭制度的佐证,应用它的时候,得要仔细照顾到其他文化因素,以免陷于武断、谬误的推论。[1]

四 颜色词与乌孜别克族文化

(一) 颜色词与文化

颜色词来源于现实生活,随着语言的生存和发展出现新的演化和再生。颜色词不仅体现该语言对颜色的认知,也透露出操该语言的人民的民族文化和地方文化。乌孜别克族是一个热爱色彩的民族,由于长期和维吾尔族、汉族等兄弟民族杂居,乌孜别克族所使用的颜色词不仅丰富,且体现出很多别具一格的表达方式。跟维吾尔族的亲密联系,使这两个民族对色彩的命名达到了完全一致的局面,换句话说,这两个民族现在使用的是同一套颜色词。由于我国大多数乌孜别克族在现实生活中已经转用维吾尔语,所以在本章中讨论的颜色词其实就是维吾尔语的表达形式。除此之外,共同的生活环境和生产生活方式、宗教信仰以及相近的民族语言,这些因素长期交融,使颜色词及其隐含的文化成为乌孜别克族和维吾尔族的共同财富。下文首先讨论田野调查所得的颜色词及其类型特点,然后对这些颜色词所反映的民族文化作以尝试性的探讨。

关于乌孜别克语颜色词的研究目前基本上没有,而对维吾尔语颜色词研究的一些成果有一定的参考价值。对维吾尔语颜色词的研究主要集中于三类研究:一是对维吾尔语颜色词的研究;二是对维吾尔语颜色词及其文化意义的研究;三是维汉颜色词及其文化意义的研究。对维吾尔语颜色词的

---

[1] 罗常培:《语言与文化》,北京出版社2013年版,第105页。

研究中，刘岩（1993）对维吾尔语颜色词进行了初步的分析，[①]庄淑萍和乌买尔·达吾提（1999）描述和分析了维吾尔语中几个基本颜色词及其联想意义。[②]对维吾尔语颜色词及其文化的研究中，乌买尔·达吾提根据维吾尔语中几个基本颜色的古今意义对比，探析了这些词的类型及其文化特征。[③]黄中民从维吾尔语惯用语着手，探讨了带有白、黑、红、蓝、黄五种基本颜色词的惯用语，并阐释了其文化内涵。[④]从文化的角度研究维吾尔语颜色词的还有张玉萍[⑤]（2000）、阿不力米提·优努斯和庄淑萍[⑥]（2006）等。在维汉颜色词及其文化内涵的对比研究中，代新华（2004）、玛依拉·吾买尔（2005）、苏俊清（2005）等都取得了一定的研究成果，在此基础上开展的汉维颜色词对比研究（王苹[⑦]，2007；翟正夏[⑧]，2007）做了相对系统的研究。

上述研究成果普遍集中在大家熟知的几种颜色词，如黑、白、红、蓝、黄等基本颜色、颜色的结构及其文化含义的研究上，开展了充分地讨论。本研究采用的研究方法有所不同，文中的颜色词以田野调查过程中发音合作人提供的颜色词为基础，对这些日常所见的颜色词为研究对象，试图在分类研究的基础上，对颜色词的特点、结构及其反映的文化含义进行阐述，以进一步深化以往的研究成果为目的。

（二）乌孜别克语颜色词调查

前文所述的研究对现代维吾尔语中的颜色词做初步分类，绝大多数研

---

① 刘岩：《维吾尔语颜色词浅析》1993年第3期。
② 庄淑萍、乌买尔·达吾提：《维吾尔颜色词的联想意义浅论》，《新疆职业教育研究》1999年第4期。
③ 乌买尔·达吾提：《维吾尔颜色词及其文化特征探析》，《语言与翻译》1999年第1期。
④ 黄中民：《维吾尔语中含有颜色词惯用语的文化内涵》，《伊犁师范学院学报》2004年第1期，第80—81页。
⑤ 张玉萍：《维吾尔语颜色词语及其文化透视》，《新疆大学学报》2000年第3期。
⑥ 阿不力米提·优努斯、庄淑萍：《维吾尔颜色词的文化含义》，《语言与翻译》2006年第4期。
⑦ 王苹：《汉维语颜色词对比研究》，硕士学位论文，北京语言大学，2007年。
⑧ 翟正夏：《汉维语颜色词对比研究》，硕士学位论文，西北民族大学，2008年。

究倾向于对基本颜色词如：aq 白色，qara 黑色，qizil 红色，seriq 黄色，kök 蓝/绿色五种颜色的意义及其文化含义进行研究，而对其他的颜色词，以基本颜色词为主形成的其他颜色词关注较少。表 3-13、表 3-14 为田野调查所得的常用颜色词，其中表 3-13 为基本颜色词，表 3-14 是在基本颜色词的基础上形成的其他颜色词。

表 3-13　　　　　　　　　　基本颜色词

序号	汉语	维吾尔语	常用意义	结构形式
1	白色	aq		单纯词
2	黑色	qara		单纯词
3	红色	qïzïl		单纯词
4	黄色	serïq		单纯词
5	蓝色	kök		单纯词
6	绿色	kök/ yešil		单纯词

表3-14　　　　　　　　　　其他颜色词

序号	汉语	维吾尔语	直译	特点
1	天蓝色	asman räŋ /hava räŋ	天/天气的颜色	自然界的颜色
2	灰色	kül räŋ /paxtäk tüki räŋ /simunut räŋ	灰色/鹌鹑羽毛色/水泥色	动物/日常生活所见事物的颜色
3	橙色/橘色	jüzï räŋ	橘子/橙子色	水果，含汉语
4	粉红色	tohoŋ/šaptul čečiki (räŋ)	桃红色/桃花（色）	水果花的颜色，含汉语
5	深桃红色	toq šaptul čečiki	深桃花（色）	深+花的颜色
6	浅桃红色	sus šaptul čečiki	浅桃花（色）	浅+花的颜色
7	桔黄色	henä čečiki /mänpä räŋ	指甲花/彩色	花的颜色

续表

序号	汉语	维吾尔语	直译	特点
8	枣红色	jĭgär räŋ/čilan räŋ/ goš räŋ/homa räŋ	肝色/红枣色/肉色/蜜枣色	内脏/水果/肉类/干果
9	肉色/肤色	ät räŋ	肉色/肤色	人体
10	铁锈红色	gil räŋ	黏土/陶土色	自然界的颜色
11	大红	očuq qïzïl	亮红	明亮+红色
12	亮红色	anaguli räŋ	石榴花色	水果花的颜色
13	水红色	öpkä räŋ	肺色	内脏的颜色
14	奶黄色	qajmaq räŋ	奶油色	乳制品的颜色
15	奶白色	süt räŋ	牛奶色	乳制品的颜色
16	灰色和黄色之间	topa räŋ	土色	自然界的颜色
17	灰色偏红	očaq čammisi (räŋ)	灰红色	灶台的土色/日常所见事物的颜色
18	烟灰色	qara kül räŋ/tomö räŋ	黑灰色/铁色	发黑+颜色/日常所见事物的颜色
19	褐色	kafi räŋ/ziγi räŋ	咖啡色/胡麻色	饮品/农作物的颜色
20	紫色	čäjzi räŋ/ šöčiŋ	茄子色/血青（色）	蔬菜/人体相关的颜色，汉语
21	淡紫色	sösün räŋ	紫色	紫色
22	浅绿色	alma räŋ	苹果色	水果的颜色
23	朱红色	alma uruyi（räŋ）	苹果籽儿色	水果的颜色
24	军绿色/豆绿色	maš räŋ	绿豆色	农作物的颜色
25	深绿色	osma köki räŋ	奥斯曼草绿色	植物的颜色
26	草绿色	majsa räŋ	秧苗色	农作物的颜色
27	比军绿色浅，有点发白	jigdä γaziŋi（räŋ）	沙枣叶（色）	植物

续表

序号	汉语	维吾尔语	直译	特点
28	银色	kümüš räŋ	银色	贵重金属颜色
29	金色	altun räŋ	金色	贵重金属颜色

（三）乌孜别克语颜色词的结构特点

根据维吾尔语的构词方式和颜色词本身的结构特点，可以将颜色词分为两大类：单纯词和合成词。从表 3-13、表 3-14 分析来看，基本颜色词都属于单纯词，在基本颜色词的基础上形成的其他颜色词都属于复合式合成词，如 maš räŋ，绿豆+颜色，表示豆绿色。当表示这些颜色的加强或减弱程度时，常常用 toq/qiniq 深，或 ač/sus 浅，附加在该颜色词前面，如：toq maš räŋ，深豆绿色，sus maš räŋ，淡/浅豆绿色。此外，表示颜色程度的还有 qiniq 和 ač，前者表示颜色更深更浓，后者表示颜色明亮。如 qiniq qïzïl 表示深红或者暗红，而 ač qïzïl 与之相反，表示淡红色。ač 的意义相当于 očuq，表示某种颜色的明亮程度，如表 3-14 中的 očuq qïzïl，明亮的红色，即大红。这种表达颜色深浅的方式可用于所有的颜色词。

作为形容词性的颜色词，颜色的程度和级别的表达方式除了上述附加表示深浅的词语之外，还可以用表示形容词减弱级的词缀来表达，这样的后缀有-raq/räk，意思是"更，接近于"，这样的词缀拼写时要和词连写。如：qïzïl+raq→qïzïlraq，更红，kök+räk→kökräk，更蓝/绿，očuq+raq→očuqraq，更明亮等。但是，利用后缀-raq/räk 的方式表达颜色的级通常多限于单纯词，而合成词后面附加就不符合语言的表达习惯。如同样表示紫色，作为单纯词 šöčiŋ，šöčiŋ+räk→šöčiŋräk，意思是有点紫色的，作为合成词 čäjzi räŋ+räk= čäjzi räŋräk，有点紫色的，这种表达方式不符合语言习惯。这时不用词缀，而是用词语来表达准确的颜色意义，如 čäjzi räŋä majil，接近紫色的，或者 čäjzi räŋä oxšaš，和紫色一样。

（四）乌孜别克语颜色词及其文化意义

颜色的命名通常能够从一定程度上反映操某种语言民族的社会生产生活、宗教信仰、生存环境、历史环境、生活经验、风俗习惯等方面。从田野调查所得到的乌孜别克族、维吾尔族对颜色词的共同观念中，我们可以比较清楚地看出与这两个民族人民生活息息相关的生存环境、社会生产生活、历史环境等文化印迹。具体来说有以下几个方面：

第一，园艺文化的印迹。从前文所述颜色词的内容特点来看，数量最多的应该是与园艺业相关的词语，这类词语包括水果的颜色、果树花的颜色，如 alma räŋ，苹果+颜色，表示青苹果的颜色，即淡绿色；čilan räŋ，红枣+颜色，即枣红色；šaptul čečiki (räŋ)，桃子+花（颜色），即桃红色/粉红色等。

第二，农业文化的印迹。这类词语包括用农作物的颜色命名的词，如：ziγi räŋ，胡麻+颜色，表示褐色；maš räŋ，绿豆+颜色，表示豆绿色；majsa räŋ，秧苗+颜色，表示草绿色等。

第三，畜牧文化的印迹。这类词语包括用动物内脏的颜色命名的词，如 ǰigär räŋ，肝+颜色，goš räŋ，肉+颜色，表示枣红色或者暗红色。这里所指的肉色与汉语表示的肉色有所不同，汉语的肉色指的是接近肤色的黄色，而维吾尔语中用 ät räŋ，即肉+颜色，表示肤色。类似的颜色词还有淡粉色，称为 öpkä räŋ，即肺+颜色等。畜牧文化的印迹还表现在用乳制品的颜色表达一些色彩意义。

第四，汉文化的印迹。在这些颜色词中，有一些词语是直接用汉语词语表达的，如橘色/橙色被称为 ǰüzi räŋ，即橘子色；桃红色/粉红色被称为 tohoŋ (räŋ)，即桃红的音译，紫色被称为 čäjzi räŋ 或者 šöčiŋ，即汉语的茄子色或者血青（色）的音译。

　　此外，还有个别颜色词表达了一定的时代特色，是随着时代的发展而融入颜色系统的词语，如 simunut räŋ，水泥+颜色，表示灰色；tomö räŋ 即铁+颜色，表示黑灰色；kafi räŋ，即咖啡+颜色，表示褐色。

　　在颜色词表达中，不同的类别，尤其是使用了汉语和维吾尔语组合的形式表达准确的色彩意义，从一个方面反映了各民族在与其他民族的文化交流中，吸收了一定数量的外来词，这也是语言文化接触和交融的结果。

（五）乌孜别克语基本颜色词及其文化意义

白色（aq）

　　在乌孜别克族的生活中，白色可以说是使用最多的颜色之一，除了日常服饰，多用于丧葬仪式中。从日常服饰来看，男士四季最常穿的内衣裤、夏天常穿的宽大的外衣裤（jäktäk）、女士的衬裙（连衣裙里面穿的无袖或短袖裙子）、年长女性的头巾、小男孩的夏季绣花套装等，干净纯洁的白色几乎就是大家的首选。在丧葬活动中，故世之人的女性亲人在当天都会带上白色的头巾，男性亲人会在花帽周围裹上白色的"散兰"表示哀悼，送葬之前，在清洗尸体仪式结束后，会用白色的裹尸布等，几乎所有的活动都离不开白色。丧葬活动中大量使用白色可以说是诸多民族的共同特点。除此之外，白色也用于乌孜别克族的婚庆习俗中，如下聘礼叫作 aqliq apiriš（直译：送白礼），新郎接亲时新娘家要在门前铺上白布，以示对婚后生活顺利的祝福，新娘家人给她出嫁准备的第一套礼服必须是白色的，送亲的队伍进新郎家门时，除了门口要铺白布外，新郎家人还要用白色的面粉或香粉涂抹送亲的女人们，表示欢迎和祝福等。从这些习俗中我们可以知道，乌孜别克族向来崇尚白色，这其实也体现了乌孜别克族对善良、纯洁的向往，尤其是对新郎新娘万事如意的美好祝愿。在日常生活中，乌孜别克族和维吾尔族一样，喜欢用白色的桌布/餐布和白色的窗帘。与维吾尔族不同的是，白色也用于婚庆习俗中。

乌孜别克族和维吾尔族对白色的崇尚赋予了白色更多的文化含义。除了表示干净、纯洁、明亮等意义之外，白色还可以表示善良正直（aq köŋül）、纯洁无辜、正确的、空白的、徒劳的、免费的意思。在日常生活中，还反映出吉祥、顺利（aq jol）、启蒙（aqartiš）等内涵。

黑色（qara）

与世界上大多数人民一样，黑色在乌孜别克族当中多用于丧葬仪式，如参加葬礼的男性，尤其是故世者男性亲人的大衣、裤子、鞋子等，通常是黑色或者蓝黑色。女性亲属或者丧者最亲密的朋友在丧事发生后的头七天内，直系亲属在四十天之内，会佩戴白色的头巾、穿着黑色的大衣。七天或四十天后，由其最亲密的长辈或朋友带来黑色的头巾替她们更换。从白色的头巾换成黑色的头巾时，亲人或朋友会说，希望家属节哀，也衷心希望失去亲人的痛苦到此结束。在丧葬活动中穿着白色或黑色的服饰，被称为"qarliq tutuš"，意为"戴黑色、戴孝"。除了丧葬活动，男士的衬衣、女士的裙子，尤其是连衣裙，平常佩戴的头巾、家里的装饰品等，都不会使用黑色，尤其是参加婚礼，忌讳穿黑色。现在，随着世界各地的时尚流行趋势，更多的人开始在日常生活中穿戴黑色的服饰，传统的讲究开始发生无声的变化。

在乌孜别克语和维吾尔语中，黑色除了表示颜色之外，还拥有很多的文化含义，可表示黑暗，秘密的/不为人知的，不正当/不合法/邪恶的，沮丧/悲哀，不干净肮脏等，多含贬义。如：qara nijät（黑心的，心肠不好的）。

红色（qïzïl）

在日常生活中，红色使用的频率也非常高，常常用于年轻姑娘们的服饰。除了日常服饰，和其他民族一样，红色多用于婚庆或节日。不过，乌孜别克族更倾向于使用带红色的布料，而不是单纯的红色，比如，家里的地毯、女性绣的花等，以红色为主色调，配以其他颜色。

红色除了表示基本颜色外，还表达了一定的文化色彩。跟我国其他民族一样，红色首先代表着节日或婚礼的喜庆。在语言中，常常用红色表示嫉妒、发怒、害羞、生气等意义，如qiziriš。另外，红色也吸收了汉语中的引申意义，表示革命觉悟高、讲原则等。

黄色（seriq）

黄色和金黄色多用于婚庆活动，尤其是孩子们的服饰，但是这样亮丽的颜色用于外套的情况非常少见。在乌孜别克族对颜色的选择中，可以明显地看出不崇尚黄色的倾向。在日常生活中，黄色更多地用来描述颜色，如tuxum seriqi（räŋ），鸡蛋+蛋黄（色），表示蛋黄色，kava čečiki，南瓜+花，表示深黄色。但乌孜别克族传统服饰中的čäkmän ton，黑底金黄色绣花长外套，使用了大量的黄色。

一个有趣的现象是，民间一般不太喜欢金发碧眼的外型，并把具有这样外型特征的人形容成 seriq müšük，黄色+猫，即黄猫，具体原因有待考证。至于后来黄色带有其他文化色彩，如黄色笑话，seriq čaqčaq，黄色+笑话，应该完全是受到了汉语的影响。

蓝色（kök）

在乌孜别克族的日常生活中各种蓝色，尤其是深蓝色带花图案的布料多用于家里的被褥，如čäjšap/ kirčimal 床单被套，而蓝黑色多用于外套或大衣等。除了表示颜色外，kök 还代表天、上苍，这来源于古代对大自然的崇拜。

绿色（kök/ješil）

这是一个比较特殊的颜色，代表着像春天一样生机勃勃，所以在乌孜别克族当中，常用于婚庆服饰或者春天的节日活动中，如纳吾茹孜节（春节）活动中女性喜好穿绿色或者带绿色的长裙。除了颜色，春天刚长出来的苜蓿苗叫做 kök①，用苜蓿苗做出来的馄饨叫做 kök čöčürsi，苜蓿+馄饨。汉语中的香菜叫作 jumyaqsüt，也叫作 aš köki，饭+绿色。

可以说，乌孜别克族崇尚绿色，用绿色代表对春天和生命的热爱，如 以kök为词根派生出来的动词 kökärmäk就含有三种意义，其一为土地或树木变绿了/返青了，其二就表示兴旺和发达，其三为发霉了，长出绿色的毛了。

紫色/茄色（čäjzä räŋ）

紫色是大家比较喜欢的颜色之一，相对于其他基本色，紫色在现代服饰和家庭用品中使用频率较少。紫色较多用于男性的传统服饰中，如ton。ton 是一种开襟长袍，没有纽扣，通常用布腰带系在腰上。维吾尔族和乌孜别克族在过去都穿 ton，现在在一些偏远的乡村地区也有人穿。乌孜别克族的开襟长袍与维吾尔族的有一些差异，乌孜别克族多用竖形彩色条纹，其中最重要的颜色之一为紫色。

调查发现，乌孜别克族男女都喜欢亮丽的色彩，比如艾提莱斯就是他们喜爱五颜六色的印证。在选择颜色的习惯中，乌孜别克族没有特别忌讳某种颜色，这在上述所有的颜色在日常生活中的使用就能看出来。以服饰为例，虽然没有对某种颜色的憎恶，但大家对不同场合穿着的服饰有较严格的传统习惯，尤其是在丧葬活动中，男女都特别忌讳身着亮丽颜色的服饰，女性还忌讳不带头巾或者浓妆艳抹，这表达了对丧者的哀悼和对其亲属的尊重和同情。此外，在乌孜别克族和维吾尔族中，部分颜色带有性别意义，如男士基本不穿红色、粉色、玫瑰红等颜色，尤其是忌讳穿花色的衣服。女性很少身穿着纯一色的连衣裙，尤其是纯白色，几乎看不到，大家更喜欢五颜六色鲜艳的花裙子。在颜色的选择方面，通常年轻女子选择鲜艳亮丽的颜色，而中老年妇女常选择深色、暗

---

① 苜蓿在维吾尔语中有两种表达，新长出的苜蓿苗叫做 kök，可以食用，而长高长大后的苜蓿叫做 bidä，用来喂养牛、羊、鸡等牲畜和家禽。

色的服饰。这反映了乌孜别克族内部对妇女行为上的严格要求,所以在结婚生子后,妇女一般不会穿着过于亮丽的服饰,避免引起丈夫之外其他男性的注意。无论男女的外套、大衣等,常常选用深色单色的布料。不同年龄、不同性别对色彩的看法和需求,对五颜六色的喜爱反映了乌孜别克族和维吾尔族热爱生活、热爱大自然、性格开朗等心理特点。

五 乌孜别克族婚姻习俗与文化

(一)习俗和文化

民俗,是广泛流行于民间的风俗习惯,它是一种文化现象,是一定地区的人民群众在长期生活中相沿而成的一些表现在生产活动、交换方式、家庭和社会组织、婚丧嫁娶、节日庆祝、文学艺术活动以及服饰用具等方面的惯例。[1]民俗也被称为习俗,是文化的重要内容,语言和民俗也有着密切的联系。

关于语言和民俗的关系,瑞士的语言学家索绪尔指出,"一个民族的风俗习惯会在它的语言中有所反映"[2]。戴昭铭有很清楚的论述,他认为,这种关系主要表现在以下三个方面:其一是语言和民俗具有互相渗透的关系。语言是无所不在的,它必然活跃在民俗领域。因此民俗事象必然要在语言中有所表现。一般说来民俗是第一性的,先有某种民俗,然后才产生与之相应的词语或某些民俗领域的专用语句;同时,某些民俗的形成和推行必须借助于一定的语言形式,必须有一套和这种民俗相联系的独特的词语和语句。就是说,某些独特的词语或语句,对于民俗的形成和巩固具有促进作用。在这种情况下,这些词语或语句就不仅仅是语言符号了,而成为具有象征作用的民俗符号;其二,民俗具有地方性、民族性,与民俗相

---

[1] 戴昭铭:《文化语言学导论》,高等教育出版社2005年版,第199—200页。
[2] 索绪尔·费尔迪南:《普通语言学教程》(中译本),商务印书馆1980年版,第43页。

联系的独特词语和语句也有地方性、民族性；其三，旧的民俗消失了，总的趋势是反映这种民俗的词语逐渐消失，但是有些作为民俗符号的方言词语并未完全消失，它们仍活在口语中，或保留在文献中，可为考证消亡了的民俗提供证据。

在新疆的乌孜别克族人口少，居住分散，但是所在城市相对聚居，因此这个族群在努力传承自己特有的民俗文化的进程中，不可避免地受到了周边共同生活的维吾尔、哈萨克等民族文化的影响。本章主要从四个方面阐述我国乌孜别克族的习俗及其文化，即婚姻习俗、丧葬习俗、人名习俗以及民族职业表现的习俗。

（二）乌孜别克族婚姻习俗调查

婚俗是一个民族文化的组成部分，是该民族经济、思想、宗教、文化精神的反映和折射。[1]男婚女嫁在世界各地都是普遍现象，但是不同的地区和民族则有不同的仪式或手续，于是就有了不同的特定语词。下文以莎车乌孜别克族婚姻习俗为调查对象，对乌孜别克族婚姻习俗中的词汇做一梳理，根据其特点，通过与维吾尔族婚姻习俗进行对比，试图探讨这些词汇所反映的文化特征。根据田野调查所得，乌孜别克族的婚姻习俗可以按照婚礼进行的前后顺序，分成三个部分，婚礼前、婚礼当天以及婚礼后。

（三）乌孜别克族婚姻习俗及词汇

婚礼前的习俗及词汇

1. qiz körüš 见新娘：乌孜别克族中，当男子相中一个女孩后，会告诉父母自己的意愿。男子的母亲会带着一两个关系亲密的亲戚或朋友，去该女孩家里做客。当女孩出来端茶倒水之时，她们就会借机观察女孩的长相、

---

[1] 王茜、魏铭清：《维吾尔族婚俗历史演变研究》，《新疆大学学报》2002年第3期。

脾性和行为举止。如果认为女子适合自己的儿子，男方就会派媒人去提亲，表达希望结亲的愿望。

2. älči siliš 提亲：älči siliš 的本义是派媒人，媒人在乌孜别克语中称为 sowči，但是新疆的乌孜别克族已经转用维吾尔语中的älči。提亲是婚礼的第一步，通常由男方请几位较亲密的女人带着一些薄礼去女方家提亲。为避免双方家长意见不合或造成不必要的麻烦，男女双方的父母不直接参与此过程。

3. mäslihät qiliš 商量：在男方家人提亲后，女方家庭会在家人内部或亲戚朋友内部商量，听取大家的意见，看是否同意成亲。

4. učur beriš 给答复：女方家商量后，会给男方派来的媒人或者给男方家人答复。如果表示同意（maqulluq beriš），就通知他们可以正式定亲，如果不同意，可以通知红娘或者将礼物如数奉还。

5. ediš qajtiriš 回礼：在定亲的前一天，按照男方家去女方家的客人人数，男方要将定亲当日所需，包括油、大米等，送到女方家。在定亲日，男孩的父母、亲戚和婚礼负责人（负责婚礼过程中所有事务的人）等客人带着为女孩准备的一套衣服、首饰和各种甜品、馕等去女方家送礼。女方家热情接待所有到来的客人，并男女分开，在不同的房间招待。餐点后，男方将礼品拿出，非常客气地请求与女方结亲。女方因为提前就已经商量好了，所以会愉快地接受他们的请求和礼物。在客人将要走的时候，女方会在男方包装礼品的餐布里适当地装一些礼品，通常还会留下其中的一块餐布，在客人回去三天后，放入自己的心意（礼物）返还给男方，这叫做"回礼"。

6. aqliq äkiliš 定亲：也称为aqliq seliš，下聘礼或者 häšqallisi，意为感谢。男方收到女方的答复后，带一些关系亲密的家人，通常是亲戚中的男女长辈，带着给新娘和未来亲家准备的礼物登门表示感谢，也借此确定婚期。这是婚前非常重要的一环，通常比较隆重。在定亲当天，男子的父母、亲戚和婚礼负责人（toj beši 负责婚礼过程中所有事务的人）等客人带着为女孩准备的一套衣服、金首饰和各种甜品、馕等去女方家送定亲礼。女方家尊敬地接待所有的客人。按照习惯，男女客人要分开，在不同的房间招待。吃过各种丰盛的餐点后，男方将聘礼拿出来，非常客气地请求与女方结亲。女方因为是提前就已经商量好的，会愉快地接受他们的请求和聘礼，并表示感谢。在客人将要走的时候，女方会在男方包装礼品的餐布（dastixan）①里适当地装一些礼品。

7. aš süji 婚礼的餐饮：在男方去女方家定亲时，双方亲家要商量婚期、客人的数量、请客时所需要的大大小小的物品等细节。根据邀请客人的多少，双方估算需要准备牛羊肉、蔬菜、大米、馕、盐、茶等物品的数量，男方就回去做准备，并在婚礼的前一天，如数交给女方家庭。从这里可以看出，乌孜别克族婚礼的支出基本上由男方承担。男女双方家庭通常不会参与这个过程，而由双方的媒人或者婚礼负责人商量具体事宜。

8. bayaq jeziš 写请柬：男女双方决定婚期以后，双方家人就按照亲戚、邻居、熟人、同事等分类开始收集客人名单，在家里请几个书法漂亮的男性负责写请柬。这是一个重要的环节，关乎婚礼是否能够办得成功和热闹。通常在乌孜别克族和维吾尔族的传统习惯中，参加婚礼的客人越多，就表示婚礼办得热闹和体面，也体现了双方家庭在社会上的地位和影响力。

9. maräkläš 祝贺：在婚礼的前一天，双方的亲戚、朋友、邻居都会带着自己做的食品，如：saŋza 馓子, boyorsaq 油果子, qatlama 千层饼, samsa

---

① 餐布，乌孜别克语和维吾尔语都叫做 dastirxan，口语中 r 一般会脱落，成为 dastixan。这种餐布有两个用途：第一是一般铺在食物下面的餐布。按照传统习惯，维吾尔族和乌孜别克族家里使用土炕，吃饭时，会用一块儿干净的大餐布铺在炕上，大家围坐在餐布旁一起就餐。第二是指在传统习俗中女性用来送礼的餐布。通常，如果亲朋好友家里有婚礼或丧葬活动，成年女性，尤其是已成家的女性会购买或者制作各种食品，放在大盘或者盆里，再用干净好看的各色餐布包起来，送到有婚礼或丧事的家里表示祝贺或者安慰。所以，口语中常说的 dastixan 指的是餐布里面的食品。类似的词语还很多，如 dastixan siliš，直译为铺桌布，其实表示请客。

烤包子，yay samsa 油炸包子，sambusa 油炸馄饨等食物，或者甜点和干果装满托盘，包在dastixan（餐布）里来到家里表示祝贺，祝贺双方要成亲，并预祝婚礼顺利举行。此外，大家还要商量第二天在婚礼中的分工。

10. toj xeti eliš 领结婚证：按照我国的婚姻法，现在乌孜别克族通常在结婚前要进行婚前体检，体检结果合格后，新人到所在地民政局领取结婚证。在乌孜别克族的习惯中，通常要等婚礼准备就绪后，在婚礼的前一天领结婚证。几乎没有提前一段时间或者在婚礼后领取结婚证的现象，婚礼之前严格禁止新人同居。

11. yük tašlaš 送婚礼餐点：婚礼前一天，男方会派两名男性将所有婚礼所需物品送到女方家中，这叫作 yük tašlaš，直译为卸货。女方会非常热情地招待这两位送婚礼用品的人，并在他们腰间系上腰带或者绣花的"三角巾"（čarsu bälbay），以感谢他们为婚礼付出的劳动。

12. sävzä toɣraš 切胡萝卜：婚礼前一天，街坊邻里、亲朋好友会拿着菜刀到举办婚礼的家庭帮着切婚礼所需的胡萝卜，而胡萝卜用于婚礼主食的polo，俗称抓饭。①有的婚礼邀请的客人很多，所以大家聚在一起热热闹闹地将几麻袋胡萝卜削皮、洗净、切丝，以备第二天清晨做饭所用。现在，大多数婚礼都在宴会厅举行，所以切胡萝卜的工作基本交给宴会厅的厨师了。

婚礼当天的习俗及词汇

13. toj 婚礼：toj 是指从婚礼当天清晨的宗教仪式到晚上婚礼结束，男女进入新房的全部过程。

14. nikah 尼卡：在婚礼当天清晨，由所在居民区清真寺的伊玛目（清真寺的负责人）和新郎、新郎的父亲、成年的兄弟和男方的其他长辈前往

---

① Polo，在莎车也叫作 pola，俗称抓饭，用洋葱、羊肉或牛肉、胡萝卜、大米等做成，通常用手抓着吃，故得其名。

女方家里举行结婚仪式。女方家一大早就准备丰盛的食物，迎接男方参加仪式的客人。新娘在母亲、姨姨、姑嫂和姐妹、朋友们的陪同下，在里面的房间隔着门等候，新郎则跟其他客人在客厅。由伊玛目解释和说明伊斯兰教义中对婚姻的要求和夫妻的责任义务，然后伊玛目拿结婚证先问新郎是否愿意娶某某为妻，新郎会马上表示同意，当问新娘时，新娘会在问第二遍或第三遍时才表示愿意。这不仅表达了女子的羞涩和含蓄，也表达了女子对父母和兄弟的难舍之情。最后由伊玛目宣布新郎新娘结为正式夫妻，这时家人端来一碗淡盐水，新郎新娘会吃同一块蘸了盐水的馕。常言说，谁先吃到馕，谁就会在家里有更多的话语权。所有在场的人都成为婚礼的证人。仪式结束后，男方家来的客人离开，女方开始准备迎接客人。现在，由于婚礼当天时间紧张，一些家庭的尼卡仪式就安排在婚礼前一天傍晚（šam 晚礼之前）举行。

15. mihman 客人：客人在乌孜别克语和维吾尔语中叫作mihman，miman[①]是口语形式。参加婚礼的客人一般有以下几种：ǰama'ät，这是指来参加婚礼的客人，主人不一定都认识，其中主要是宗教人士和贫苦、无依无靠之人。其他客人统称为mihman。客人又分为 är mihman,男客人, ajal mehman. 女客人。这是因为，现在乌孜别克族和维吾尔族婚礼中，男女客人会被分别招待。在莎车，参加婚礼的男客人来得比较早，等送走这些男客人后，然后开始招待女客人。按照习惯，参加婚礼的男女客人都不会坐在同一个房间或者同一个桌子上吃饭。

16. qiz toji 女方的婚礼：通常上午由女方举办婚礼，宴请女方家邀请的客人。直到下午两三点钟，男方来接亲，新娘被接走之后，女方家的婚礼结束。然后，男方家的婚礼随着新娘的到来才正式开始。在女方的婚礼中，新郎的父亲、兄弟及其他男性亲戚会清早就来新娘家协助餐点杂物，长辈

[①] Mihman，即 miman，h 音在口语中脱落。

们和亲家在门口（家门口或者宴会厅门口）迎接参加婚礼的客人。男性客人通常在早上七点到八点之间来参加婚礼。女人们通常在下午接亲之前参加婚礼，关系比较亲密的亲朋好友会等到接亲。

17. qiz jötkäš 接亲：下午三点左右，接亲的队伍就会到来。接亲的人包括新郎的母亲及亲密的亲戚朋友、新郎、伴郎及新郎的朋友。这时，新娘的家人按照传统习惯，拿着一些面粉涂抹在新郎的妈妈及同行的女客人脸上，表达美好祝愿并贴脸热情相迎（现在，也用香粉代替面粉）。然后，把她们请进特别为她们装饰好的房子，并铺上丝质的门垫（pajandas），毕恭毕敬地请进家里。客人喝过头茶后，主人会将各种食品都摆到餐布上，如馓子、油果子、炸馄饨、烤包子、千层饼、蜂蜜（häsäl）、果酱（märäbba）、奶油（qaymaq）、糖果（qän-kizat），还有盛满干果和甜品的托盘、各种新鲜水果等。这些茶点过后，会端上主食，包括大盘羊肉烩菜（qordaq）、抓饭（polo）等。

18. pajandaz seliš 铺门垫：当新郎带着伴郎、朋友们来接新娘时，女方家人会热情地迎接，并在院子的门槛前铺上白色的门垫（棉/麻/绸的白色布块）。新郎踩着门垫进门后，随行的小伙子们就开始哄抢这块白布，希望自己也能有新郎一般的福分，这个被称为 aqliq tartiš，即抢门垫。抢门垫的小伙子们会尽全力撕扯，如果拉扯的时间太长，或者撕扯白布变得困难（有时会出现撕扯时摔倒受伤或碰倒前来的客人等情况），婚礼负责人会拿出随身的小刀割开白布，分给大家。抢白布的男孩儿们会将抢到的白布系在手上，留作纪念。"抢门垫"作为将婚礼推向高潮的习俗之一，体现了以下两种深刻的传统意义：其一是，表达大家都希望拥有这样出色女婿的美好愿望，也表示对新郎的尊重，将新郎踩过的白布作为纪念品；其二是，这是男子力气的一场较量。

19. jar- jar ejtiš 唱雅尔-雅尔：当接亲队伍到达后，大家开始在新娘的房间给新娘穿新衣服，梳妆打扮。首先给新娘佩戴金银首饰，然后穿新衣。

打扮时，家里的女性长辈们就开始大声吟唱"雅尔-雅尔"①。这是乌孜别克族婚礼的独特之处。"雅尔-雅尔"歌词很多，在不同的婚礼环节唱不同的歌词，梳洗打扮时、举行结婚仪式时、送亲时、新娘进门时都有不同的歌词表达家人对新娘的不舍，对新郎、新娘的赞美，对婚礼的祝福等（歌词详见附录H）。

20. aryamča tartiš 拦驾：当接亲的队伍带着新娘离开的时候，亲朋或邻里在其必经之路上用麻绳、长木头或者绸缎等拦住路口，要求得到一些报酬/礼物（söjünjä），然后放行。这样做的主要目的之一就是给婚礼制造一点娱乐气氛，亲朋邻里也从中得到婚礼的纪念品，沾染些许喜气。

21. oγul toji 男方的婚礼：接亲的队伍返回男方家里后，男方的婚礼就正式开始了。这时，男方家人会用前文所述的方式热情招待送亲的客人。这时主人通常会准备热热的 maš kičir（绿豆大米粥，也称作 mästavä），一种用绿豆、大米熬制的粥，上面放炒好的杂烩菜和一勺酸奶混合而食，意思是祝福新人多子多孙，儿女双全。

22. ot atlaš 跨火礼：接亲队伍带着新娘来到新郎家门口时，新郎家人会在大门口点燃三堆火，按照习俗，新郎的姊妹会挽着新娘，唱着"雅尔-雅尔"围绕火堆转圈，然后新郎会抱着新娘跨过火堆进入庭院。当新郎抱着新娘跨过火堆时，女人们为表示鼓励会吟唱"雅尔-雅尔"。新娘进门前，男方家会在房间门口铺上白色的门垫，表示祝福，祝新人今后的生活平安。

23. äynäk körsitiš 照镜子：新郎和新娘进门后，坐在铺好的新的被褥上面。等新郎新娘坐好后，由家里的一位嫂子拿出一面镜子让一对新人照镜子。她会先问新郎，你看到了什么？新郎会说：我看到了月亮。问新娘时，新娘会说：我见到了太阳。在这里月亮代表新娘，太阳代表新郎。在镜子

---

① "雅尔-雅尔"，乌孜别克语称作 yar-yar，"情人，情人"的意思。这是一首乌孜别克族婚礼的专用歌曲。

里面看到对方的含义在于大家祝福他们心心相印，白头到老。

24. čimildiq/ čimilduq 新娘的帘帐：帘帐是新疆，尤其是南疆乌孜别克族婚礼习俗中延续下来的重要的特点之一。在婚礼的进行过程中，家人用一块布作为帘帐挂在家里的一角，把新娘和宾客隔开，由伴娘陪同坐在里面。据称，乌孜别克族婚礼仪式中的帘帐源于保护新娘免受邪恶之灵和邪恶之眼的伤害，①此外，这样做的目的也免于新娘在大家面前害羞。

25. jaj② seliš 铺床：乌孜别克族的婚礼程序中，除了男方要准备新的被褥外，女方也会准备几套被褥。新郎的姊妹或嫂子把双方为婚礼专门准备的所有被褥高高地摞在一起。两个嫂子或女性亲戚会爬到被褥上表演睡觉做梦的情景，一个扮演艾力甫（yerip），另一个扮演赛乃姆（sänäm），③在新的被褥上假装一起睡觉，过一会儿，她们装作刚睡醒的样子，然后说各种梦境，比如梦见自己生了一个儿子等，还假装互相解梦，制造各种笑料。

26. tängä čičiš 撒硬币：新郎进新房时，口袋里装着许多硬币。当女人们铺床、表演的仪式结束后，他就将硬币撒向陪新娘的女人们。趁大家捡钱的机会，嫂子们就将新郎新娘裹进被褥中，以示休息。撒硬币的意思也表达希望新人结婚后生活富裕的愿望。现在因为硬币不容易捡拾，很多人家已经开始用各种干果和喜糖代替。这是婚礼的又一个高潮。

到此，婚礼当天的活动全部结束。

婚礼后的习俗及词汇

27. naštiliq apiriš 送早餐：naštiliq apiriš 也叫作 issiqliq apiriš，旧时称

---

① Adhamjon Ashrov, O'zbek xalqining qadimiy etiqod va murasimlari, Toshkent:2007:94.
② jaj 也叫 oran，莎车话，铺盖之意，标准语中为 orun。
③ 这是古典叙事长诗中的一对情侣之名，艾力甫为男子，赛乃姆为女子之名。

"暖女"①。婚礼第二天上午，新娘的母亲在家里准备四五种高级食品，如烤包子、抓饭、肉饼等，为新郎新娘送早餐。在乌孜别克族的习惯中，直至"邀请亲家仪式"前，女方家会常常给亲家送早餐，因为女儿女婿新婚时通常都和父母住在一起。有些家庭会在一年之内，甚至生孩子之前不定期，或每周一次或每月几次送早餐。这表达了父母对子女的思念和浓厚的母子情结。

28. jüz ačqu "掀盖头"礼：婚礼第二天，在新娘的新家会举行"掀盖头"礼。这天下午，新娘的母亲带着一群女性客人来到新郎家举行"掀盖头"礼。新郎的母亲及家人会热情地接待她们，并用面粉或香粉涂抹在女客人的脸上并贴脸相迎后，在进门处铺上新的门垫（pajandas）后请进屋内。参加"掀盖头"礼的客人们都会受到隆重的接待。新娘的姑嫂们用丝质盖头盖住新娘的头部，从帘帐（čimildiq）中带出来。新郎的一个妹妹会跳着舞过来掀开新娘的盖头，即称为"掀盖头"。当新娘的盖头掀开后，女人们开始赞美她的美貌，唱起"雅尔-雅尔"。现在掀盖头的通常是新娘的公婆。掀盖头礼结束后，新郎的家人在新娘的面前铺开擀面布，把一些面粉、酵母、大米、抓饭、清油混合起来，公婆让新娘抓起这个混合物，在抓起撒下三次的过程中，大声说三次，"愿你的手充满福气，愿你的手做出香喷喷的饭，愿你的手沾满清油"！这时，新娘的公婆、姑嫂等人抱起和放下新娘三次，并同时说："愿你的手脚麻利，愿你的语言甜蜜，愿你稳重耐心！"然后，男方和女方的家人会将自己的心意（礼物）放在新娘的面前。其他客人也会赠送各种礼物对新娘表示祝贺。这个活动在新郎家延续到夜晚。

---

① 据《谚源》记载，暖女/送饭，其解释为：旧称女子出嫁后，母亲馈送食物为暖女。暖也写作煗，女嫁三日，女方馈食为暖。因女子初到婆家，一切尚不适应，甚至有恐惧心理，做父母的为了增进女儿生活上的安全感，所以在新婚之三日，女家都派人送食物"暖女"。这种习惯在唐宋时颇流行，宋朝时已经普遍，并且很隆重。《谚源》，详见曲彦斌《语言民俗学概要》，大象出版社2015年版，第217—226页。

29. säp jejiš 晾嫁衣："掀盖头"礼的当天，大家在庭院内拉起绳子，把为新娘的婚礼准备的各种布料、新衣服都悬挂起来，这也叫做"挂嫁衣"。①

30. salam beriš 拜见礼：婚礼两三天后，新郎会带着一两个亲戚和朋友去拜见岳父母。岳父母会客客气气地招待新女婿。女婿要走的时候，岳父母会给女婿和随行的人送上礼物，如衬衣、布料等。

31. körmäna / öy mariki 暖新房：婚礼过了几天后，新郎家（男方）会邀请新娘的父母亲等亲戚朋友来做客。在做客的同时，到场的每个人会带来地毯、毛毯、皮箱、木箱、毛毡、盆子等家庭生活用品（öj särämǰanliri, 家庭用品）对新娘表示祝贺。通过这个行动，父母表达了希望子女能够好好安置家庭并白头偕老的美好祝愿。

32. čillaq / čaqriq 亲家互请：婚礼结束后的一个月或一年内，亲家间会互相邀请做客，这叫作"亲家互请"。首先由女方家邀请男方的家人亲戚及自己的亲朋好友来家做客，女方家会用特别制作的美食恭敬地招待所有的客人，并给亲家及随行的客人送上短袖长褂。其后，男方家会邀请女方的亲家及亲朋好友来家做客，并热情招待。在此过程中，双方彼此不能提出任何要求，大家按照自己的意愿彼此送礼。

现在婚俗日益简化，jüz ačqu "掀盖头"礼, säp jejiš 晾嫁衣, körmäna / öy mariki 暖新房, čillaq / čaqriq 亲家互请等过程合而为一，常在一两天内就完成了。到此为止，乌孜别克族的婚礼程序全部结束。

（四）婚姻禁忌

乌孜别克族主要是在本民族内部通婚，也可以与周边其他民族通婚。在新疆乌鲁木齐、喀什、伊犁等地，乌孜别克族与维吾尔族通婚较普遍，

---

① Säp，是指嫁妆，包括各种新衣服、新布料等。"挂嫁衣"，乌孜别克语中叫做 säp jejiš, 是指"掀盖头"仪式当天，把新娘家人准备的嫁妆都挂在庭院内。

在昌吉木垒县，乌孜别克族与哈萨克族通婚较普遍。在乌孜别克族中，堂兄弟姐妹、表兄弟姐妹之间通婚的情况过去较多。这常常出于两种原因，其一是想亲上加亲，其二是乌孜别克族传统上多经商，为了防止财富外流，多在亲属之间选择，在没有合适人选的情况下，才会考虑其他家庭的子女。现在随着计划生育、优生优育政策的宣传和普及，人民也逐渐认识到近亲结婚的危害和种种弊端，近亲结婚的现象已大为减少。

（五）乌孜别克族婚姻习俗及其文化意义

乌孜别克族的婚礼从过程和婚姻习俗整体来说，与当地维吾尔族的婚俗有很多相同之处，与此同时，也保留了乌孜别克族自身的特点。下文通过对莎车乌孜别克族和维吾尔族婚俗进行对比，分析其异同，以此体现乌孜别克族婚俗的特色。

乌孜别克族和维吾尔族婚礼的相同之处

1. 婚姻过程基本相同。从婚姻过程来看，乌孜别克族和维吾尔族的婚礼一样，都要经历选择配偶、托媒说亲、相亲仪式、商定彩礼、订婚仪式、举行婚礼等步骤。而在新疆乌鲁木齐维吾尔族的现代婚礼仪式也包括尼卡仪式、男女青年的陪坐（olturaš）、男女双方的仪式、迎亲、晚宴、请安、奇拉克（čillaq 亲家互请）等七个步骤（阿达莱提·塔依，2008：80-84）。无论是在新疆南部的莎车还是在首府乌鲁木齐，维吾尔族和乌孜别克族缔结婚姻的过程可谓是大同小异。

2. 婚礼都体现了伊斯兰教的婚俗特征。伊斯兰教婚俗特征最显著的是，由宗教人士（阿訇/伊玛目）主持证婚仪式。阿訇是伊斯兰教宗教职业者，具有宗教权威，在乌孜别克族人民中占有较高的社会地位。与维吾尔族的婚礼一样，从婚礼的举行到结束，都请阿訇参加，如请阿訇为新人证婚，即尼卡（nikah）。

3. 婚礼都带有萨满教的遗俗。这些遗俗主要表现在 ot atlaš 跨火礼，aryamča tartiš 拦驾，pajandas seliš 铺门垫等。火是萨满信仰重要的崇拜物之一，乌孜别克族和维吾尔族都认为火是圣洁的，因此在婚礼过程中，新郎在将新娘接入新房前，通常要跳过或绕过门前的篝火（其实是象征性地点一小堆火）。据说火有避邪、赐福、降祥的意思，能把"邪伊坦"即魔鬼的象征挡在门外，保证夫妇和睦，家庭巩固。此外，在法术里火是光明、正义之物，可以免去路途沾染的邪气，为新娘洗尘。因此，跨火盆有维吾尔族人早期信仰过的祆教的遗迹。①"拦驾"有驱邪以求吉祥之意，同时它保留了维吾尔族社会早期的抢婚遗迹，男方要强取，女方乡邻组织拦驾。演变到后来主要是增加迎亲的困难程度，给新人们留下难忘的印象，考验新娘新郎对爱情是否真诚，同时表现邻里对新娘的眷恋之情，另一方面，邻里也乘机讨点喜气，以求吉祥，增加喜庆的气氛。②铺门垫据说可以成为驱邪保护新娘的法器。在婚礼上抢吃蘸盐水的馕这一仪式，也具有萨满教文化的遗风，是维吾尔族人早期宗教文化的历史记忆（蒋新慧，2003：36）。不过，在科学文明的今天，婚俗中的一些陋习已渐销声匿迹，而在婚礼中抢吃蘸盐水的馕、拦驾、跳火盆等逐渐成为必不可少的娱乐项目。③

4. 婚礼都具有新时代特征。从乌孜别克族婚俗中使用的固有词语及其文化意义来看，诸多婚俗用语随着时代的变迁反映出新的内涵。如：täŋgä čičiš，撒硬币。在很久以前，硬币是通用货币，而现在，尤其是在莎车，硬币很不容易找到，而且并不通行，于是很多人家就用各种干果和喜糖代替了硬币。按照这个发展趋势，täŋgä čičiš 可能会慢慢消失，取而代之的是 čačqu，撒糖果。再如，toj köjniki，婚裙，在过去是指为婚礼定制的裙子，而现在特指白色的婚纱。据调查，有些婚俗也随着时代

---

① 蒋新慧：《维吾尔族传统婚俗中巫文化的形式及特点》，《西北民族学院学报》2003 年第 1 期。
② 蒋新慧：《维吾尔族传统婚俗中巫文化的形式及特点》，《西北民族学院学报》2003 年第 1 期。
③ 蒋新慧：《维吾尔族传统婚俗中巫文化的形式及特点》，《西北民族学院学报》2003 年第 1 期。

的发展而被淘汰。如 sanduq ečiš 开箱子，这里是指在婚礼当天，当接亲队伍到达女方家后，当着所有女宾客的面，由一名有经验、口才好的女士专门负责打开和展示箱子里男方赠送的彩礼。这是传统婚礼中的一个高潮，是所有女宾客最感兴趣的环节之一。而在本次调查中，被调查人并没有提到开箱子的程序。为免去婚礼可能出现的争端，很多家庭已经省略了这个环节。可以说，随着世易时移，民俗也必然要不断发生新旧更替现象，旧的民俗被新的民俗取代后，反映旧民俗的词语有的退出了语言生活，逐渐演变成语言化石，使后代人感到越来越陌生；有的虽然仍活跃在语言中，但是已经改变了原来的意义，[①]乌孜别克族的婚俗亦是如此。

乌孜别克族和维吾尔族婚礼不同之处

1. 吟唱婚礼曲 jar-jar ejtiš。维吾尔族和乌孜别克族一样，婚礼离不开热闹的歌舞。在维吾尔族的婚礼当天都会伴着欢快的歌舞，尤其是在新郎新娘在接亲前各自的 olturaš 陪坐时，双方宾客就餐后，都会有自发的歌舞活动。而乌孜别克族的婚礼中，尤其是在莎车的乌孜别克族中，男女宾客不混坐，要分开在不同的房间宴请，歌舞也仅限于男女宾客内部。与维吾尔族婚礼最大的不同在于，要吟唱婚礼专属的歌曲 jar-jar，音译为雅尔-雅尔，即情人/爱人。雅尔-雅尔的歌词很多，在不同的婚礼环节唱不同的曲段，如：梳洗打扮时、举行尼卡仪式时、接亲时、送亲时、新娘进新房时，大家都用不同的歌词吟唱，有时欢快，有时悲伤，歌词和曲调都非常煽情，常常会引起新娘和宾客们啜泣。歌词中流露出家人对新娘的不舍，对新郎、新娘的赞美，对婚礼的祝福等。据调查，在莎车乌孜别克族婚礼中吟唱雅尔-雅尔的习俗正在减少，作为濒危的非物质文化遗产，作为乌孜别克族民间口头文学和文化的重要组成部分，雅尔-雅尔

---

① 戴昭铭：《文化语言学导论》，高等教育出版社 2005 年版，第 205 页。

的传承迫在眉睫。

2. 对白色的崇尚。乌孜别克族对白色的崇尚渗透到了婚礼的多个环节，比如：女方家一定要给新娘陪嫁一套白色的衣服或者裙子，当新郎来接亲和新娘抵达新房时，家人总会用一块白色的棉布或绸缎作为垫子铺在门的入口处。在现在乌孜别克族的意识中，大家通常认为这是对新人的尊重和对他们未来生活一帆风顺的祝福。从婚俗的来源看，门垫其实是用于避邪的法器。象征纯洁神圣的白色贯穿于乌孜别克族婚俗的细节中。与维吾尔族进行对比，维吾尔族婚礼上很少使用白色，除了现代婚礼中流行的白色的婚纱外，陪嫁的新衣裙、铺在脚下的门垫等，常常选用颜色鲜艳的艾提莱斯或红色的布料，代表喜庆和快乐。在现代乌孜别克族婚礼中，还保留着铺白色门垫的习俗，但是这已经不具有避邪的作用，而是成为了必不可少的"抢门垫"娱乐活动。

3. 婚礼中的饮食不同。维吾尔族和乌孜别克族在长期的生产生活过程中形成了相似或相同的饮食习惯，如 läymän 拉面，polo 抓饭，samsa 烤包子，manta 包子等，都是餐桌上必不可少的主食。但是调查显示，尽管食品的名称相同，但是做法或者吃法仍保留着各自的特色和传统，婚礼中的饮食尤其突出。比如：maškičir 和 mästavä，均由羊肉丁、大米、绿豆等熬制而成，在提亲和送亲环节中可以说是必做的一道美食，有多子多孙、儿女双全的寓意。据说只有男方的家庭在接待女方宾客时会精心制作，女方家庭不做。这种用绿豆和大米为主要原料的食品在维吾尔族婚礼中是没有的。

综上所述，乌孜别克族传统婚姻习俗有完整的民俗形式和礼仪程序，体现了该民族的婚姻观念和道德价值观。这些婚礼习俗与乌孜别克族所处环境的信仰氛围、社会伦理道德观念、社会经济环境等是有密切关系的，不仅使民族文化得到了传承，也起到了稳定家庭的作用，从而为推动社会的稳定发展作出了重要贡献。

六 乌孜别克族姓名与文化

（一）姓名与文化

在词语命名研究中，人名是一个具有代表性的领域之一。这种专名的形成有很强的文化规定性，都是在人们强烈的参与下，在经过明确的文化选择后才获得的，在它们身上体现出来的文化因素是相当典型的。[1]人名是指称某一人的语言符号，由于经常和特定的人相联系，似乎就成了这个人的一部分。每个人都有姓名，但是姓名只是一般意义上的"称呼"，是一定的人区别于社会所有成员的符号，并不包含身份角色的含义。地位、身分角色可以变换，但姓名一般不变，所以姓名有别于称谓，是称呼而不是称谓。[2]人名研究是文化研究的一部分，对于乌孜别克族人名的研究对更全面地了解乌孜别克族的文化有一定的推动作用。到目前为止，我国学者对乌孜别克族的姓名研究并没有涉足，对文化习俗最相近的维吾尔族人名有深入的研究，产生了较多的研究成果。

根据研究成果的特点，大致可以分为三大类。第一类为维吾尔族姓名的演变研究，这类研究主要有：王梅堂（1993）考察了维吾尔族姓名的演变，概括了姓名的各种格式，并揭示了汉文化和伊斯兰文化对维吾尔族姓名的影响；[3]海峰（2000）论述了古代维吾尔族人名的特点、发展轨迹以及不同文化对人名的影响；[4]古丽扎·吾守尔（2005）探讨了维吾尔族人名的历史特点，按照时间顺序，展现了从古至今的发展变化。[5]第二类为维吾尔族人名及其文化研究，此类研究最多，如：陈世杰（1989）详细介

---

[1] 苏新春：《文化语言学教程》，外语教学与研究出版社2011年版，第85页。
[2] 戴昭铭：《文化语言学导论》，高等教育出版社2005年版，第211页。
[3] 王梅堂：《维吾尔族姓名初探》，《新疆大学学报》1993年第3期。
[4] 海峰：《古代维吾尔人名特点》，《青海民族学院学报》2000年第3期。
[5] 古丽扎·吾守尔：《维吾尔人名的历史特点》，《民族语文》2005年第3期。

绍了维吾尔族常见人名及其含义；①刘文性（1990）通过对维吾尔族人名的多角度考察，深入分析了其反映的文化意义；②木塔力甫·斯迪克（1998）编著的《维吾尔族人名字》，收集整理了现存的维吾尔族人名及其含义，展示了维吾尔族人名的丰富性；③开赛尔·库尔班（2008）介绍了维吾尔族的姓名文化；④宋小英等（2012）以及连飞（2013）探讨了维吾尔族人名的结构与含义，并由此揭示了人名所反映的文化含义。⑤马新军和祈伟（2012）通过维吾尔族的取名方式和特点，研究了维吾尔族人名反映的文化内涵。⑥第三类研究主要包括对人名的语言学分析，如陈瑜（2000）分析了维吾尔族的人名结构，讨论了不同结构人名的词源问题和相互关系，并分析了维吾尔族人名的润色成分。⑦王燕灵（2003）分析了维吾尔族人名的语言文字形式和结构模式特点，揭示了人名所折射的信仰、习俗、价值观和美学观等文化内涵及民族文化心理。⑧果海尔妮萨·阿卜力克木和克里木江·玉苏普（2011）收集了大量的维吾尔族人名，通过对比分析发现，维吾尔族人名在使用上存在地域特征、时代特征和性别特征。⑨与维吾尔族人名相关的还有很多，暂不一一赘述。

纵观对维吾尔族人名的研究，成果多集中在对维吾尔族人名意义的解释，对取名特点的归纳，以及对人名所反映的文化内涵进行揭示和探讨。基于维吾尔族和乌孜别克族相同的信仰和文化背景，这些成果不仅对我们了解乌孜别克族人名及其文化特点有一定的参考价值，也可以帮助我们对

---

① 陈世杰：《维吾尔族人名的含义》，《语言与翻译》1989 年第 2 期。
② 刘文性：《维吾尔族人名中的文化透视》，《西北民族学院学报》1990 年第 4 期。
③ 木塔力甫·斯迪克：《维吾尔族人名字》，喀什维吾尔文出版社 1998 年版。
④ 开赛尔·库尔班：《维吾尔族的起名文化》，《中国穆斯林》2008 年第 3 期。
⑤ 宋小英、黄志蓉、严兆府：《从维吾尔族人名探其文化》，《语文学刊》2012 年第 11 期；连飞：《维吾尔人名结构及其文化内涵》，《金田》2013 年第 10 期。
⑥ 马新军、祁伟：《维吾尔人名及其文化解析》，《语文学刊》2012 年第 18 期。
⑦ 陈瑜：《维吾尔族人名结构分析》，《语言与翻译》2000 年第 4 期。
⑧ 王燕灵：《维吾尔族人名及其文化》，《语言与翻译》2003 年第 1 期。
⑨ 果海尔妮萨·阿卜力克木、克力木江·玉苏普：《论现代维吾尔人名使用特征》，《语言与翻译》2011 年第 4 期。

维吾尔族和乌孜别克族人名特点进行对比分析，找出其异同。

（二）乌孜别克族起名习俗调查

通常在女子怀孕期间，双方家长就开始查找男孩和女孩的名字。在选择名字的时候，大家都根据自己的实际情况取名，也会遵循一些基本原则。大家通常会选择意义深厚，有时代特点的名字。如果是女孩，常选择与母亲姓名相近的名字，是男孩就选择与父亲姓名相近的名字。[①]在过去，长辈通常选择古兰经里面有的名字，而现在的年轻人喜欢新颖的、独特的、重复率少的名字。有的人家为了缅怀自己的祖辈，也会以此命名。也有人会选择身边品德高尚、性格好、有名望的人的名字命名，希望自己的子女也像他们一样，具有相同的好品质。在个别情况下，接生婆也会帮忙取名字，为孩子提供她自己听到的新颖的、好听的、有意义的名字。比如，阿达来提，意思是公正的、公平的，希望子女长大后能够成为正义的人。这些起名习俗与维吾尔族一样。

下文综述乌孜别克族产子和起名习俗中常见的一些词汇及其意义。

1. ärzan ejtiš 唤礼：取名时，请清真寺的阿訇或者有宗教知识的婴儿的爷爷/外公，举行取名仪式。取名仪式开始时，取名人抱着婴儿，诵读一段取名专用的经文。

2. isim ataš 命名：诵读经文结束后，阿訇或者爷爷/外公就正式给孩子取名，对着孩子的耳朵说三遍预先商定好的名字，告诉婴儿：以后你的名字就叫做XXX，紧接着解释名字的意思。

3. arzu teläš 祝愿：宣告完名字之后，取名人会代表家人表达对孩子未来生活的美好祝愿，如祝你健康长寿，有信仰，做一个正直善良的人等。

4. jumlitiš[②] 滚圈：对孩子的祝愿和祝福宣告完毕之后，取名人会将孩

[①] 父子姓名相近的如表 3-15 中：第 93 号，adiljan abdulla；第 94 号，junusjan jüsüp；第 53 号，israjil jan ismajil 等。

[②] jumlitiš，莎车话，意思是：滚一下，维吾尔标准语中叫作 dumlitiš。

子放在礼拜毯（jäjnamaz）轻轻地滚一圈，然后交给父亲或母亲。在礼拜毯上滚一圈的意思应该是希望孩子终生与信仰为伴。

5. razi qiliš 感谢：取名仪式结束后，孩子的父母会给阿訇或者爷爷/外公赠送现金、布料或者食品等，表示感谢。通常也会请他们留下一起吃饭。

6. tuyut joqlaš 看望产妇：产妇从医院回到娘家后，她的女性亲朋好友会带着有营养的食品或婴儿用品相约去看望产妇和婴儿。通常，除了产妇的爸爸和丈夫，其他男性都忌讳去看望产妇。

7. qirqi 四十天：按照乌孜别克族的传统，无论是自然生产还是剖腹产，产妇通常要住在娘家被照看至少一个月到四十天。四十天前后，女方家要宴请男方家人和自己的亲朋好友。大家都要带一些礼物、食品等去看望产妇和婴儿。席间，婴儿的家人会请一位德高望重的或者脾性良好的女性长辈给孩子喂食第一口固体食物，希望孩子长大后能拥有高贵的地位和良好的性格。此外，在这一天，娘家和婆家要商量接走产妇和婴儿的时间。产妇经历这四十天的恢复过程也称为qiriqidin čiqiriš，意为"出月子"。

8. tuyut jötkäš 接孩子：产妇在娘家修养四十天后，婆家会邀请几个亲朋好友带着很多礼物去接产妇和婴儿回到婆家。礼物通常包括一定数量的金银首饰，给产妇和婴儿的服饰等，还要给产妇的母亲送礼，感谢照顾产妇和婴儿，辛苦地度过了四十天。娘家会按照一定的礼仪热情招待所有的客人。此后，产妇和婴儿会在公婆家被照顾十至二十天。等孩子稍微长大了，产妇的身体完全恢复后就会搬回自己的小家，开始独立照顾孩子。

9. maräkläš[①] 祝贺：这也称为 tuyut mariki，祝贺生子之意。在产妇和孩子安顿好之后，娘家、婆家会商定一个日子，带着各种礼物来到产

---

① Maräkläš，原形是 mubaräkläš，表示祝贺的意思。

妇的家里祝贺他们喜得贵子，产妇会热情地接待前来祝贺的客人，然后抱出婴儿给大家看，并得到大家的赞美和祝福。

按照传统，婴儿在出生三至五天内必须取名。据说，如果没有及时取名，孩子身边的天使就会飞走。此外，乌孜别克族忌讳换名，如果换名也要举行前文述说的取名仪式。在男孩五岁或七岁时，家长会择日进行割礼（割包皮）。等孩子身体完全恢复后，邀请亲朋好友举行隆重的割礼宴请，其重视程度仅次于孩子的婚礼。

（三）乌孜别克族姓名调查

为了调查乌孜别克族人名，本研究收集了新疆莎车县乌孜别克族聚居的三个社区乌孜别克族人口的姓名、性别、出生年月等个人信息，按照四个年龄段，每个年龄段25人的标准，随机选出100个姓名，从姓和名的语源来分析乌孜别克族人名的特点。

表3-15　　　　　　　　　乌孜别克族人名

序号	姓名	性别	出生年月	组别*	名的语源**	姓的语源**
1	kamil qabil	男	2012	1	阿	阿
2	muslimä adil	女	2011	1	阿	阿
3	abdulla abdurijim	男	2008	1	阿	阿
4	munidä mutällip	女	1999	1	阿	阿
5	abdusämi abdusähit	男	2001	1	阿	阿
6	iradäm abdusämät	女	2005	1	阿	阿
7	abdumijit abduyini	男	2009	1	阿	阿
8	abdulhäkim abduyappar	男	2008	1	阿	阿
9	muqäddäs abdurijim	女	2002	1	阿	阿

续表

序号	姓名	性别	出生年月	组别	名的语源	姓的语源
10	abdušükür abdumutällip	男	2005	1	阿	阿
11	mukärämqiz abdumutällip	女	2010	1	阿	阿
12	muxtär mirpazil	男	2008	1	阿	阿
13	änvär mömin	男	2007	1	阿	阿
14	häbibäm mömin	女	2012	1	阿	阿
15	razijä ibrajim	女	2010	1	阿	阿
16	ämrilla mämätibrajim	男	2013	1	阿	阿
17	äkbär äxmät	男	2002	1	阿	阿
18	zahidä äxmät	女	2006	1	阿	阿
19	jähjaxan toxti	女	2009	1	阿	古
20	päzilät hüsän	女	2000	1	阿	阿
21	sänävär hüsän	女	2003	1	阿	阿
22	nizamidin säjpidin	男	2013	1	阿	阿
23	patimä äbäjdulla	女	2002	1	阿	阿
24	päjzulla borhan	男	1995	1	阿	波
25	märhaba nurdun	女	1997	1	阿	阿
26	muxtär toxti	男	1975	2	阿	古
27	šazadäm zäjdin	女	1979	2	波	阿
28	turyunaj sattar	女	1980	2	古	波
29	šadät zäjdin	女	1982	2	阿	阿
30	majnur toxti	女	1982	2	阿	古
31	sanavär ömär	女	1983	2	阿	阿
32	mämätimin zäjdin	男	1986	2	阿	阿
33	nazirä mojdin	女	1990	2	阿	阿
34	ablikim ablät	男	1975	2	阿	阿
35	xasijät ablät	女	1978	2	阿	阿

续表

序号	姓名	性别	出生年月	组别	名的语源	姓的语源
36	igämbärdi mämät	男	1984	2	古	阿
37	ǰalalidin slahidin	男	1983	2	阿	阿
38	säjpidin slahidin	男	1989	2	阿	阿
39	busara abliz	女	1975	2	波	阿
40	abduqäjum abliz	男	1977	2	阿	阿
41	nurmämät abliz	男	1978	2	阿	阿
42	märhaba abliz	女	1982	2	阿	阿
43	mahirä abliz	女	1984	2	阿	阿
44	rajiläm abliz	女	1984	2	阿	阿
45	mämät abdula	男	1976	2	阿	阿
46	mämät äkbärmämtimin	男	1983	2	阿	阿
47	mästuräm häbibulla	女	1987	2	阿	阿
48	rizvangül mämtimin	女	1981	2	阿+波	阿
49	mämätrijim tursun	男	1988	2	阿	古
50	häbibäm eziz	女	1986	2	阿	阿
51	rabijäm abdulla	女	1960	3	阿	阿
52	häbibulla ismajil	男	1964	3	阿	阿
53	israjilǰan ismajil	男	1967	3	阿+波	阿
54	aminä adil	女	1973	3	阿	阿
55	xuršidäm rustäm	女	1973	3	波	阿
56	rahiläm rustäm	女	1964	3	阿	波
57	ezizpaša rustäm	女	1972	3	阿+波	波
58	abduväli sadiq	男	1961	3	阿	阿
59	abduyupur abdukeräm	男	1971	3	阿	阿
60	mämätömär abdukeräm	男	1973	3	阿	阿
61	zöhräm adil	女	1959	3	阿	阿

续表

序号	姓名	性别	出生年月	组别	名的语源	姓的语源
62	abdukeräm hekim	男	1959	3	阿	阿
63	muršidäm hekim	女	1968	3	阿	阿
64	abduqäjjum hekim	男	1959	3	阿	阿
65	ezizäm abdurehim	女	1967	3	阿	阿
66	aminä adil	女	1973	3	阿	阿
67	mämätimin igämbärdi	男	1963	3	阿	古
68	karamät israil	女	1959	3	阿	阿
69	mämäteziz abla	男	1967	3	阿	阿
70	tursunaj muxtär	女	1969	3	古	阿
71	muršidäm rustäm	女	1972	3	阿	阿
72	šärpixan sijit	女	1968	3	阿	阿
73	ibrajim baqi	男	1966	3	阿	阿
74	patimä ablimit	女	1971	3	阿	阿
75	qahar yupur	男	1973	3	阿	阿
76	aminäm ärkäši	女	1949	4	阿	古
77	jörixan kamil	女	1925	4	波+古	阿
78	mämät sabirǰan	男	1944	4	阿	阿+波
79	karamät abduraxman	女	1948	4	阿	阿
80	izzät hašim	女	1941	4	阿	阿
81	toxti abduvajit	男	1938	4	古	阿
82	ablät abduvajit	男	1941	4	阿	阿
83	taǰigül mömin	女	1949	4	阿+波	阿
84	railäm abläj	女	1954	4	阿	阿
85	abliz pättar	男	1947	4	阿	波
86	helimä sopi	女	1949	4	阿	阿
87	häbibä abduraxman	女	1940	4	阿	阿

续表

序号	姓名	性别	出生年月	组别	名的语源	姓的语源
88	bilqiz mamut	女	1949	4	古	阿
89	mähbubäm yupur	女	1952	4	阿	阿
90	rähimäm rustäm	女	1951	4	阿	波
91	hekim rehim	男	1937	4	阿	阿
92	sanijäm turdi	女	1952	4	阿	古
93	adilǰan abdulla	男	1950	4	阿+波	阿
94	junusǰan jüsüp	男	1941	4	阿+波	阿
95	tursunǰan izim	男	1943	4	古+波	阿
96	zöhrä qasim	女	1950	4	阿	阿
97	turdixan mämät	女	1942	4	古	阿
98	munävär davut	女	1953	4	阿	阿
99	ajimnisa israjil	女	1931	4	古+阿	阿
100	märämnisa sijit	女	1940	4	阿	阿

* 组别：1 为 0—20 岁；2 为 21—40 岁；3 为 41—60 岁；4 为 60 岁以上。

** 名的语源和姓的语源：阿，阿拉伯语；古，古代突厥语；波，波斯语。

表3-15列举了100个人的姓名，其实包括了200个人名。根据上述人名的语源分析，表3-16显示了乌孜别克族人名的语源分布。

表3-16　　　　　乌孜别克族人名语源分布

语源	阿拉伯语	古代突厥语	波斯语	阿拉伯语+波斯语	古代突厥语+波斯语	古代突厥语+阿拉伯语	合计
数量	166	16	8	7	2	1	200
比例（%）	83	8	4	3.5	1	0.5	100

根据数据分析，乌孜别克族人名中阿拉伯语来源词高达83%，其次为古代突厥语和波斯语来源词，分别占到8%和4%，其他人名为不同语言的组合形式，如古代突厥语+阿拉伯语或者阿拉伯语+波斯语。在本书的分析中，由于名字的语源分析是重点，所以对语言出现的前后顺序并未区分，因此，古代突厥语+阿拉伯语其实也可以代表阿拉伯语+古代突厥语。

（四）乌孜别克族姓名的特点

与维吾尔族人名一样，乌孜别克族的人名分成两个部分，前一部分是名，后一部分是姓，姓其实就是父亲的名字，其结构为本名+父名。如：表3-15中第63号和第64号的姓名分别为 muršidäm hekim 和 abduqäjjum hekim，我们可以清楚地知道他们的名字是 muršidäm（穆尔茜丹木）和 abduqäjjum（阿不都克尤木），他们的姓叫作 hekim（依克木），这正是他们父亲的名字。通常我们可以根据姓推测父子关系。由此可以断定，第63号、第64号可能是第91号的子女。乌孜别克族、维吾尔族同名的情况比较多，按照习惯在日常生活中只是称呼其名，而不叫全名。当区分不清时，才要靠姓来辨别。如表3-15中第25号和第42号名字均为 märhaba（麦尔哈巴），当大家要区分是哪一个麦尔哈巴时，才会叫 märhaba nurdun（第25号）或 märhaba abliz（第42号）。这是称呼姓名的基本原则。这种双名的出现是人名丰富完善的一种标志，是人们使用人名来区别个人时采取的一种积极的手段，也是人名结构的一种经济选择，单名可能重复率较高，三、四名又过于烦琐，不便于称呼。

总体来说，乌孜别克族的姓名有以下几个显著特点：

第一，人名的语源类型丰富。从人名的语源来看，包含了阿拉伯语、波斯语、古代突厥语来源词，其中阿拉伯语来源的人名占最高比例，其次是波斯语和古代突厥语，还有一部分是上述各种语言结合的形式，从人名的分析来看有六种语源类型：阿拉伯语（如：kamil，第1号）、古代突厥语（如：toxti，第19号）、波斯语（如：borhan，第24号）、阿拉伯语+波斯语（rizvangül，第48号）、古代突厥语+波斯语（tursunǰan，第95号）、阿拉伯语+古代突厥语（ajimnisa，第99号）。

第二，人名有显著的性别差异。与维吾尔族人名一样，乌孜别克族的人名也有男女专属差别，表示中性的名字非常少见。从表中的姓名来看，男性人名多为圣人、真主的奴仆名，女性多为古兰经中出现的人名和表示品德意义的名字。eziz（第50号）男性专用，ezizäm（第65号）女性专用。有些人名根据附加成分，能够体现出性别差异，tursunaj（第70号）用于女性，tursun（第49号）用于男性，tursunǰan（第95号）用于男性，turyunaj（第28号）用于女性，häbibulla（第52号）用于男性，häbibä（第87号）用于女性，rähimä（第90号）用于女性，rehim（第91号）用于男性，turdixan（第97号）用于女性，turdi（第92号）用于女性等。

第三，人名结构丰富。从表3-15中所收集的人名来看，有两大类：单纯型人名和复合型人名，单纯型人名是指一个词表示一个人名，如päzilät hüsän（第20号），päzilät表示品德，hüsän是先知穆罕默德的孙子之名，muxtär toxti（第26号），muxtär表示自主的、自由的，toxti，表示留住、留下的意思。这些人名没有任何附加成分。复合型人名体现出三种结构类型，即词+词型，词+润色成分[①]型，词+词缀型。一是词+词型，这类人名可以合用也可以分开使用。如：mämätimin（第67号），其结构为mämät+imin，麦麦提+依明，mämät为先知穆罕默德的名字，imin意为

[①] 润色成分是指附加于人名后具有润色人名、构成人名、区分性别作用且原词虚化或引申的单纯词，陈瑜：《维吾尔族人名结构分析》，《语言与翻译》2000年第4期。

和平、平安的；第 60 位人名中，mämät+ömär，mämät，麦麦提，先知穆罕默德的名字，ömär，乌迈尔，圣人的名字。二是词+润色成分型，这些润色成分有男性和女性专属之分。女性专属的有-ay，阿依，表示月亮，如 turyunaj（第 28 号），tursunaj（第 70 号）；-gül，古丽，波斯语来源，表示花儿，如 rizvangül（第 48 号），taǰigül（第 83 号）；-qiz，克孜，表示女孩，如 mukärämqiz（第 11 号）；-xan，汗，小姐之意，如 ǰähjaxan（第 19 号），turdixan（第 97 号）；bu-，来源于 büvi，阿拉伯语，加在女性名字前表示尊敬，如 busara（第 39 号）；-nisa，妮萨，女人之意，如 ajimnisa（第 99 号），märämnisa（第 100 号）等。男性专属的有：-ǰan，江，波斯语来源，表示亲爱的，如 israjilǰan（第 53 号），sabirǰan（第 78 号），adilǰan（第 93 号），junusǰan（第 94 号）；abdu-，阿不都，表示真主的奴仆，如 abdulla abdurijim（第 3 号），abdusämi abdusähit（第 5 号）等；-alla，阿拉，表示安拉的、真主的，如 abdulla（第 3 号），ämrilla（第 16 号），häbibulla（第 52 号）等；-din，丁，表示宗教，如 nizamidin säjpidin（第 22 号），zäjdin（第 27、29 号），ǰalalidin slahidin（第 37 号）等；mir-，米尔[①]，mirpazil（第 12 号）。三是词+词缀型，如-ä，缀接名字后表示女性名字，如 näzirä（第 33 号），mahirä（第 43 号）；-m，缀接在女性名字之后表示我的 XX，宠爱之意，如 iradäm（第 6 号），häbibäm（第 14 号），šazadäm（第 27 号），rajiläm（第 44 号），mästuräm（第 47 号），häbibäm（第 50 号），sanijäm（第 92 号），aminäm（第 76 号）等。

　　第四，人名的使用有一定的年龄差异。从老（4）、中（3）、青（2）、少（1）四个年龄段的人名的语源来看，老年组（4）的人名语源更加丰富，包含了阿拉伯语、波斯语、古代突厥语和不同语言合成的人名。相比而言，

---

① Mir-，米尔，意为领袖、首领，后演变为爵位号，见王梅堂《维吾尔族姓名初探》，《新疆大学学报》1993 年第 3 期。

少儿组（1）更趋向于接受单纯的阿拉伯语来源的人名。从男女人名的使用来看，男性人名与其他组别的人名基本一致，女性人名中出现了一些新名字，而缀接润色成分-xan、-gül、-aj的情况开始明显减少，-qiz还是存在，另外重名现象也在减少。在莎车乌孜别克族中，在呼唤女性名字时，尤其是由两个音节组成的人名后面通常会缀接-qiz，表示尊重，这个附加成分也用于较年轻的女性。

第五，有一些乌孜别克族特有的名字。通常认为，乌孜别克族和维吾尔族在命名方面习俗和选择都基本一样，显著的不同在于男性人名必加-jan，女性人名多加-qiz。从收集到的人名来看，还是有略微的不同，以下为维吾尔族人名中不常出现或者从不使用的人名，如：qabil（第1号），muslimä（第2号），munidä（第4号），muršidäm（第63、71号），ärkäši（第76号），jörixan（第77号），abläj（第84号），pättar（第85号），izim（第95号），israjil（第99号）等。

（五）乌孜别克族姓名及其文化意义

首先，乌孜别克族人名反映了伊斯兰教宗教文化的影响。前文分析说明，人名中的阿拉伯语词的比重比起古代突厥语、波斯语来源词占绝对优势。因为笔者手头的资料有限，对乌孜别克族姓名的历史演变无法进行考证。但就现在掌握的不同年龄段选用的人名信息来看，年轻一代选用阿拉伯语来源人名的较多。

与维吾尔族男性人名一样，以安拉的99个美称给孩子命名较为普遍。也许是为了避免亵渎神灵的缘故，便将儿子命名为abdu，意为安拉的奴仆，这种名字为数较多。此外，还会以先知圣人的名字、表示真主德行的词语命名，希望自己或儿子能够成为像圣人先知那样具有完美德行的人。女性常用圣母的名字、大自然的美好事物、花草、小动物、高尚的品德、优良的气质和优美的体型等词语命名。因此在乌孜别克族人名中出现了诸如：

ababäkri 阿巴伯克日，第一任哈里发的名字；奥斯曼，第三任哈里发的名字；mämät，先知穆罕默德的名字；musa 穆萨圣人的名字，abliz 意思是真主的奴仆，igämbärdi 意思是主赐予的，aminä 为穆罕默德母亲的名字；rizvangül，天堂里的花等。

其次，几乎没有原始宗教文化的痕迹。通常认为，乌孜别克族和维吾尔族有着相同的历史文化背景，但从收集到的人名来看，乌孜别克族人名中没有以动物、金属、天体、自然物、贱物（指日常生活用品）等名称命名的情况，这一点与维吾尔族现有人名使用有所差异。据研究，维吾尔族随着时代和环境的变化，在不同时期体现了不同的生活文化特征，除了伊斯兰教传入以后的人名更替外，还保留着以动物、金属、天体、自然物、历史人物、贱物等名称命名的习惯。按照历史阶段，对维吾尔族人名的研究者多把维吾尔族人名的演变过程分为前伊斯兰时期的人名、伊斯兰教传入后的人名和新中国成立以后的人名。前伊斯兰时期的人名主要是指伊斯兰教传入前，维吾尔族在自然崇拜、图腾崇拜、祖先崇拜以及多种原始信仰阶段所采用的人名；伊斯兰教传入后的人名是指十世纪维吾尔族信仰伊斯兰教之后出现的人名；新中国成立后的人名是指维吾尔族人名为了纪念和歌颂新时代采用的反映时代特点和新事物的人名。而本研究收集抽样的乌孜别克族人名并没有反映上述所有特点。

最后，部分人名反映了乌孜别克族的民族文化心理，这体现在命名中对自然美好事物和美德的崇尚。无论是从男性还是女性人名来看，崇高的品德是对子女的美好祝愿，如：男名中的 sadiq（第 58 号），沙迪克，意为忠心的、忠贞的；rehim（第 91 号），热依木，意为仁慈的；adiljan（第 93 号），阿迪力江，意为正义、公正的；女名中的 päzilät（第 20 号），帕孜莱提，意为品德；iradäm（第 6 号），依拉德穆，意为意志；munävär（第 98 号），米娜瓦尔，意为优秀的；tajigül（第 83 号），塔吉古丽，意为鸡冠花。

为进一步准确了解乌孜别克族的人名特点,表 3-17 提供抽样调查所得的 200 个人名的音译及其意义。

表 3-17　　　　　　　　乌孜别克族人名的音译及其含义

序号	姓　名	性别	音　译	名的意思	姓的意思
1	kamil qabil	男	卡米力·卡比力	充足的,完美的;熟练,精通	有能力的,万能的
2	muslimä adil	女	穆思丽曼·阿迪力	穆斯林女	公道的,公平的,公正的
3	abdulla abdurijim	男	阿卜杜拉·阿不都热依木	真主的奴仆	特慈的真主的奴仆
4	munidä mutällip	女	穆尼丹·木塔力甫	光彩夺目的	学者,追求知识者
5	abdusämi abdusähit	男	阿不都塞米·阿不都萨依提	全聪的真主的奴仆	主事的真主的奴仆
6	iradäm abdusämät	女	依热丹慕·阿不都塞麦提	意志	万物所仰赖的真主的奴仆
7	abdumiǰit abduyini	男	阿不都米吉提·阿不都艾尼	尊严的真主的奴仆	富足的真主的奴仆
8	abdulhäkim abduyappar	男	阿卜杜力哈克木·阿不都哈帕尔	至睿的真主的奴仆	至睿赦的真主的奴仆
9	muqäddäs abdurijim	女	穆凯代斯·阿不都热依木	神圣	特慈的真主的奴仆
10	abdušükür abdumutällip	男	阿不都许库尔·阿不都木塔力甫	厚报的真主的奴仆	真主的奴仆
11	mukärämqiz abdumutällip	女	穆凯热穆克孜·阿不都木塔力甫	值得敬重+qiz	真主的奴仆
12	muxtär mirpazil	男	穆赫塔尔·米尔帕孜力	独断专行者	mir+有宏恩的

续表

序号	姓　名	性别	音　译	名的意思	姓的意思
13	änvär mömin	男	安尼瓦尔·毛明	最光明的，最灿烂的	谦恭的，忠厚老实的，顺从的；信徒，信仰者
14	häbibäm mömin	女	哈比巴慕·毛明	至爱的	谦恭的，忠厚老实的，顺从的；信徒，信仰者
15	razijä ibrajim	女	热孜亚·依不拉音	满意的，乐意的，欣慰的	圣人名
16	ämrilla mämätibrajim	男	艾米日拉·麦麦提依不拉音	真主的圣旨	先知默罕默德的名字+先知伊布拉音的名字
17	äkbär äxmät	男	艾克拜尔·艾合买提	至大的，伟大的	先知默罕默德的名字
18	zahidä äxmät	女	扎依黛·艾克买提	修道者，苦行僧女，禁欲者	先知默罕默德的名字
19	jähjaxan toxti	女	叶赫亚汗·托合提	圣人的名字+xan	停留的，停顿的，不移动的
20	päzilät hüsän	女	帕孜莱提·玉山	品德高尚的，品德优良的，贤惠的	圣人的孙子的名字
21	sänävär hüsän	女	塞娜瓦尔·玉山	松树	圣人的孙子的名字
22	nizamidin säjpidin	男	尼扎米丁·塞甫丁	宗教的制度	宗教的利剑
23	patimä äbäjdulla	女	帕提曼·艾拜都拉	圣人的女儿的名字	永恒的，真主的信徒
24	päjzulla borxan	男	排祖拉·包尔汗	忠诚于真主的	佛、创造者
25	märhaba nurdun	女	麦尔哈巴·努尔顿	欢迎	宗教之光
26	muxtär toxti	男	穆赫塔尔·托合提	独断专行者	停留的，停顿的，不移动的

续表

序号	姓　名	性别	音译	名的意思	姓的意思
27	šazadäm zäjdin	女	夏扎丹慕·翟丁	皇家子嗣+m	宗教的隐士
28	turyunaj sattar	女	吐尔虹阿伊·萨塔尔	永恒的+aj	庇护者
29	šadät zäjdin	女	夏戴提·翟丁	证明	宗教的隐士
30	majnur toxti	女	玛依努尔·托合提	月光	停留的，停顿的，不移动的
31	sanavär ömär	女	塞娜瓦尔·乌迈尔	松树，有气质的	圣贤的名字
32	mämätimin zäjdin	男	麦麦提依明·翟丁	先知穆罕默德的名字+安宁的	宗教的隐士
33	näzirä mojdin	女	娜孜热·毛依丁	施舍	宗教的支持者
34	ablikim ablät	男	阿不力克木·阿不来提	至睿的真主的奴仆	独一的真主的奴仆
35	xasijät ablät	女	哈斯叶提·阿不来提	吉祥的，神奇的，有特色的	独一的真主的奴仆
36	igämbärdi mämät	男	伊盖穆拜尔迪·麦麦提	主赐予的	先知穆罕默德的名字
37	ǰalalidin slahidin	男	贾拉勒丁·萨拉依丁	伟大的、勇敢的	宗教的荣誉
38	säjpidin slahidin	男	塞甫丁·萨拉依丁	宗教的利剑	宗教的荣誉
39	busara abliz	女	卜撒拉·阿不力孜	bu+圣母的名字	万能的真主的奴仆
40	abduqäjum abliz	男	阿不都克尤木·阿不力孜	维护万物的真主的奴仆	万能的真主的奴仆
41	nurmämät abliz	男	努尔麦麦提·阿不力孜	光明的＋先知穆罕默德的名字	万能的真主的奴仆
42	märhaba abliz	女	麦尔哈巴·阿不力孜	欢迎	万能的真主的奴仆
43	mahirä abliz	女	玛依拉·阿不力孜	擅长的，精通的	万能的真主的奴仆
44	rajiläm abliz	女	热依拉慕·阿不力孜	带路人、驼队	万能的真主的奴仆

续表

序号	姓名	性别	音译	名的意思	姓的意思
45	mämät abdula	男	麦麦提·阿卜杜拉	先知穆罕默德的名字	真主的奴仆
46	mämät äkbärmämtimin	男	麦麦提·艾克拜尔麦麦提伊明	先知穆罕默德的名字	至大的＋先知穆罕默德的名字＋平安，安宁
47	mästuräm häbibulla	女	麦斯吐热慕·艾比布拉	贞洁的+m	真主所爱的
48	rizvangül mämtimin	女	热孜万古丽·麦麦提伊明	天堂里的花园	先知穆罕默德的名字＋平安，安宁
49	mämätrijim tursun	男	麦麦提热依木·图尔荪	先知穆罕默德的名字＋特慈的	停顿，活下去，生存
50	häbibäm eziz	女	哈比拜慕·艾则孜	至爱的	万能的
51	rabijäm abdulla	女	热比娅木·阿卜杜拉	第四个	真主的奴仆
52	häbibulla ismajil	男	艾比布拉·伊斯马依	真主所爱的	先知的名字
53	israjilǰan ismajil	男	伊斯热伊力江·伊斯马依	先知的名字+ǰan	先知的名字
54	aminä adil	女	阿米娜·阿迪力	安定的，安宁的	公道的，公平的，公正的
55	xuršidäm rustäm	女	胡尔西丹慕·汝斯坦木	太阳+m	独断专行者
56	rahiläm rustäm	女	热依拉慕·汝斯坦木	带路人、驼队	独断专行者
57	ezizpaša rustäm	女	艾则孜帕夏·汝斯坦木	万能的＋帕夏（伊斯兰国家高级官员称谓）	独断专行者
58	abduväli sadiq	男	阿不都外力·萨迪克	保护的真主的奴仆	忠诚的，忠实的，忠心耿耿的
59	abduyupur abdukeräm	男	阿不都吾普尔·阿不都克热木	真主的宽仁的奴仆	尊贵的真主的奴仆
60	mämätömär abdukeräm	男	麦麦提乌迈尔·阿不都克热木	圣人的名字+圣贤的名字	尊贵的真主的奴仆

续表

序号	姓　名	性别	音　译	名的意思	姓的意思
61	zöhräm adil	女	左合拉慕·阿迪力	金星	公道的，公平的，公正的
62	abdukeräm hekim	男	阿不都克热木·依克木	尊贵的真主的奴仆	至睿的，医生
63	muršidäm hekim	女	穆尔西丹慕·依克木	明正道者	至睿的，医生
64	abduqäjjum hekim	男	阿不都克尤木·依克木	维护万物的真主的奴仆	至睿的，医生
65	ezizäm abdurehim	女	艾则孜慕·阿不都热依木	万能的	特慈的真主的奴仆
66	aminä adil	女	阿米娜·阿迪力	安定的，安宁的	公道的，公平的，公正的
67	mämätimin igämbärdi	男	麦麦提伊明·伊盖穆拜尔迪	先知穆罕默德的名字＋＋平安，安宁	主赐予的
68	karamät israil	女	卡热麦提·伊斯拉伊利	神通，奥妙，神奇	圣人的名字
69	mämäteziz abla	男	麦麦提艾则孜·阿布拉	先知穆罕默德的名字＋至爱的	真主的奴仆
70	tursunaj muxtär	女	吐尔苏阿依·穆赫塔尔	停顿，活下去，生存＋月亮	独断专行者
71	muršidäm rustäm	女	穆尔西丹慕·汝斯坦木	明正道者	英雄，勇士
72	šärpixan sijit	女	夏尔丕汗·斯依提	荣誉+xan	荣誉，荣耀
73	ibrajim baqi	男	依不拉音·巴克	圣人的名字	永久的，永存的，永恒的
74	patimä ablimit	女	帕提曼·阿不力米提	先知的女儿的名字	可赞的真主的奴仆
75	qahar yupur	男	卡哈尔·吾普尔	统治的	宽仁的，宽恕的

续表

序号	姓 名	性别	音 译	名的意思	姓的意思
76	aminäm ärkäši	女	阿米娜慕·艾尔凯西	安定的、安宁的+m	ärkäš 地方的人
77	jörixan kamil	女	娇尔汗·卡米力	伴侣+xan	充足的，完美的；熟练，精通
78	mämät sabirjan	男	麦麦提·萨比尔江	先知名穆罕默德	善于忍耐的，善于坚持的+表爱成分
79	karamät abduraxman	女	卡拉麦提·阿不都热合曼	神通的，奥妙，神奇	普慈的真主的奴仆
80	izzät hašim	女	伊扎提·哈西木	尊重	阿拉伯人部落名称
81	toxti abduvajit	男	托合提·阿不都瓦依提	停顿，活下去，生存	保护的真主的奴仆
82	ablät abduvajit	男	阿不来提·阿不都瓦依提	独一的真主的奴仆	保护的真主的奴仆
83	tajigül mömin	女	塔吉古丽·毛明	鸡冠花	谦恭的，忠厚老实的，顺从的；（伊斯兰教）信徒，信仰者
84	railäm abläj	女	热依拉慕·阿布赉	带路人，驼队	真主的奴仆+äj
85	abliz pättar	男	阿不力孜·帕塔尔	万能的真主的奴仆	永恒者，永存者
86	helimä sopi	女	艾丽曼·苏皮	宽仁的，宽恕的	虔诚的信徒
87	häbibä abduraxman	女	艾比拜·阿不都热合曼	真主所爱的	普慈的真主的奴仆
88	bilqiz mamut	女	比丽克孜·玛木提	鱼+qiz，美人鱼	先知穆罕默德的名字
89	mähbubäm yupur	女	麦合卜拜慕·吾普尔	意中人，情人	宽仁的，宽恕的
90	rähimäm rustäm	女	热依麦慕·汝斯坦木	仁慈的	独断专行者
91	hekim rehim	男	依克木·热依木	至睿的，医生	仁慈的

续表

序号	姓 名	性别	音 译	名的意思	姓的意思
92	sanijäm turdi	女	萨尼叶慕·吐尔迪	第二个	停顿，活下去，生存
93	adilǰan abdulla	男	阿迪力江·阿卜杜拉	公道的，公平的，公正的+表爱成分	真主的奴仆
94	junusǰan jüsüp	男	尤努斯江·玉素普	先知的名字+ǰan	圣人的名字
95	tursunǰan izim	男	吐尔苏江·伊孜木	停顿，活下去，生存+表爱成分	伟大的
96	zöhrä qasim	女	左合拉·喀斯木	金星	分配者
97	turdixan mämät	女	吐尔迪汗·麦麦提	停顿，活下去，生存+尊称	圣人名（来源于穆罕默德）
98	munävär davut	女	慕娜瓦尔·达吾提	优秀，新秀	圣人的名字
99	ajimnisa israjil	女	阿依慕妮萨·伊斯热伊力	月亮+nisa	先知依布拉音儿子的名字
100	märämnisa sijit	女	玛热慕妮萨·斯依提	圣母玛丽亚的名字+nisa	荣誉，荣耀

本章仅就现有的部分乌孜别克族人名总结了其显著特点，作为一个专题研究，材料是远远不够的，还需要从不同地区的乌孜别克族中广泛收集人名，才能得到更为全面的研究成果。这里做的只是基础性工作的第一步，还有待专家学者以此为参考做更深入的研究。

七 乌孜别克族职业称谓与文化

（一）职业称谓与文化

称谓是人际关系的文化符号，它随社会文化的不断发展变化而改变着自己的形式和内容。称谓系统包括亲属称谓系统和社会关系称谓系统。[①] 如

---

① 于林龙、颜秀萍：《汉语社会称谓的文化内涵》，《现代教育科学》2006年第7期。

果说亲属称谓系统反映人们对血亲与姻亲、直系与旁系等亲属关系的认识，那么社会关系称谓系统则反映人们对人与人之间的角色与权势关系及亲疏远近关系的认识。因此，称谓词语中最稳固的是基本亲属称谓，如父母、祖孙、夫妻、兄弟姐妹等，最不稳固的是社会称谓。[1]社会称谓受到政治、经济制度和文化观念的影响，所以容易发生变化。朱晓文（2005）在称谓系统二分法的基础上，对社会称谓再进行分类，按照其三分法的结果，社会称谓包括职业称谓语、通用称谓语和姓名称谓语。[2]关于汉语社会称谓的研究比较多（李明洁，1997；马宏基，常庆丰，1998；朱晓文，2005；于林龙，颜秀萍，2006等），而关于维吾尔语社会称谓的研究较少，乌孜别克语的社会称谓研究更可谓是空白。

乌孜别克族在莎车县及新疆其他地区常常有选择地从事某些固定的职业，为更全面地探讨乌孜别克族的社会文化背景，本节将专门讨论社会称谓中的职业称谓。职业称谓是人们由于职业而得来的称谓。[3]职业称谓是在较长的一段时间内，经过人们大量使用后被接受的称谓词或短语，它属于固定称谓语的范畴。因此，和其他称谓词一样，职业称谓也是语言词汇的重要组成部分，具有浓厚的民族文化色彩，其文化内涵因民族、地域而不同，并和民族文化相互渗透、相互作用。

在职业称谓语内部可以从不同的角度着眼进行不同的归类。1999年颁布的《中华人民共和国职业分类大典》[4]将我国的职业归为八个大类，共1838个职业。大典参照国际标准职业，从我国实际出发，按照工作性质同一性的基本原则，对我国社会职业进行了科学划分和归类，全面客观地反映了现阶段我国社会职业结构状况。这八大类分别是：国家机关、党群组织、企业、事业单位负责人；专业技术人员；办事人员和有关人员；商业、服

---

[1] 戴昭铭：《文化语言学导论》，高等教育出版社2005年版，第220页。
[2] 朱晓文：《称谓语的多角度研究》，《修辞学习》2005年第4期。
[3] 马宏基、常庆风：《称谓语》，新华出版社1998年版，第5页。
[4] 劳动和社会保障部、国家质量技术监督局、国家统计局联合颁布，1999年。

务业人员；农、林、牧、渔、水利业生产人员；生产、运输设备操作人员及有关人员；军人；不便分类的其他从业人员。以这些职业分类为依据，本研究对莎车乌孜别克族从事的传统职业做了调查，目的在于分析传统职业称谓所反映的社会文化背景。

（二）乌孜别克族职业称谓调查

职业称谓也有直称和背称之分。崇尚礼仪、尊老爱幼的乌孜别克族人民，无论此人从事什么职业，都要用aka、uka、ača等以年龄为标准的亲属称谓来称呼对方，这是直称。这种称呼表示对对方的尊重，也反映了乌孜别克族没有等级区别的平等意识，而在背称时除了以亲属称谓称呼外，还要用其社会性职业称谓加以解释和说明。表3-18为在莎车调研所收集的乌孜别克族从事的传统职业称谓，发现乌孜别克族对职业有一定的选择性，绝大多数为男性的职业称谓，女性的职业称谓极少。

表3-18　　　　　　　莎车乌孜别克族的职业称谓

序号	职业名称	汉译	注　释
1	tijarätči/sodigä（r）	商人	指所有经商的人，乌孜别克族中主要是布商，现在有少数女人经商，主要售卖服饰
2	gäzlimä satuvči / gäzmalči	布商	出售的传统布料有：tava（r），缎子 durdun，绸缎 duxava，金丝绒 ätläs，艾提莱斯绸 xam，棉布，俗称大布
3	satirač	理发师	专给男性和儿童剪发、剃发或剃须。 女性通常留长发，忌讳剪短发
4	sajpuŋ/mašiniči	裁缝	该职业有男有女，男性通常在外面开店，女性在家里做裁缝，补贴家用
5	doxtur	医生	通常指在医院工作的或者从事民族医药治疗的医生，口语中有时泛指各类医护人员

续表

序号	职业名称	汉译	注释
6	tivip milliy tibabät doxturi	民族医生	或称郎中，专指用民间方法进行治疗的医生，通常为家族式职业
7	čišči	牙医	专指开私人牙科诊所的医生
8	zägä	金匠	专指手工制作金首饰的工匠
9	kadir /hokimät xizmätčisi	干部/公务员	专指政府事业单位的工作人员
10	oqutquči/mälim*/xanim	教师	在莎车，oqutquči 泛指教师，malim 专指男教师，xanim 指女教师
11	ašpäz	厨师	专指在餐厅做饭的人，从事的人极少
12	kitapči	书商	售卖新旧书籍的人。从事的人极少
13	baqqal	干果商	专卖各种干果的商人。干果有：badam 巴达木大杏仁，gülä 杏干，jaŋaq 核桃，gazir 葵花子，hasiŋ 花生，čilan 红枣，xoma 蜜枣，üzüm 葡萄干等
14	qassap	屠夫	专指宰牛羊、卖牛羊肉的人。从事的人极少
15	čarčänči	杂货商	指卖日常杂货的商人
16	hatta / säksän xalta	民族药商	专指卖民族草药的人，因为卖的草药品种繁多，草药都装在小布袋里摆放，所以也叫作"八十袋"
17	gilämči	地毯商	专指售卖地毯的人
18	mataŋči	麻糖商	专门制作和售卖麻糖的人，麻糖的种类有：aq mataŋ 白麻糖，yaŋaq mataŋ 核桃麻糖，seriq mataŋ 黄麻糖，künjüt mataŋ 芝麻糖等，从事的人极少
19	bojaqči	印染商	通常指过去制作布料、地毯或织线时专门做染色的行业，现在基本消失
20	qändalätči qändalätpuruč（过去用）	甜品商 糖果商	专门从事糖品制作和销售的人，现在也有，但是不多。包括制作和出售白砂糖 šikär、冰糖 navat、糖果 kämpüt、果酱 mïrabba、麻糖 mataŋ 等

续表

序号	职业名称	汉译	注　释
21	jipäk toquš	丝绸（编织）商	专门手工制作丝绸的行业，现在已经消失。ätläs艾提莱斯绸、bäxsäm（bäqäsäm）ham, segez（厚棉布）
22	käštä tikiš käštä gul išläš	绣花、刺绣	指女性的绣花职业。有dastixanya gul išläš绣桌布，doppiya gul išläš绣帽子，如：šapaq doppa瓜皮帽，čikän doppa女式十字绣帽子，özbekčä doppa乌孜别克式帽子等。 kanvaj gul išläš绣十字花。绣花过去只用于自己家的装饰，现在也有一些妇女售卖绣好的成品，补贴家用
23	ajilä ajali	家庭主妇	指没有出去务工而在家里的全职太太

* 莎车话里为mälim，维吾尔标准语中为muällim。

从表3-18的职业来看，23类职业中，男性专属的职业有18种，有三种职业是男女都从事的，它们是商人（服饰）、教师和裁缝，还有两类是女性专属职业，即绣花和家庭主妇。

按照传统，乌孜别克族家庭属于典型的"男主外，女主内"的家庭模式。男性均承担挣钱养家的责任，而女性最重要的责任就是教育子女和负责家庭内部的事务，如打扫卫生、洗衣做饭、照顾老小等，从上述职业称谓可略见一斑。但随着时代的发展，传统意识也在发生转变。

乌孜别克族非常注重教育，基本没有文盲，过去女子至少要读到小学或初中毕业，男子则根据自己的学习情况而定。如今，完成义务教育，在大学深造的人数在不断增加。乌孜别克族通常忌讳在外面吃饭，尤其是女性。家庭主妇都很能干，会在家里制作各种美味佳肴，而不会在外面购买食物。这样的传统还保留在乌孜别克族聚居区内。虽然从事政府部门工作的干部、教师等职业的乌孜别克族男女的生活方式慢慢发生了变化，但基本传统还是被保留了下来。综上所述，表3-18中职业称谓的真正语义在反映地域性概念的基础上也体现着民族文化色彩，因而只有以民族文化为背景，才能理解乌孜别克语言中职业称谓语真正的含义。

（三）职业称谓的结构特点

为更清楚地了解乌孜别克族职业称谓的结构特点和语源，笔者在表 3-19 中做了初步分析。

表 3-19　　　　　　　　职业称谓的结构语源分析

序号	职业名称	结构分析及直译	语源	汉译
1	tiǰarätči/sodigä（r）	tiǰarät-či 商业-či sodi-gä（r）贸易-gä（r）	阿拉伯语-či 波斯语	商人
2	gäzmalči /gäzlimä satuvči	gäzmal-či 布料-či gäzlimä satuv-či 布料卖-či	波斯语—či 波斯语-古代突厥语	布商
3	satirač	satirač	波斯语	理发师
4	sajpuŋ/mašiniči	sajpuŋ mašini-či 机器-či	汉语 俄语-či	裁缝
5	doxtur	doxtur	俄语	医生/西医
6	tivip	tivip	阿拉伯语	民族医生/郎中
7	čiščči	čiš-či 牙齿-či	古代突厥语-či	牙医
8	zägä	zä-gä（zär-gär）金-gär	波斯语	金匠
9	kadir /hokimät xizmätčisi	kadir hokimät xizmät-či-si 政府工作-či-si	俄语 阿拉伯语-阿拉伯语-či-si	干部/公务员
10	oqutquči/mälim/ xanim	oqut-quči 使读-quči mälim xanim	古代突厥语-quči 阿拉伯语 古代突厥语	教师

续表

序号	职业名称	结构分析及直译	语源	汉译
11	ašpäz	aš-päz 饭-päz	波斯语-- päz	厨师
12	kitapči	kitap-či 书-či	阿拉伯语-- či	书商
13	baqqal	baqqal	阿拉伯语	干果商
14	qassap	qassap	阿拉伯语	屠夫
15	čarčänči	čarčän-či 杂货-či	波斯语-či	杂货商
16	hatta / säksän xalta	hatta säksän xalta 八十 袋子	古代突厥语-波斯语	民族药商
17	gilämči	giläm-či 地毯-či	波斯语-či	地毯商
18	mataŋči	mataŋči 麻糖-či	汉语--či	麻糖商
19	bojaqči	bojaq-či 染料-či	古代突厥语-či	印染商
20	qändalätči/ qändalätpuruč	qändalät-či 甜品-či qändalät-puruč 甜品-puruč	波斯语- či 波斯语	甜品商 糖果商
21	jipäk toquš	jipäk toquš 丝绸 编织	古代突厥语	丝绸（编织）商
22	käštä tikiš käštä gul išläš	käštä tikiš 绣花 缝制 käštä gul išläš 绣花 做	波斯语—古代突厥语 波斯语—波斯语—古代突厥语	绣花、刺绣
23	ajilä ajali	ajilä ajali 家庭的女人	阿拉伯语-阿拉伯语	家庭主妇

从表 3-19 中职业称谓的词汇结构特点来看，主要有两类：单纯词和合成词，合成词中又包括派生词和复合词。

第一，单纯词。在上述职业称谓中，具有单纯词特点的称谓有：satirač 理发师，sajpuŋ 裁缝，doxtur 医生，tivip 民族医生，kadir 干部，mälim 男教师，xanim 女教师，baqqal 干果商，qassap 屠夫，hatta 药商。

第二，合成词。合成词结构的职业称谓包括派生词和复合词结构的称谓。

具有派生词结构特点的有以下几种情况：其一是名词+构词词缀 –či 或者动词+构词词缀 -quči 构成的的职业称谓，如：tiǰarät-či 商人, gäzmal-či 布商, mašini-či 裁缝, oqut-quči 教师等；其二是名词+构词词缀-gä（r）构成的职业称谓，如sodi-gä（r）商人, zä-gä（>>波斯语 zär-gär）金匠等；其三，名词+- päz/-puruč 等构词词缀构成的称谓，如：aš-päz 厨师, qändalät-puruč 甜品等。具有复合词结构特点的职业称谓有：gäzlimä satuvči布商, hokimät xizmätčisi 干部/公务员，ajilä ajali 家庭妇女等。

　　从职业称谓的语源来看，有三种情况，一是单一语源的单纯词或合成词，这些词来源于阿拉伯语、波斯语、俄语、古代突厥语、汉语，具体情况如下：有4个阿拉伯语来源称谓，如：tivip 郎中, mälim男老师, baqqal 干果商, qassap屠夫；4个波斯语来源称谓，如：sodigä（r）商人, satirač 理发师, zägä 金匠, qändalätpuruč 糖果商；2个俄语来源词，如：doxtur 医生, kadir 干部；2个古代突厥语来源词, xanim 女教师, jipäk toquš 织丝绸。二是单一语源的词语附加构词词缀构成的职业称谓，如：tiǰarätči 商人, 结构为阿拉伯语-či；gäzmalči 布商, 结构为波斯语-či；mašiniči 裁缝, 结构为俄语-či, bojaqči 印染商, 结构为古代突厥语-či, matanči 麻糖商, 结构为汉语-či, ašpäz 厨师, 结构为波斯语- päz, oqut-quči 教师, 结构为突厥语-quči等。三是不同语源词语构成的合成词，如波斯语—古代突厥语结构的有gäzlimä satuvči 布商, 阿拉伯语—阿拉伯语结构的有ajilä ajali 家庭主妇, 古代突厥语—波斯语结构的有säksän xalta 民族药商, 波斯语-古代突厥语结构的有kästä tikiš / kästä gul išläš 绣花等。

（四）乌孜别克族的职业称谓及其文化意义

　　职业称谓是语言词汇的一部分，可以反映一个民族的历史文化、宗教信仰和民族风俗，体现着该民族所处社会的价值观、崇尚心理和发展变化。本研究所整理的职业称谓不一定能全面反映所有乌孜别克族的职业情况，

但包括了喀什、莎车一带乌孜别克族从事的主要职业,这些职业称谓体现出了以下几个文化特点:

第一,乌孜别克族的职业称谓反映了社会称谓的基本原则、人们之间的平等关系,也反映了礼貌和尊敬等良好的社会品德。这体现在无论对方从事什么职业,在面称时都要采用基本的亲属称谓,如,dada 爸爸辈的叔叔,aka 哥哥,ača 妈妈辈的阿姨或姐姐,uka 弟弟或妹妹等,而背称时才用其职业称谓加以说明。

第二,职业称谓说明乌孜别克族保持了由来已久的经商传统。在表3-19的23个职业中,至少16个职业称谓与商业贸易有直接关系。这与乌孜别克族跨国跨境的原因和特点有直接关系。赵小刚(2006)认为,乌孜别克族跨国流动主要原因还是务商,特别是迁入我国的该族人口主要因从事商贸活动而来。迁入后,即便有的人从事农业,也与经济贸易有着千丝万缕的联系。[①]因此,莎车乌孜别克族所从事的职业比较集中,绝大多数与商业挂钩,并没有涵盖社会的各个行业。比如,在这些职业中没有出现木匠(jayačči)、铁匠(tömörči)、建筑工人(tamči)、司机(šopur)等职业称谓。

第三,以男性为主的职业称谓系统反映了乌孜别克族男主外、女主内的传统家庭模式。在传统的乌孜别克族家庭,男子通常经商挣钱养家,女子在家里负责生儿育女,从事家务工作,几乎不会出去工作,丈夫也不允许妻子抛头露面外出工作。因此,本节所述职业称谓绝大多数为男性从事的职业。随着时代的发展变化,乌孜别克族的家庭观念也有所转变,女性职业称谓呈增多趋势。除了传统的绣花、裁缝外,还有教师、干部等职业。这是因为乌孜别克族一贯重视文化教育,但从整体人口状况来说,新疆乌孜别克族从事文化、事业部门工作的人员比例较大。此外,现在女性从事的职业也有 tiǰarätči/sodigä(r)商人、gäzmalči /gäzlimä satuvči 布商、doxtur

---

① 赵小刚:《乌孜别克族经济文化生活研究》,民族出版社2004年版,第51页。

医生、kadir /hokimät xizmätčisi 干部/公务员等。这从一个侧面表明,乌孜别克族妇女已经走出家庭,参加社会生产活动。

综上所述,乌孜别克族的职业称谓反映了乌孜别克族的民族传统和民族文化,体现了语言使用与民族习俗和文化之间的交互作用,反映了乌孜别克族的心理、愿望以及价值取向。

八 乌孜别克族文化特点及其成因

(一)语言文化研究与语言文化接触

文化学研究通常认为,因不同文化传统的社会互相接触而导致一方或双方体系改变的过程分成三种类型:涵化(acculturation)、同化(assimilation)以及融合(amalgamation)。涵化是指当两个群体接触时,其中一个群体以直接或间接的方式,干预另一群体的物质文明、传统风俗、信仰等;同化是指民族传统不同的个人或群体被融入社会上占支配地位的文化的过程;融合则是两种文化接触时,彼此的文化因素在混合过程中结合起来,而不是被消灭。①

文化人类学认为,"涵化",通常是指具有不同文化传统的群体或社会间,在长期接触、交往中,不可避免地自然发生的相互影响、相互浸透与吸收的双向作用过程及其作用的结果,而民俗与语言之间的涵化,是指两种文化形态的相互浸染凝聚作用及其结果,这种涵化主要发生在同一文化传统内的语言与民俗之中,对异文化传统具有较强的排斥性,但也存在一定条件下发生跨文化涵化的可能性,即一种语言文化共同体的民俗语言对外来文化的吸收。至于民俗语言在同一文化共同体内部的跨越文化形态、文化层面的传播与涵化运动,则是其正常的规律性运动

---

① 详见 http://baike.haosou.com/doc/272043-287905.html。

(曲彦斌，2015：13）。从我国乌孜别克族语言文化的实际情况来看，相同的宗教信仰，共同的社会经济生活，相近的民族语言使这两个民族的语言文化产生了自然而然地融合，在保留维吾尔族和乌孜别克族共同的文化传统的同时，还保留了一部分乌孜别克族自身的特点，这是文化密切接触的结果。正如李晓东所言："文化融合的最终结果并不是形成一种取代所有现存文化形态的全新文化形态，而是形成了一种可以包容原来若干文化形式的主要特征的东西。这种文化形态不可能完全取代原来的不同文化形态。恰恰相反，这种新的文化形态使得文化的表现方式比以前更加丰富多彩。"①

（二）乌孜别克族的文化特点

根据前文对相关诸项文化的分析和研究，乌孜别克族的文化形成了多元性、地域性、传承性和濒危性四个显著特点。

第一，多元性。乌孜别克族文化不仅体现了自身的特点，也融合了维吾尔族、汉族等共存民族的文化特点，形成了多元的民族文化。多元民族文化是指在一个区域或群体系统中，同时存在相互联系且又各具特色的几种独立的文化（贺萍，2005：21）。从莎车乌孜别克族的生活环境来讲，接触最多的是维吾尔族和汉族。频繁的接触使语言文化都体现出了共性和个性。就以婚俗为例，整个婚姻程序都与维吾尔族基本一致，但是从吟唱婚曲雅尔-雅尔、铺白色的门垫、把新娘藏在帘帐里等细节透露出乌孜别克族婚礼的特殊之处。再如，toj köjniki，在过去是指新娘彩礼中专用于婚礼当天的长裙，而现在是指婚纱。婚礼中穿婚纱虽然不是汉族的传统，但是经由汉族传入乌孜别克族的婚俗，这也是文化接触的结果之一。在过去结婚的新人通常在领结婚证之前会照相，用于办理结婚证，现在年轻人中已悄然兴起拍婚纱照的潮流。

---

① 李晓东：《全球化与文化整合》，湖南人民出版社2003年版，第62页。

第二，地域性。清朝统一西域和近代民族迁徙活动，乌孜别克族、塔塔尔族、俄罗斯等民族从国外进入西域，以维吾尔族为主由13个民族构成的新的多民族结构确立，新疆多元民族文化的格局也随之定型，其面貌是：各民族文化既各具特色，又形成一些共性特点，文化类型多样化（贺萍，2005：25）。而定居莎车的乌孜别克族与新疆其他地区的乌孜别克族对比，更全面地保留了其文化传统。这应该和莎车特殊的地理位置有直接的关系。莎车地处南疆，隶属喀什地区，地理位置相对封闭，与外界的接触相比其他乌孜别克族聚居区更少，如伊犁地区。另外，莎车乌孜别克族主要聚居在莎车的回城区（也称作老城），现为莎车镇。这种小聚居的居住格局对人口较少民族，尤其是仅有不到2000人口的莎车乌孜别克族保留其文化传统奠定了良好的基础。

第三，传承性。在长期与维吾尔族、汉族等兄弟民族大杂居的历史过程中，乌孜别克族基本传承了其与众不同的文化传统，这在亲属称谓的保留、婚庆的特殊习俗、传统的职业称谓等方面都得到了体现。与此同时，既吸收了维吾尔族的文化传统，也吸收了具有时代特点的汉族文化。

第四，濒危性。在实地调查的过程中，被调查人频频提到某一种传统已经没有了，或者是某一种习俗现在已经省略了。这意味着乌孜别克族的一些文化传统正面临着现代文化的竞争和挑战，出现了濒危现象。比如婚庆习俗中最典型的一个环节就是从头至尾吟唱婚曲雅尔-雅尔，这种习俗在其他地区的乌孜别克族中基本消失，在莎车乌孜别克族中现在能够完整吟唱的人也不多，正面临着逐渐消失的状态。

（三）乌孜别克族文化特点的成因

探究目前乌孜别克族特殊的语言文化特点形成的原因，应该归纳为以下几点：

第一，丰富的历史背景奠定了多元文化的基础。自古以来，新疆就是多种文化、多种语言、多个民族的交汇地。古丝绸之路南北两道均由此经过，佛教、摩尼教、景教、祆教等宗教经此传入内地，汉藏语系民族、印欧语系民族、阿尔泰语系民族在此交融。因此，新疆的文化交融、语言接触历史源远流长。[①]我国乌孜别克族语言文化与维吾尔族语言文化的融合，与相同的宗教信仰、共同的社会经济生活、相近的语言有着密切的关系。莎车是古代丝绸之路上与喀什毗邻的重要商业枢纽，从中亚沿着丝绸之路经商到莎车的乌孜别克族在莎车有很长的居住史，与人口占相对优势的维吾尔族，在日常生活交往中趋于相似。而语言文化中注入的汉文化因素是与我国主体民族汉族长期和谐共处的另一结果。从乌孜别克族的主要聚居地的实际情况来看，乌孜别克族与汉、维吾尔、哈萨克等民族在长期的历史交往过程中朝夕相处，形成了包容各民族特色的文化传统。

第二，大杂居小聚居的居住特点有利于保持民族的特色文化。乌孜别克族分布在新疆南北各地，在北部主要在伊犁哈萨克自治州和昌吉回族自治州，在南部主要在喀什地区的喀什市、莎车县、叶城县等地。不管是在南疆还是北疆，乌孜别克族在当地基本是小聚居的局面，这体现在各地基本都能找到早期的乌孜别克居住点、乌孜别克街或称安集延街、乌孜别克学校等标志性建筑。尽管这些特色文化现在大多数已经成为历史，或改名，或消失，但这些具有乌孜别克族特点的居住格局为保留和传承乌孜别克族历史文化传统创造了条件。

第三，语言文化的密切接触是乌孜别克族语言文化濒危的重要因素。多元的社会语言文化环境是新疆各族人民的优势，但也不能否认多元文化是一把双刃剑，一方面，保持着文化的多样性，给单一的文化注入新的元素；另一方面，由于人口较多民族文化的影响力，致使人口较少民族的语言文化趋于融合或者同化的局面。就语言来说，由于日常生

---

① 赵江民：《新疆民汉语言接触及其对世居汉族语言的影响》，北京语言大学出版社2013年版，第2页。

活生产的需要，作为人口较少的乌孜别克民族，在长期的生产生活中使用人口优势民族的语言，现在已经产生日常生活用语的转用和兼用现象，大多数转用维吾尔语，个别地区使用哈萨克语，如：木垒哈萨克自治县乌孜别克民族乡均兼用国家通用语言。从文化传统而言，与维吾尔、哈萨克等民族通婚，是文化融合的主要因素之一。以莎车乌孜别克族为例，维吾尔族语言文化具有优势地位；汉语是国家通用语言，也是各民族通用语言和学校教育媒介语；普遍的族际通婚使乌孜别克族与维吾尔语言文化、汉语言文化交融成为历史的必然。这些种种原因成为使乌孜别克族语言文化濒危的影响因素。此外，乌孜别克语书籍及音像资料的缺乏、乌孜别克语言教育的空白等，都是当今乌孜别克族语言文化面临消失的原因。

（四）乌孜别克族文化的发展趋势

乌孜别克族作为人口较少民族，在历史的发展进程中与维吾尔族、哈萨克族和汉族在社会生产生活、经济发展、语言文化等多方面都有广泛的接触和交流，在融合了当地主体民族特点的同时，保留了部分独有的文化特征。对乌孜别克族展开的民俗文化调查反映出两种较为明朗的态度：大多数乌孜别克族主张努力保护和传承优秀的乌孜别克族传统文化，包括节庆习俗、婚丧嫁娶习俗等；一部分民众认为顺其自然发展，接受文化趋于融合的现状。

从乌孜别克族文化的现状和乌孜别克族群众对文化传承的态度来看，其发展趋势还是比较乐观的，这主要归因于我国对少数民族语言文化的重视和对各民族非物质文化遗产传承的政策支持与资金支持。国家民委、国家发展改革委、财政部、中国人民银行、国务院扶贫办共同发布的"扶持人口较少民族[①]发展规划 2011—2015"[②]第四条提出，发展文化事业和文化

[①] 人口较少民族是指全国总人口在 30 万人以下的 28 个民族。
[②] 国家民委门户网站（http://www.seac.gov.cn/art/2011/7/1/art_142_129377.html）。

产业，繁荣民族文化；其第三条指出要保护民族文化遗产。"编制实施人口较少民族文化遗产保护专项规划，对濒危文化遗产进行抢救性保护，支持珍贵民族文物征集，加强对文化传承人的保护和培养。加快人口较少民族文化资源数字化建设进程。扶持文献古籍、口头传承古籍的保护、抢救、搜集、整理、翻译、出版和研究工作，培养建立古籍专业人才队伍，加强人口较少民族口头传承古籍及濒危语言的抢救和保护工作。加强非物质文化遗产发掘和保护，积极推进非物质文化遗产生产性保护，培育一批非物质文化生产性保护企业和示范基地。"这是人口较少民族语言文化保护和传承的重要依据。

在文化的保护和传承方面，新疆乌孜别克族文化研究会、伊犁哈萨克自治州乌孜别克族文化研究学会等协会和组织做出了突出的成绩。这两个学会除了定期组织和开展"纳吾茹孜节"联欢活动、召开学会的例会/改选等活动之外，还积极配合我国各级单位部门或个人展开关于乌孜别克族的各类调研，学会的主要目的在于按照我国的相关法律法规，保护和传承乌孜别克族优秀的传统文化。

2008年6月，由新疆维吾尔自治区艺术研究所、伊犁哈萨克自治州、喀什地区联合申报的"乌孜别克族民歌埃希来、叶来"被批准成为第二批国家级非物质文化遗产保护项目。新疆维吾尔自治区艺术研究所研究员、著名学者、非物质文化遗产保护专家周吉先生介绍说，"埃希来"和"叶来"是乌孜别克族民间歌曲中非常重要的两种表现形式和组成部分。"埃希来"是长篇叙事民歌，结构比较严谨、曲式比较恢宏，在古时是宫廷音乐；"叶来"是流传于民间的短篇、小段民歌，表现形式和曲风多样，常常与舞蹈结合在一起。①

作为该项目的工作之一，喀什地区莎车县人民政府于2015年1月开办了"乌孜别克族民歌埃希来、叶来传承培训班"，聘请了莎车县著名的乌

---

① 中国民族宗教网（http://www.mzb.com.cn/html/Home/report/230281-1.htm）。

孜别克族文化传承人排祖拉汗·伊萨克先生作为导师，招收了近二十名各地学员，免费教授乌孜别克族传统民歌近二十首。2015年7月，在伊犁州非物质文化遗产研究中心的指导和帮助下，在伊宁市喀赞其街道办事处莫依克社区开办了乌孜别克族民歌"埃希来、叶来"传承培训班。培训班接收了三十余名学员免费学习乌孜别克族语言和学唱乌孜别克族传统民歌"埃希来、叶来"。伊犁州检察院驻莫依克社区"访惠聚"工作组组长王涛接受采访时说，莫依克社区辖区的阿依墩街四巷就集中居住了九户乌孜别克族，居住在此的历史长达一百多年。"他们对本民族的文化认同感比较强。在莫依克社区开办培训班，是希望更多地呈现各民族文化，这样大家才能够彼此了解、理解各民族的悠久历史，借鉴和吸收优秀和正面的文化元素，彼此和谐共处。"此外，莫依克社区还向州文化艺术研究所提供了一处场地，作为乌孜别克族及其他民族文化传承和展示的平台，让老百姓有条件、有机会了解本民族和其他民族文化。①这些工作成果给乌孜别克族群众点燃了传承优秀文化的希望，也进一步推动了乌孜别克族文化的传承。

"文化是民族生命力、凝聚力和创造力的重要源泉。"②乌孜别克族虽然人口少，在全国不到两万人，但在新疆维吾尔自治区散居、在居住地聚居的特点促使其文化的适应性加强，在适应特定的生存环境，吸收周边民族文化共性的同时，保留了自己的个性，形成了具有乌孜别克族特点的文化。

---

① 伊犁新闻网（http://www.ylxw.com.cn/news/content/2015-07-31/content_499994.htm）。
② 国家民委门户网站（http://www.seac.gov.cn/art/2011/7/1/art_142_129377.html）。

结　　语

本研究在 2010 年至 2014 年间田野调查的基础上，重点研究了作为人口较少民族的乌孜别克族的语言及其文化习俗。语言编部分采用描写语言学、功能语言学、对比语言学及接触语言学的研究方法，利用田野调查所得语料，与乌兹别克斯坦通用的标准乌兹别克语和现代维吾尔语进行对比，对乌孜别克语的音位、形态、句法进行分析描写，总结了乌孜别克语的结构特点。研究结果显示，乌孜别克语有较典型的濒危语言特征，在语音、形态、句法等层面受到维吾尔语影响较大。文化编部分以我国乌孜别克族的文化研究为主导，综合采用民族学、人类学、文化语言学的研究方法，探讨和研究乌孜别克语的词汇与文化、亲属称谓与文化习俗、颜色词与文化习俗、乌孜别克族姓名与文化、职业称谓与文化等，进而总结乌孜别克族的文化特点及其成因。本研究讨论的文化诸项表明，乌孜别克族文化有自身的特点，同时受到维吾尔文化的很大影响，也吸收了汉文化的优秀传统和时代特点。

乌孜别克族语言文化研究不仅能够对目前的乌孜别克族的相关现状进行记录，也能够为我国其他语言、文化研究提供一个参考。本研究力求在前期研究成果的基础上，弥补其中的不足，以田野调查材料为依据，对现存的乌孜别克语进行了初步描写，对形成特点的各文化参项进行归纳、整理和分析，完善和深化了前辈的研究成果。但是，这是一项持续性的工作。在未来的研究中，尤其是在大力提倡"一带一路"语言文化研究中，对国外乌兹别克族语言文化进行调查研究,与国内乌孜别克族语言文化进行对比分析,将会在学术研究中有一定的进展。这对推动我国"一带一路"的语言文化建设,以语言文化为纽带,加强沿线各个国家人民之间的相互了解和进一步友好合作具有重要的意义。

附录 A　语料转写及其翻译 1

meniŋ etim×××

（1）etim××× // (2) atämniŋ esmi Mäs'ut äpändi // (3) atäm ɣulʲʲä özbek mäktävidä mäktäp müdiri / oqutquči bolgʲän // (4) atäm bɪr mïŋ toqquz jüz žigɪrmä bešinči jilɪ / ɣulʲʲɪdä dunjäɣä kägän // (5) šündä / atämniŋ atäsi Ismajil'aj digän kiši otämniŋ mäktäptä oqutišqa jüdä köŋül bölgʲän // (6) šündän tartɪp / atäm ɣulʲʲidigi katta mäktäpläni bittɪrɪp / ɣulʲʲida oqutqučuluq käsɪp bilän šuyullängʲän // (7) atäm hajat vaqta bizni oqutušk ʲä nahajti / jüdäjäm köŋül bölgʲän // (8) šüngʲä / min alti jaš wahtimdä / üjümɪz mäktäp ičindä boyanlä säväbɪmɪ / ja bašqï säväbdänmɪ / män islavijän jazïyïdä jazïq ügünüp / mäktäpkɪ kirmäj turup / čoŋ kattä kitaplärni oqušni üjrängʲänmän // (9) män jätti jaš mäzgilɪmdä / mïŋ bɪr kičä romanɪni oqup püttɪrgän // (10) ötkän künlä / navaji qatarlïq kitaplärnɪ oquyan // (11) šündän bašlap / oqušgä jüdä jäm qïzɣïnidim // (12) oqušnɪ özbeg mäktäpdän bašlap ügünüp / šündän / ottur mäktäpnɪ bittɪrgändin kijin / bɪr qanči ali mäktäplärdän… / ikki   ali mäktäpnɪ oqudum // (13) bittäsi Šinǰjaŋ marɪp instoti // (14) šinǰjaŋ marɪp instotinɪ bittɪrgändän kejin / šinǰjaŋ pidagokikä instotidä ikki jil bilim ašurdɪm // (15) šündän bašlap / Ili käspi instotidä oqutquči bilän šuyulliniwatimän // (16) häm ajlädä jäm / ballärnɪ / pärzäntlärnɪ tärbijläškä häm köŋül böldüm // (17) ballarɪmnɪŋ ičidä/ bittäsi ili pidagokikä instotinɪ bittɪrɪp/ hazɪr ili käspi instotidä oqutquči bogʲän idi // (18) jaqïndä aspiräntorlik imtihanigä qatnišip / imtandin ötüp da liʲän täbi:pänlär univirstiniŋ aspirantorijä käspindä oquwatidu // (19) miniŋ ortayïm günärjäm / häm šinǰjaŋ univirstini bittirip / hazir Ili käspi inistotiniŋ säjasät oqutqučisi bop šuyullinip / šuniŋ vilän birgä ballärini tärbiläp turⁱvatidi // (20) qïzïm häm Ili pidagokikä inistotini bittirgän // (21) hazir ǰämijättä xïzmät qïp turuptu // (22) biz barlïq ajlä äzälärimiz / özimizniŋ özbek tilini untup qamäslik üčün / ajlä-xanälärimizdä özbekčä sözläšämiz // (23) häm ballärniŋ bu tilni piššïyᵃraq ačiš üčün / män toxsan be:šinči jili / ballär kičik mäzgilindä / özbegistanniŋ Taškänt šährigä barip / töt aj turup / öz xïraǰitim bilän / ballärni til ügünüškä apirip keldim // (24) u jädä bizniŋ tilimiz ǰüdä jäm jaxši idi // (25) qajtip kägändin kijin / biz bašqi millätlä bilän birgä arläš / bariš-kiliš qïlgänligimiz üčün / bäzidä özimizniŋ tilini untup qalijäpmiz // (26) likin ajlidä täläbimiz / öz anä tilidä sözlüšüš // (27) bir millät millät boluš üčün / aldi vilän öziniŋ tilini biliš keräk // (28) tilni untup qasa / u millätkä väkillik qïlamajdi // (29) šuniŋ üčün / bašqi orundä u tilni išlätmäsä jäm / ajlädä šuni išlätiškä / ǰüdä koŋul bölüš keräk // (30) šuniŋ üčün/ ajilä iŋ mujim orundä / turädi // (31) biz mušu iš tüpäjlidin / ajilimizdä pärzäntlä ara / biz Özbek tilindä sözlišüp turäptimiz // (32) ötkän jili aptunim rajon / Bejǰiŋdin kägän mihmanla häm üjgä kägändin kijin / ǰüdä häm xursänt boldi // (33) siläniŋ kičikkinä ajilidä häm özbek tili bar ikän däp/ bizgä özbekčä sözlüšüp / bäzi su'allärni tašlädi / biz häm šu su'allärgä özbekči ǰawap berdik // (34) bundin kijin häm pärzäntlä / häm kijinki äwlatlirimizgä ajtädiginimiz / sen özbek boyändin kijin / anä tiliŋni ügünüšni untup qama // (35) seniŋ tiliŋ šu özbekči čiqqandän kijin / aldi vilän ajlidä sän öz tiliŋni išlät // (36) bašqi išlärdä / mäsⁱlän bašqi tillärni ügünüšü / bu toyrä // (37) mäsilän biz čoŋ däwlättä jašägänimiz / undaqta / biz xänzu tilini jäm ügünüšümiz keräk // (38)

täräqqijätini közlisäk / biz Inglis tili / bašqi häm čät tillärni dä ügünüški jäm köŋül bölüšimiz keräk // (39) šundaq boyanda bir millät täräqqi qilädi // (40) öz aldigä jiganä täräqqi qiyän millät bomejdi // (41) millätlä bariš-keliš arqiliq täräqqijatqi erišidu // (42) šunuŋ üčün til ügüniš jaxši iš / jüdä jäm köŋül bülüš keräk // (43) šuniŋ üčün biz mäjli qäddä ojläjli / biz til ügünišimiz / mädinjät ügünišimiz / sän'ät ügünišimiz / bu arqiliq hämmä millät öz millitini täräqqi qilduruši keräk // (44) šunäqä bolgändä / millät täräqqi qildu / häm jämijäti jäm täräqqi qilädi // (45) biz az-tolä özbekči bilgänligimiz üčün / özbegistandin kigän bäzi plästika / bäzi matirjalla vosa / tuqqanlärniŋ bariš-kilištä / tilimiz ravan sözlišäläjmiz // (46) likin bäzi bimanu adämlärniŋ ičidä / üzi üzbek turup / üziniŋ ismini jäm / bariš-kilišini häm / tillini jäm bilmäjdiyini az ämäs // (47) bizniŋ ajtädiginimiz / sän ajlidä tilni üzüŋdin bašlä // (48) šu waqitta anä tiliŋ joqalmejdi//

我的名字叫麦合木提

(1)我的名字叫×××。(2)我父亲的名字叫麦合苏提先生。(3)我的父亲曾经是伊宁乌孜别克学校的校长和老师。(4)我父亲于1925年出生于伊宁。(5)然后,我父亲的父亲依斯马依力阿伊非常重视我父亲的学习。(6)从那以后,我父亲从伊宁一些著名的学校毕业后就从事他的教师职业。(7)我父亲在世的时候非常关心我们的学习。(8)因此,在我六岁的时候,不知道是因为我家住在学校还是其他原因,我学习了西里尔文,还没有上学,我就学会了阅读一些大的著作。(9)当我七岁的时候,我已经读完了小说《一千零一夜》。(10)我还读过《过去的日子》《纳瓦依》等书。(11)从那以后,我就对学习非常感兴趣。(12)我从乌孜别克学校开始上学,然后,中学毕业后,上了几个高校,在两所高校学习。(13)其中一个是新疆教育学院。(14)毕业后,在新疆师范学院进修了两年。(15)从那以后,我就在伊犁职业教育技术学院当老师。(16)在家,我也很重视子女及其孩子的教育。(17)在我的孩子里,其中一个毕业于伊犁师范学院,在伊犁职业教育技术学院当老师。(18)最近,她参加了研究生考试,通过了考试,现在在大连理工大学读研究生。(19)中间的孩子古娜尔耶木,毕业于新疆大学,现在伊犁职业教育技术学院当政治老师,同时在培养她的孩子在社会上工作。(20)最小的女儿毕业于伊犁师范学院。(21)现在在社会上工作。(22)我们所有的家庭成员,为了不忘记我们的乌孜别克语,在家说乌孜别克语。(23)为了让孩子们更熟练地学习语言,1995年,在孩子们还小的时候,我带孩子们去了乌兹别克斯坦的塔什干市,住了四个月,自费,就是为了学习语言。(24)我们在那里说得很好。(25)我们回来后,由于和其他的民族来往,有时,我们就忘记了自己的语言。(26)但是我们在家的要求是说母语。(27)任何一个民族,首先应该懂得自己的语言。(28)如果他忘了语言,他就不能代表自己的民族。(29)因此,尽管这个语言在别的地方不能用,一个人应该重视在家使用这个语言。(30)所以,家庭有重要的地位。(31)正因为如此,在我们家,我们常常说乌孜别克语。(32)去年,从自治区和北京的客人来我家的时候,他们非常高兴。(33)他们说,乌孜别克语在你们这样一个小小的家庭还存在,他们用乌孜别克语跟我们说话,还问了一些问题,我们也用乌孜别克语回答了。(34)以后,我想对孩子们和后代说的是,既然你是乌孜别克族,不要忘记你的母语。(35)既然你是用乌孜别克语开始说话,首先在家就用你自己的语言。(36)在其他的事情上,比如说,我们学习其他语言是对的。(37)比如,我们生活在这样一个大国家,我们也应该学习汉语。(38)当我们着眼于发展,我们也应该重视学习英语和其他外语。(39)只有这样,一个民族才会发展。(40)没有一个独自发展的民族。(41)各民族通过来往得到发展。(42)所以,学习语言是件好事,我们应该重视。(43)所以,无论我们怎么想，我们都应该学习语言、学习文化、学习艺术，各民族都应该这样发展自己。(44)只有这样，一个民族才会发展，社会也会发展。(45)因为我们懂一些乌孜别克语，当我们看到一些从乌兹别克斯坦来的光碟和资料，当我们和亲戚们来往时，我们可以流利地说乌孜别克语。(46)但是在一些无知的人当中，虽然自己是乌孜别克族，不懂自己的名字、不懂来往，不懂语言的人并不少。(47)我们想说的是，从你的家开始使用你自己的语言。(48)那个时候，你的母语才不会消失。

My Name is Mehmut

(1) My name is×××(2) My father's name is Mr. Mehsut. (3) My father was the principle and teacher at Ghulja Uzbek School. (4) My father was born in Ghulja in 1925. (5) Then, my father's father whose was called Ismayilay cared about my father's study very much. (6) Since then, my father graduated from very famous schools in Ghulja and engaged in his teaching career. (7) My father paid much attention to our schooling when he was alive. (8) That is why when I was six years old, whether it is because of we lived at the school, or because of other reasons, I learned Cyrillic scripts, before I entered the school, I learned to read some big and great books. (9) When I was seven, I finished reading of the novel 'The thousand and one nights'. (10) I read books such as 'The past days', 'Navoyi' etc. (11) From then on, I was very much interested in study. (12) I started my study from Uzbek school, then, after I finished middle school, a few institutes, I studied at two institutes. (13) One of them was Xinjiang Educational Institute. (14) After graduated from Xinjiang Educational Institute, I studied two years in Xinjiang Normal University. (15) Since then I am working as a teacher in Yili Vocational and Technical College. (16) In the family, I also concern about

my children, and their kids' education. (17) Among my children, one of them graduated from Ili Normal Institute, and worked as a teacher in Yili Vocational and Technical college. (18) Recently, she attended the Graduate Exam, passed the exam, and studying in the Master's program at Dalian Polytechnic University. (19) My middle child (the second child among three) Gunaryem, she graduated from Xinjiang University, now she is working as a Politics teacher at Yili Vocational and Technical college, at the same time she is educating her children. (20) My (youngest) daughter graduated from Ili Normal University. (21) Now she is working in the community. (22) We all family members, for the purpose of not forgetting our Uzbek language, speak Uzbek language at home. (23) In order to let children learn this language more proficiently, in the year of 1995, when they were young, I took my kids to Toshkent, Uzbekistan, stayed for four months, by my own finance, for learning the language. (24) Our language was so good there. (25) After we came back, because we kept contact with other ethnic groups, some times, we are forgetting our own language. (26) However, our request at home is to speak in the mother tongue. (27) As a nationality, one should know her/his own language in the first place. (28) If one forgot the language, she/he cannot represent that nationality. (29) Therefore, even though this language is not used in other places, one must concern about using the language at home. (30) Therefore, family holds the most important position. (31) Due to this reason, in our family, we often speak Uzbek language. (32) Last year when the guests from (Xinjiang) Autonomous Region and Beijing came to our home, they were so happy. (33) They said that Uzbek language is existed in your small family, and they spoke Uzbek to us, and asked some questions, we answered them in Uzbek. (34) For the future, what I want to say to the children and posterity is that, as you are Uzbek, do not forget to learn your mother tongue.

(35) As you start talking in the Uzbek language, use your own language at your family in the first place. (36) In other things, for example, to learn other languages is right. (37) For example, since we live in such a big country, we should learn Chinese as well. (38) When we focusing on the development, we should also concern about learning English and other foreign languages. (39) Only in this way, one nationality will develop. (40) There is no one nationality developed on its own, (41) nationalities achieve development through contact. (42) Therefore, learning language is a good thing, and we should pay attention to it. (43) So that whatever we think, we should learn language, culture and art, all nationalities should develop their own by this. (44) Only in this way, the nationality will develop, and the society will develop, too. (45) Since we have some knowledge in the Uzbek language, when there are some disc and materials from Uzbekistan, and when we get contact with my relatives, we can speak fluently. (46) But among some nonsensical people, even though she or he himself is Uzbek, there are still many people who do not know his/her own name, communication, and own language. (47) What we want to say is that you start using your own language from your family. (48) At that time, your mother tongue will not be disappeared.

附录 B　语料转写及其翻译 2

mɨllätɨm özbek

(1) mɨllätɨm özbek // (2) bɨr mɨŋ toqquz jüz atmɨš bešinči jilɨ / jigɨrmä sekkizinǰi ijondä / ɣulǰä šährɨdä / zijåli ajilɨsɨdä / dunjagɨ kigänmän // (3) bɨr mɨŋ toqquz jüz atmɨš bešinǰi jildän / jetmɨš iškinǰi jilgä qädär / åjilä tärbijäsidä boldum // (4) jetmɨš iškinǰi jildän seksän iškinǰi jilgä qädär / tätår mektäp / jäni xåzirgi / ɣulǰä šähärlik åltɨnǰi båšlanɣɨč mektäptä oqudɨm // (5) kijin / jetmɨš jettinǰi jildän seksän ikkinǰi jilgä qädär / istali mektäftä / jäni xåzirgi jettinǰi ottura mektäptä / bilɨm åldɨm // (6) bɨr mɨŋ toqquz jüz seksän ikkinǰi jil / märkäzi millätlär inistitotigä oquškä qäbul qilɨndɨm // (7) ušä mäktäptä / säksän ikkinǰi jildän / säksän jättinǰi jilgä qädär / beš jil / täjjårlik häm ujyur tili käspɨ bojiča / oqušnɨ tämomläp / ɣulǰä šährigä qäjtɨp kilɨp / ili gäzitɨ idåräsɨgä xɨzmätkä täjinländim // (8) gäzitxonädä / seksän jettinǰi jilidän seksän sekkizinǰi jilgä qädär / bɨr jil xɨzmät qɨgändän kejin / seksän sekkizinǰi jilɨ toqquzinǰi åjdä / ili pidagokikä inistitotɨ / tɨl ädäbijat fakultiti / jäni xåzɨrgi / filalogijä inistitotigä jötkälɨp kilɨp / ta håzirgä qädär / filalogijä inistitotidä / tɨl ädäbijat fänläri bojiča / oqutuš išlɨrɨ bilän mäšyul bolup kelmaqtämän // (9) bu ǰärjåndä / xɨtåj klasik ädäbijåt tärixi / ujyur tilɨ/ ujyurčä Xänzučä

grämätikä sälišturmäsi / türki tillär tätqiqåti / xänzučä sözläšiš / qåtårlik fänlärdän därs birip keldim // (10) endi / özbik tiliniŋ yulǰä šähridägi / özbeklär åräsida / ämäli qollänliš ähvåligä kisäk / yulǰä šähridägi özbiklär / gärčä örfä-ådät ǰähältä / kättä özgäriš qilmägän bolsämi / ämmå til ǰähättä / äsosän ujyur tiligä måjilläšip ketkän // (11) özbik tili fäqät kättälär / jäni jäšängänlär åräsidä / häm jäšängänlär bår äjilälärdä säqlänip qågän // (12) šündä jäm sözlüklärdägi tåvušlär / ujyurčägä måjilläšip ketkän (13) qollänilgän sözlük / häm fäqät / uruq-tuqqåndårčilik åtålyuläri / turmuš bujumlärniŋ nåmläri / åš- tä'åmlärniŋ nåmläri bolip / bulär häm såp özbikčä sözlik emäs // (14) misålän / kelin-åji / kinåji / xåzir kinäji šäklidä qollinillädi // (15) xåläm / påččä / opäsini iri / ämäki / åtäsini äkäsi / åji / åpäsini jåki åtäsini åpäsi / ükä / åtä / åpå / äkä qåtårlik sözlär / säqlängän boså häm / tåvušlärdä täläffuz qilištä / jänä häm färqlär bår // (16) åš- tä'åm nåmläridän / čüčüvirä / håzir ujyurčädä čöčürä // (17) öpkä-häsip / såmsä / pälov / qätlämä qåtårlik tä'åmlär ušä šäkildä qollinillädi // (18) turmuš bujumläridän / misålän / čäjšä / jäni pråstin / båliš / jastïq / čini / činä / čåjnäk / čäjnäk / šipirgi / süpürgä / čåčiq / däsmål / digändäk äjrim sözliklär säqlånip qålgän // (19) gärčä yulǰä šähridägi özbiklärni såni / unčä åz bolmisämi / ämmå tiliniŋ buqädär tiz özgärip ujyurčäläšip ketišidigi säbäp / minčä / birinjidän / özbiklär bilän ujyurlärniŋ iždimoji äläqisiniŋ qojiq bolgänligi säbäb bolsä / iškinjidän oqi-oqitiš išläriniŋ ujyur tilidä ålip bårilgänligi / üčinčidän / özbek tili bilän ujyur tili ǰüdä jäm jäqïn qärindåš tilläri bolgänlik säbäbidän bolsä kiräk dep ojlejmän // (20) misålän / özbik tilidägi köp sözliklär ujyur tilidä äsåsän oxšäš // (21) färq fäqät tåviš ǰähättä köriländi (22) jäni özbek tilidä 'fe' / ujyur tilidä 'pe' / täläppuz qilinädi // (23)

özbek tilidä 'ä' / ujyur tilidä 'a' täläffuz qilinädi // (24) misålän / 'jäfå' ujyurčädä 'japa'/ väfå ujyurčädä 'vapa' / 'pälåv' ujyurčädä 'polo' // (25) sözlüklärdägi oxšämäslik uča köp emäs // (26) miniŋ färäzimčä / jigirmä ottuz firsän äträfidä sözlik oxšäš bolmäsä kiräk dep ojlejmän // (27) šundäj säbäplärdän / jäšängänlär häm ujyurčä sözläšädi // (28) ulärni tävušläri jäm ujyurčägä måjilläšip ketgän // (29) åjiläsidä kättälär bår åjillärdägi / bizgä oxšägän jäšlär / åjilädä kättälär bilän gäpiriš ixtijojidän / ulärniŋ tilidä özbekčä puråq säqlänip qågän //

我是乌孜别克族

（1）我的民族是乌孜别克族。（2）我一九六五年六月二十八日出生于伊宁市知识分子家庭。（3）一九六五年到七二年为止我接受了家庭教育。（4）从七二年到八二年为止，我在塔塔尔学校，也就是现在的伊宁市第六小学就读。（5）后来，从七七年到八二年为止，在 Sitali 学校，也就是现在的第七中学学习。（6）一九八二年，我被中央民族学院录取学习。（7）在那个学校八二年到八七年为止，五年内完成了预科和维吾尔语专业的学习，回到了伊宁市，被安排在伊宁日报工作。（8）在报社，从八七年到八八年为止，工作了一年之后，在九月调入伊宁师范学院语言文学系，也就是现在的人文学院，直到现在为止在人文学院从事语言文学科目的教学工作。（9）在这期间，上过"中国古典文学、维吾尔语、维汉语法对比、突厥语言研究、汉语口语"等课程。（10）现在，当谈到乌孜别克语在伊宁市乌孜别克族内部实际使用情况的话，伊宁市乌孜别克族尽管在习惯习俗方面没有太大的变化，但是在语言方面基本上倾向于维吾尔语。（11）乌孜别克语只是保留在年长的人，也就是老人之间或者有老人的家庭里面。（12）同时，词语中的语音也已经近似于维吾尔语。（13）使用的词语也只有亲属称谓、生活用品的名称和食物的名称，这些也不是纯乌孜别克语。(14) 比如：kelin-åji（嫂子），也叫 kinåji，现在使用为 kinäji。(15) 嫂子、姐夫，是姐姐的丈夫；伯伯，爸爸的哥哥；姨妈/姑妈，是妈妈或者爸爸的姐姐；弟弟/妹妹、爸爸、姐姐、哥哥等词语保留了下来，但发音时还是有一些区别。(16) 饮食名词中，čučuvirä (馄饨)在维吾尔语中叫做čočürä。(17) 面肺子、烤包子、抓饭、千层饼等食物都使用为这个形式。(18) 生活用品中，比如，床单 čäjšä (乌孜别克语)、pråstin（维吾尔语），枕头 båliš (乌孜别克语)、jastiq（维吾尔语），瓷碗 čini (乌孜别克语)、činä（维吾尔语），茶壶 čåjnäk (乌孜别克语)、čäjnäk（维吾尔语），扫帚 šipirgi (乌孜别克语)、süpürgä（维吾尔语），抹布/毛巾 čäčiq (乌孜别克语)、däsmål（维吾尔语）等个别词语被保留了下来。(19) 尽管伊宁市乌孜别克族的人口数不是很少，但是语言像这样迅速改变成接近维吾尔语的原因是，我认为，第一是由于乌孜别克族和维吾尔族的社会交流的密切性，第二是教学活动都用维吾尔语进行，第三是乌孜别克语和维吾尔语是特别接近的兄弟语言，这可能也是原因。(20) 比如：乌孜别克语中的很多词汇在维吾尔语中是基本一样的。(21) 区别只是出现在语音上。(22) 也就是，在乌孜别克语中发音为 f，在维吾尔语中发为 p。(23) 在乌孜别克语中发音为"ä"，在维吾尔语中发为'a'。(24) 例如，"jäfä" 在维吾尔语中发 "jäpa" 的音，"väfä" 在维吾尔语中发 "vapa" 的音，"pälåv" 在维吾尔语中发 "polo" 的音。(25) 词汇中没有那么多不同。(26) 依我看，只有百分之二十到三十的词汇是不一样的。(27) 因此，老人都用维吾尔语交流。(28) 他们的发音已接近维吾尔语。(29) 跟我们一样，家里有长辈的年轻人需要跟老人交流，所以他们仍然保留着乌孜别克语口音。

My Nationality is Uzbek

(1) My nationality is Uzbek. (2) I was born in an intellectual family in Ghulja city, on the 28th June, 1965. (3) From the year 1965 to 1972, I was home

educated. (4) From 1972 to 1982, I studied in Tatar school, which now is Ghulja 6th primary school. (5) Then, from 1977 to 1982, I learned knowledge at Istoli school, which is now the 7th middle school. (6) In 1982, I was enrolled by Central Institute of Nationalities (now: Minzu University of China). (7) At that school, from 1982 to 1987, five years, I finished the study in preparation and Uyghur language major, I came back to Ghulja, and arranged in Ili newspaper (Daily) office. (8) At the newspaper office, from 1987 to 1988, after I worked there for one year, in September 1988, I transferred to Department of Language and Literature, Ili Normal College, that is now called Faculty of Philology, until now, I have been working on teaching of language and literature subjects in Faculty of Philology. (9) During this period, I have been teaching subjects, such as History of Chinese classic literature, Uyghur language, Comparatives of Uyghur and Chinese Grammar, Studies of Turkic languages, Speaking of Chinese etc. (10) Now, when we talk about the real situation of Uzbek language used among Uzbeks in Ghulja city, Uzbeks in Ghulja city, though they did not change much in traditions, but the language has almost tended to close to Uyghur language. (11) Uzbek language is remained only in elders, which means only among elders, and families which have elders. (12) At the same time, sounds in vocabulary are also close to Uyghur language. (13) Words used only are, kinship terms, names of articles for daily use, names of food, and they are not pure Uzbek vocabularies. (14) For example, kelin-åyi or kinåyi, now used as kinäyi (sisters-inlaw). (15) Words such as: xåläm (my aunt) / påččä (brothers-inlaw) / elder sister's husband, ämäki, father's brother, åyi, mother's or father's elder sister, ükä (brothers), åtä (father), åpä (elder sister), äkä (elder brother) etc. are remained though, when pronounce the sound, there are still some differences. (16) In the names of food, čüčüvirä (meat dumplings with soup), now is čöčürä in Uyghur. (17) Name of food, such as lung and entrails (cooked lung and entrails of sheep as food), pie (made with mutton), rice (cooked with rice, carrots, mutton etc.), layered bread etc. are remained as they were. (18) Name of articles for daily use, for example, čäyšä (Uzb. blanket), that is pråstin (Uyg. Blanket), båliš (Uzb. pillow), yastiq (Uyg. pillow), čini (Uzb.china), činä (Uyg. china), čåynäk (Uzb. teapot), čäynäk (Uyg. teapot), šipirgi (Uzb. broom), süpürgä (Uyg. Broom), čäčiq (Uzb. towel), / däsmål (Uyg. towel), such as these individual words are remained. (19) Even though the number of Uzbeks in Ghulja city is not only few, but I think that the reasons of why their language changes so much, so fast, and tends to be Uyghurized, in my opinion, probably because, firstly, it is because of intensive social interaction between Uzbeks and Uyghurs, secondly, it is because the teaching activities are conducted in Uyghur language, thirdly, Uzbek language and Uyghur language are very close sister languages. (20) For example, many words in Uzbek language are almost the same as in Uyghur. (21) The differences are encountered only in pronunciation. (22) That is, 'fe' in Uzbek, is pronounced as 'pe' in Uyghur. (23) 'ä' in Uzbek, is pronounced as 'a' in Uyghur. (24) Take examples, 'ǰäfå' (Uzb. suffer), is 'ǰapa' in Uyghur, väfå (Uzb.faithful), is 'vapa' in Uyghur, 'pälåv'(Uzb. rice, as mentioned earlier), is 'polo' in Uyghur. (25) The differences in words are not much. (26) As I suppose, about twenty to thirty percent of words are not the same, I think. (27) Since these reasons, even elders speaks in Uyghur. (28) Their pronunciations are also close to Uyghur language. (29) The youth where there are elders at home, like us, because of the need for talking to elders, their language still remains Uzbek accent.

附录 C　语料转写及其翻译 3

šinǰaŋdägi özbäk

（1）šinǰaŋdä ottus neččinčⁱ jili nopus täkšüdɨ // (2) nupusta žigɨrmä näččinǰⁱ ǰili boγačqa / isɨmdä joq // (3) šinǰaŋdä / ikki miŋinǰi žilidägin / özbäk a:lɨsɨnɨŋ sani on iki miŋ säkkiz jüz qїrїqtä // (4) bu xälïqnɨŋ köp qɨsmɨ / Ili rajonɨdä jäšäjdɨ // (5) γulǰä šähridä jašijätkän özbeklänɨŋ sani / altɨ miŋta jetädɨ // (6) bu šinǰaŋdägi özbek a:läsɨnɨŋ oturaqläšišini nispätländirgändä / täxminän jetmiš pɨrsäntɨnɨ täškil itädɨ // (7) bundän qalsä / ǰänuptä / äsosän ǰärkänttä / uč miŋtädän köp özbek jäšäjdɨ // (8) bu özbäk a:läsɨnɨŋ zičligi ǰähatdän algändä / iškinǰi orundä turadɨ // (9) qala olsä / gučuŋ naǰäsɨdä / bɨr miŋ iškki juztädän artïq özbek jašä^jdi // (10) bu üčinǰi orundä turadɨ // (11) bundän qalsä / ürümči / qäšqär / qaryälïq / xotän qätärli na^hijä šä^härlärdä jäm /özbeklär köp olturaqläšgän // (12) özbäklärnɨŋ ǰuŋgoya kelip / iǰdimaji ǰähätdän olturaqläšgänigä bɨr miŋ iški juz žildän artïq // (13) äŋ axïridä kelgän özbeklär / jigɨrmɨnǰi äsɨrnɨŋ jigɨrmɨnči / ottuzɨnči jillɨrɨdä kiliškän // (14) miniŋ babalärim häm axïrqi türkümdä özbegistandin kelgän özbek köčmän a^{ha}läsɨgä mänsup bolup / miladä bɨr miŋ toqquz jüz jigɨrmä toqquzɨnǰi jiligä toγïr kelärkän // (15) män bɨr miŋ toqquz jüz ottuz bɨrinči jili / xotän šäridä tuγulγan ikänmän // (16) äqlɨmgä kesäm / xotandägi özbeklärnɨŋ kättälärɨ hämmäsi

/özbek tilidä sözlišädi // (17) savatliqläri xät jazgändä / özbek tilidä jazišärdi // (18) jigirminči äsirniŋ qïriqinči älliginči jillärᵢdän itibärän /özbek tilidä sözlišädigän vä özbek til jazädigän kišilär / tädriji azlašgä bašlädi// (19) hazirki vaqittä / jaši atmištän alqïgän qerijälädän bäšqäsi özbeg tilidä söjlamäjdi // (20) ǰuŋgodägi özbekläniŋ itnik tärkividä ujyurläšiš / qazaqläšiš vä qïryïzläšiš köp köriläd// (21) šu säbäpdän özbekläniŋ köp qïsmi üč millät tilidä sözlišädi//

在新疆的乌孜别克族

（1）在新疆，20世纪30年代进行了人口普查。（2）人口上，因为是20年代记不起来了。（3）在新疆，2000年，乌孜别克人口是12840人。（4）他们大部分生活在伊犁地区。（5）现在居住在伊宁市的乌孜别克人口达到6000人。（6）从新疆居住的乌孜别克人口比例来说，这里（人口数）大约占70%。（7）这之后，在南疆尤其是在莎车生活着三千多名乌孜别克人。（8）从乌孜别克族人口密度来说，位于第二位。（9）此外，在奇台县生活着1200多名乌孜别克人。（10）这占第三位。（11）此外，乌孜别克人也多居住在乌鲁木齐、喀什、叶城、和田等地。（12）乌孜别克人来中国居住有一千二百多年了。（13）最后来的乌孜别克人是在20世纪20年代来的。（14）我的祖父也是属于最后一批从乌兹别克斯坦来的乌孜别克移民，应该是公元1929年。（15）我出生于1931年，在和田市。（16）当我开始有记忆时，在和田的乌孜别克族长者都用乌孜别克语交谈。（17）识字的人互相写信时用乌孜别克语。（18）从20世纪40年代和50年代起，说乌孜别克语和写乌孜别克语的人开始逐渐减少。（19）现在岁数超过60岁的老人以外其他人不会说乌孜别克语。（20）中国乌孜别克族的民族成分现在趋向维吾尔化、哈萨克化和柯尔克孜化。（21）因为这个原因，乌孜别克人的大部分都使用那三个民族的语言交谈。

Uzbeks in Xinjiang

(1) In Xinjiang there was a census of population took place around 30's. (2) In census, because it was in 20's, I cannot remember. (3) In Xinjiang, in the year of 2000, the number of Uzbek population was twelve thousand eight hundred and forty. (4) The majority of these people live in Ili region. (5) The number of Uzbeks who are living in Ghulja city is up to six thousand. (6) When this (number) calculated with the population of Uzbeks in Xinjiang in terms of percentage, it consists about seventy percent. (7) After this, in the South, mostly in Yarkend, there live more than three thousand Uzbeks. (8) From the perspective of density of Uzbek population, it is in the second place. (9) After that, in Guchong county, there live more than one thousand and two hundred Uzbeks. (10) This is in the third place. (11) Except this, there are many Uzbeks live in cities and counties, such as Urumqi, Kashgar, Qarghalik, Hotan etc. (12) It has been more than one thousand and two hundred years for Uzbeks come and settled down in China. (13) The final group of Uzbeks who came here during the 20's and 30's of 20th century. (14) My grandfather belonged to the last group of Uzbek immigrants who came from Uzbekistan, it supposed to be in 1929. (15) I was born in 1931, in Hotan city. (16) When I had wisdom (meaning: in my earliest memory), all the elders of Uzbeks in Hotan, they spoke Uzbek language. (17) When literate people wrote, they wrote in Uzbek. (18) Since 40's and 50's of 20th century, people who spoke and write in Uzbek started to reduce gradually. (19) Nowadays, people, except the elders who are over sixty years old, do not speak in Uzbek. (20) The ethnic components of Uzbeks in China are more like Uyghur, Kazakh and Kirgiz. (21) Because of this reason, most of Uzbeks speak in these three languages.

附录 D　语料转写及其翻译 4

özbek šajir furqät

(1) hazˈr men muš pursättän pajdɨlänip / özbek xälqɨnɨŋ / šu ǰümlädän bɨz ǰungo uzbeklärɨnɨŋ häm / päxrɨ bolgän zakɨrǰan xalmuhämmät oylɨ furqät häqqɨdä / iškki čin gäpɨrɨšni / mᵘapɨq kordum // (2) ikkimɨŋ säkkizɨčɨ jili tötɨnǰi sɨntˈjäbɨr kunɨ / jäqɨngɨ zämän uzbek ädäbijätɨnɨŋ / tänɨqli nämäjändɨsɨ / šinǰaŋ ozbek šerɨjät asmånɨdä / beʰ urup čäqnägän julduz /zakɨrǰan xalmuhämmät oylɨ Furqät väfåtɨgä / jüz jil tolgän håtɨrä kün // (3) šajir furqätnɨŋ / ädäbijät vä mädänijät täriximɨznɨŋ mäšyur ärbaplɨrɨdän bɨrɨ bolup /　unɨŋ nåmɨ ozbek xälqɨ vä orta-asijådägi båšqä qärdåš xälqlär tämånädän hurmät vä muxäbbät bilän tilgä ålɨnɨp keldɨ　// (4) zakɨrǰan furqät bir mɨŋ säkkiz jüz ällig säkkizɨnǰi jildä / özbegistån ǰumxurˈjätɨnɨŋ qoqan šährɨdä / mäjdä såᵘdigär åjiläsɨdä dunjagɨ keldɨ // (5) jašligɨdä / u mähällɨsɨdägi koʰnä eski mäktäbdä / suŋrä / mädˈräsädä oqɨdɨ // (6) zakɨrǰan jaš čäylärˈdän åp /　uluy özbek šåˈirɨ vä mutafäkkür　/ älišir nävåji äsärlärɨnɨ märåq bilän mutålä äqlädɨ // (7) šunɨŋ bilän birgä / u jänä / šärɨq　ädäbijatɨnɨŋ mäšhur nåmäjändɨlärɨ iǰådɨnɨ / äjnɨqsä fåris / tåǰik /åzärbäjǰån ädäbijati klåsiklärɨ / nizåmi ganǰåvi / åfɨz šeråzɨ / färiddɨn ättår / fuzuli vä　båšqälärnɨŋ äsärlärˈnɨ qunt bilän öginädɨ // (8) furqättä fojitik sänätkä bolgän qɨzɨqɨš /　änčä ertä båšlängän ɨdɨ // (9) u mäktäptä oqup jürgän čåylärˈdä jap / köpkɨnä šijirlär jåzdɨ // (10) åiläsɨnɨŋ åyɨr

måddi äxvålɨ / on jetti jäšår zåkɨrǰånnɨ mädäräsɨdägi oqušnɨ häm / özlüksɨz ålɨp barijätkän iǰådɨ išlärnɨ häm toxtätiškä mäǰbur etädɨ // (11) u dukandårnɨŋ pɨrkasčigi bolup išläškä mäǰbur bolädɨ // (12) šu munasɨbät bɨlän / furqät qoqandän Färɣanägä bårädɨ // (13) u jerdä bɨr neččä vaqït turgändän soŋ / bɨr miŋ säkkɨz jüz säksän iškinǰi jilɨdä / furqät qoqangä qäjtɨp kelädɨ // (14) u jerdä / u muqujmi / zävqij käbɨ dimɨgɨrat šajirlär bɨlän tänišädɨ // (15) qoqandägi ilyår käjpijåtdägi dimɨgɨrat šä'irlär bɨlän jäqɨnläšuv / äŋ fikɨrlik furqätgä kättä iǰåbi täsɨr körsätädɨ // (16) šajirnɨŋ šu dävɨrdɨ jazgän šɨrlɨrɨdä / dimɨgɨratik ojilär rojilɨnɨdu // (17) furqät iǰådɨdägi bu hönälišnɨŋ šäkɨllänɨšɨdä / unɨŋ ozbek klasik ädäbijatinɨŋ eŋ jäxši nämunɨlärɨnɨ özläštɨrgɨnɨ häm kättä rol ojnäjdɨ // (18) furqät uz dävrɨdägi mihnätkäš xälq häjåtɨnɨ jäxši bɨlär idɨ // (19) šå'ir furqät uz ši'irlärɨdä / iksplatatsijä zulumɨ astɨdä izɨlgän xälïqnɨŋ his säzgɨlärɨ / iški käčɨrmälärɨ / årzu umutlärɨnɨ äks ettɨrär // (20) ičɨbidat vä zulumgä näfrät oqudɨ // (21) šajirnɨŋ čuqur mäzmun bɨlän tolgän åtäšin šijirlärɨdä / oz xälqɨnɨ sevgänɨ / unɨŋ tärixi xäjåtɨ vä mädänijätɨ bɨlän qɨzɨqqänligi / korɨnɨp turädɨ // (22)   furqät xälïqnɨŋ äzap uqubättä jäšäšɨgä čin jürägɨdän äčɨnädɨ / vä häqsɨzlikkä qärši / uz näräzɨligɨnɨ bäjån etɨš därɨǰäsɨgɨčä kötärɨlädɨ // (23) unɨŋ šijirlärɨdä / öz zämånɨdän nåliš / zärlänɨš bɨlän bɨrgä / mihnätkäš xälqnɨ erkin / järuɣ / pärlåq häjåtkä čäqɨrɨš / bälɨ jeŋɨläjdɨ // (24) bu ǰähättän / unɨŋ 'säjdɨŋ qojaber sajjåt' dep bašlängän šeri / xaraktirlik   // (25) šajirnɨŋ bu šerɨ / ušä zämåndägi zulumgä qärši nafrät / åzåtlikčün bolgän intilišnɨŋ äǰåjip päränɨsɨdur // (26) säjdɨŋ qojaber sajjå / säjjårä ikän mendek / al dåminɨ bojnɨdän / bičårä ikän mendek / öz jårɨnɨ tåpmäsdän / åᵘwårä ikän mendek / iqbålɨ nigun bäxti/ häm qärä ikän mendek / iǰrå åtɨdän ǰɨsmi / köp jårä ikän mendek / küjgän ǰigärɨ bäyrɨ / säkpårä ikän mendek //   (27) šå'ir bu šerɨdä / axu abråzɨ årqälik / åyɨr zulum astɨdä izɨlgän   mihnätkäš özbek xälqɨnɨŋ äläm iztɨraplɨrɨnɨ / qullikkä zulumgä qärši nåräzilik tujɣulärɨnɨ ifädɨläjdɨ // (28) bu ehtiråz vä čuqur hislär bɨlä tolgän åtäšin šir / xälq qäjɣusɨnɨ jäqqål gävdɨlänädɨ

// (29) šā'ir purqät özbek xälqiniŋ åzåt / bäxtijar häjatkä bolgän arzusini jüräkdän täsvirläjdi // (30) furqät qoqandä jäšägän päjtlärdä / oziniŋ tuf / rädipli / äjäjip širini jazädi // (31) šajir bu sät‍erik äsiridä / xälqqä jäbir zulum jetküzgän eksplataturlär / mustämläkäčilär / åč kuz båjlär vä ämäldårlärni / keskin misralär bilän / qättïq sävalajdi // (32) qäni uniŋ bu šeridän pärčä keltäräjli // (33) altu ton siniŋ emäs / sizgä ämånät hävli jåj / jep jitim haqqin qilingän / gošt äjvånlärgä tuf // (34) xäqni xojä toj qilursiz / domlälär båjlär üčün / kämbäyälär åč jalaŋyač qårni tojgänlärgä tuf // (35) bu šeridä furqätniŋ özbek xälqi bilän häm näfäs / xälq därdi bilän jäšåvuči demugiratik šåjir ikänligini / mehnätkäš xälqniŋ istiqbåli üčün / tinmäj qäjyu urgännini jäqqål korä olämiz // (36) täbi'ät mänziräsini / muxäbbät häjåti išiq bilän bäylängän håldi täsvirläš / furqat lirikäsiniŋ eŋ jäxši xususijätläridän biri // (37) bu xål šåjirniŋ vätängä bolgän sämimi muhåbbätiniŋ järqin ipådäsidir // (38) šåjirniŋ / 'bähår äjjåmi'dä / bu bähår äjjåmi / istär köŋül / äsli näv bähår / fäsli güldür / dep båšlängän yäzälläridä / vätän vä täbijätniŋ guzälligi judä räwšän vä täsirli ifådälär arqäli birilädi / vä guzäl yäjälär küjlänädi // (39) täbi'ätni / ri'ål häjätni qädirlägän / vä šu häjåttä omur kečirišni uluylägän furqätniŋ / öz lirikäsidägi äxlåqi / demigratik fikir vä qäräšläri häm / äläxidä diqqätkä säzåvärdur // (40) šåjir furqätniŋ on toqquzinji äsirniŋ ikkinji jerimidi järätkän lirikäsi / uz dävriniŋ bädiji hujjäti bolup / mihnätkäš xäliqniŋ fikir hisläri ni / årzuläri ni / intilišläri ni äks ettirgän / kušli / jålqinli / äläŋgäli jüräk sädåsidur // (41) šåjir zakir jan xalmuhämmät oyli furqät bir miŋ säkkiz jüz toxsininji jillärdän gijin / oz vätäni özbegistandän četällärgä čiqip ketip / bir miŋ säkkiz jüz toqsän üčinji jili / tibät ärqäli / aptunum räjunimizniŋ Jårkän nåjäsigä kelip / soŋgi on altä jillik häjåtini Jårkändä ötkizädi // (42) sämäräli šeri ijådijäti bilän šuyullänidi // (43) bir miŋ toqquz jüz toqquzinči jili / boyuz ayïrÿi kesäli bilän / ällik bir jåšidä Jårkendä väpåt etädi // (44) furqät häqqidägi qisqičä muläḥiza vä gäpirišlärimiz šundän ibårät //

乌孜别克族诗人富尔开提

（1）现在我利用这个机会，说几句关于乌孜别克族人民，也就是我们中国乌孜别克族的骄傲，扎克尔江·哈利穆哈迈德之子富尔开提，我觉得合适。（2）2008 年 9 月 4 日，是近代乌孜别克族文学著名的代表，在新疆乌孜别克族诗歌天空闪耀的星星，扎克尔江·哈利穆哈迈德之子富尔开提逝世 100 周年纪念日。（3）诗人富尔开提是我们文学和文化史上著名的人士之一，他的名声被乌孜别克人民和中亚其他兄弟民族怀着敬重和热爱传颂着。（4）扎克尔江·富尔开提于 1858 年，在乌兹别克斯坦共和国浩罕城一个小商人家庭出生。（5）年轻时，他在居民区的老学校，然后在经学院学习。（6）扎克尔江从年轻时代开始，兴致勃勃地阅读伟大的乌孜别克族诗人和思想家艾利希尔·纳瓦依的作品。（7）与此同时，他也刻苦学习了东方文学著名的代表作品，尤其是波斯、塔吉克、阿塞拜疆文学经典，如尼扎米·甘加伟（Nizåmi Ganjåvi）、阿费孜·希拉兹（Åfiz Šeråzi）、法里丁·艾塔尔（Färiddin Ättår）、甫祖里（Fuzuli）和其他人的作品。（8）富尔开提对诗歌艺术的兴趣很早就开始了。（9）他从上学的时候开始，就写了很多的诗。（10）家庭艰难的物质情况迫使十七岁的扎克尔江放弃了经学院的学习和自发地进行创作事业。（11）他被迫做店主的售货员。（12）因为这个原因，富尔开提从浩罕到了费尔干纳。（13）在那里住了一段时间后，在 1882 年，富尔开提回到了浩罕。（14）在那里他认识了穆库密（Muqujmi）、再吾凯（Zävqij）等民主诗人。（15）和浩罕的先进氛围中的民主诗人的密切来往，对有思想的富尔开提产生了重大的积极影响。（16）诗人在那个时代写的诗歌中，体现了民主思想。 （17）在富尔开提创作的这种倾向的形成中，他掌握的乌孜别克经典文学的最好代表作也发挥了很大的作用。（18）富尔开提很了解自己时代的劳苦大众。（19）诗人富尔开提在自己的诗歌中，反映了在剥削苦难中被压迫的人民的感受、内心的体验、希望。// （20）怒斥了剥削和黑暗。（21）诗人在充满深刻内容炽热的诗歌里，体现了对自己的人民的热爱、对她的历史和文化的兴趣。(22)富尔开提真心同情人民生活在痛苦之中,把对不公正、自己的不满提升到了控诉的程度。(23)他的诗歌中,在憎恨那个时代的同时,很好地阐述了号召劳苦大众向往自由、光明、辉煌的生活（的思想）(24)在这个方面,他的以'Säjdiŋ qojaber sajjât'开始的诗具有代表性。(25)诗人的这首诗,是那个时代（表达）对黑暗的憎恨、对解放的向往的特别的代表作。(26)猎人啊把猎物放下/它像我一样是漂泊者/把它脖子上的枷锁拿下/它像我一样可怜/找不到自己的爱人/它像我一样无助/它的幸福和运气像我的一样不幸/因为离别之苦/身体像我的一样布满伤痕/因为爱火而燃烧的心/像我的一样破碎不堪。(27)诗人在这首诗中,通过（一个）哀伤的形象,表达了在艰难的黑暗中被压迫的辛劳的乌孜别克人民的痛苦,对奴隶制、对黑暗的不满感受。(28)这首充满激情和深厚情感的炽热的诗,清晰地表现了人民的痛苦。(29)诗人富尔开提从心里描写了乌孜别克人民对自由、幸福生活的愿望。(30)富尔开提在浩罕生活时期,写了题为"呸(tuf)"的特别的诗。(31)诗人在这首讽刺作品中,用犀利的诗句严厉地质问了给人民带来痛苦的剥削者、殖民者、贪婪的富人（巴依）和官僚。(32)那么,让我们从他的这首诗中选几句。(33)金长袍不是你的/院落也是委托给你的/利用孤寡者的应得/修建起来的宅院,呸！//(34)剥削着别人/你为大毛拉和富人摆喜宴/穷人们无衣无食/吃得饱足的人,呸//(35)在这首诗中,我们能清楚地看到富尔开提是与乌孜别克人民同呼吸,为人民的痛苦而活的民主诗人,（也能看出）他为劳苦大众的前途不停地忧愁。(36)把描写自然风景和爱情生活感受联系起来,是富尔开提情诗最好的特点之一。(37)这是人民诗人对祖国的真挚热爱的鲜明的表现。(38)在诗人的"春天的节日"中,"这是春天的节日,心里的愿望,本是新春,是花的季节"开始的格则勒,将祖国和自然的美丽通过非常鲜明和生动的表达被写出来。(39)珍惜大自然和现实生活,而且赞美在那样的生活中经历一生的富尔开提,在自己的情诗中（表达）的道德民主的思想和观点,也值得受到特别的关注。(40)诗人富尔开提在十九世纪后一半创作的情诗,是他时代的真实的艺术文件,是反映劳苦大众的思想、感受、愿望强有力的、鲜明的、生动的心声。(41) 诗人扎克尔江·哈利穆哈迈德之子富尔开提从一八九零年以后,从自己的祖国乌兹别克斯坦出去,在一八九三年,通过西藏来到自治区的莎车县,然后在莎车生活了十六年。(42) 从事他富有成果的诗歌创作。(43) 一九零九年,由于咽喉病,五十一岁时在莎车离世。(44) 关于富尔开提的简单讨论和谈话就是这些。

Uzbek Poet：Furqet

(1) Now I take this chance, I think it is right, to talk about Uzbek people's, that is also our China Uzbeks' proud Zakirjan Xanmuhammet's son Furqet. (2) 4th September in 2008, was the day of the 100th anniversary of Zakirjan Xanmuhammet's son Furqet, who was a well-known representative of Temporary Uzbek literature, a shining star in Xinjiang Uzbek poetry sky. (3) The poet Furqet is one of the famous persons in the history of literature and culture, and his name has been mentioned with respect and love by Uzbek people and other compatriot nationalities in Central Asia. (4) Zakirjan Furqet was born in 1858, in a small merchant family in Qoqan city, Uzbekistan republic. (5) When he was young, he studied at an old school in neighborhood and later on at madrasa (traditional Islamic school). (6) Since Zakirjan was young, he read the works of the great Uzbek poet, thinker, Alisher Navoyi, with interest. (7) At the same time, he also learned famous representative works of eastern literature, especially, classics of Persian, Tajik, Azerbaijan, such as Nizamiy Ganjaviy, Afiz Sheraziy, Feriddin Ettar, Fuzuliy and other literature works, with endeavor. (8) The interest of Furqet in poetic art started very early. (9) Since he studied at schools, he wrote many poems. (10) The difficult financial position of his family, forced the 17 years old Zakirjan to stop his study in madrasa, also his creative work which was unconsciously carrying on. (11) He was forced to work as a

salesman of a shopkeeper. (12) Because of this, Furqet went from Qoqan to Ferghana. (13) After he stayed there for a while, in 1882, Furqet came back to Qoqan. (14) In there, he acquainted with democratic poets, like Muqimiy, Zavqi. (15) Getting close to the democratic poets in advanced (leading) mood (condition) in Qoqan, had a great positive impact on thoughtful Furqet. (16) The poems of the poet (Furqet) written in that period, showed (his) democratic thoghts. (17) In the forming of this trend in Furqet's work, his mastering of the best representatives in Uzbek classic literature, also played an important role. (18) Furqet knew the life of laborious people in his era (times) very well. (19) The poet Furqet, in his poems, expressed the feelings, inner sufferings and hopes of people who were pressed in exploitive suffering. (20) He hated the exploitation and oppression. (21) In the poet's fiery poems which were full of deep content, that is his love to own people, historical life, and culture to his interest, were showed. (22) Furqet suffered for people's living in pain from his deep heart, and he gave an account of his disagreement against unjustice and inequality, until he elaborated his dissatifiction // (23) In his poems, he made complain on his era, at the same time, he well resumed the calling for laborious people to a free, bright, brilliant (pärlåq) life. (24) In this respect, his poem started by 'Sayding qoyaber sayyot' was typical. (25) This poem of the poet, was the amazing parody of the hater against the unjust and desire for freedom in that era. (26) Hunter, let go your prey, he was a tramp like me, take off the chains from his neck, he was as poor as me, he could not find his lover, he was helpless as me, his happiness and luck, were unfortunate like me, because of separation, his body was covered by wounds, his liver and heart burnt by love, as pieces as mine. (27) In this poem, through a sad figure, the poet expressed the suffering and the dissatisfied feelings of laborious Uzbek people who were pressed in deep oppression, to the slavery and cruelty. (28) This fiery poem that was full of hope and deep feeling clearly shaped the suffering of people. (29)

Purqet the poet presented the hope of Uzbek people to a free and happy life from bottom of his heart. (30) When Furqet was staying in Qoqan, he wrote an amazing poem 'tuf'. (31) In this satirical work, the poet strongly questioned the exploiters, dictators, greedy rich-men, and officials who caused hardship to people with his sharp verses. (32) Let's take a part of this poem. (33) The golden coat is not yours, your house is just a commission, take away orphans' belongings, you constructs the house, phooey! (34) You exploit others and set feasts to Mollah and rich, poors has no food and clothes, the setiations, phooey! (35) In this poem, we are able to see clearly that Furqet was a democratic poet who unanimous with Uzbek people, lived for people's suffering, and restless grieved for laborious people's future. (36) Describing the nature scenes together with his love life and love, is one of the best characteristics of Furqet's lyrics. (37) This is the vivid expression of the poet's sincere love to the country. (38) In the poet's poem 'Bahar eyyomi', in the gezel (poem form) started by 'this is spring festival, what the heart wants, is the spring, the flower season', it presented the beauty of country and the nature by a bright and vivid description, and beautiful notions were praised. (39) Furqet who cherished nature and real life, also aggrandized to live in such life, in his lyrics the moral democratic ideas and views should be paid special attention. (40) The poet Furqet's lyrics which written in the second half of 19 century, was literature artistic document, which expressed the powerful, vivid, flaming heart voice of laborious people's ideas, feelings, hopes, desires. (41) The poet Zakirjan Xanmuhammet's son Furqet since 1890, left from his own country Uzbekistan to other countries, in 1893, across Tibet, came to Yarkend in our autonomous region, then spent 16 years of his life in Yarkend. (42) He occupied with his fruitful poem works. (43) In 1909, because of laryngitis, in his 51 years age, passed away in Yarkend. (44) A short discussion and talk about Furqet is like this.

附录 E 语料转写及其翻译 5

bɨr jigit

(1) bɨr jigit / mänɨ tojlär märasɨmlärɨgä / alɨp kitɨp barɨp / šundäj äjtɨlär // (2) qarɨgä / uč jil ilgärɨ / künlär ɨmäs künlär / här güni äroq ičärɨdɨm / qäräŋ // (3) ušä äräɣnɨ bɨr kun ičmäsäm / čɨdolmäsɨdɨm / dedi / häligi jigit // (4) bɨr kunɨ / oɣlum sɨrtdän jügärɨb kɨlɨp / dädä / hä / dɨsäm / üstäldägi nimä u // (5) ortälärɨmnɨ kütüvalɨš üčün / täjjär qɨlɨngän zijapät / oɣlum / dep äjtsäm / oɣlum / šišɨdägɨčɨ/ dejdɨ // (6) äräq // (7) ičäsɨz hä / dädä // (8) hä:ä / ičämän // (9) men häm ičämän hä / dädä // (10) joɣ / oɣlum / sen kičɨk tursäŋ / ičmägin // (11) joɣ / dädä / sɨz ušä äräɣnɨ ičɨb / babalärɨmnɨ / mamalärɨmnɨ judä qaqšɨdɨvärdɨŋɨz / dädä // (12) men häm äräɣ ičɨp / sɨznɨ qaqšɨtämän hä / dädä // (13) joɣ / oɣlum / közɨmnɨ asɨb qojdɨŋ // (14) bügündän tartɨp / äräɣ ičmejmän // (15) dɨp / oɣlɨmnɨŋ koz aldɨlärɨdä / äräq šišäsɨnɨ sɨndɨrvärdɨm / dɨdɨ / hälägi jigit // (16) oɣul balä ikän // (17) oɣlɨnɨŋ šunčɨkɨ sözɨdän tä'äsɨr alɨp / äräq ičɨšnɨ täšläptɨ // (18) bäzɨ nakäslär varɨkɨ / undän qattɨɣ iš bolsä jämmɨ demejdɨ // (19) bɨr oɣul / atänɨŋ qolɨnɨ sɨndɨrväriptɨ // (20) äräɣ ičädɨgän šišämnɨ sɨndɨrvärdɨŋ / däp // (21) unäqä namärtlär / him var // (22) atänɨ råzɨlɨgɨnɨ / bɨr pijalä äräqqä älmåšturädɨyan nåmärtlär / häli jäm äråmɨzdä bår / / (23) äzɨzlär / brådärlär / åtä - ånägä ah bolɨp jašäšnɨŋ ozɨ /

näqädär ayïr ǰinajät ikänliginɨ / bɨlišimɨz keräk // (24) ata - anä sɨzdän / zorya närsä täläp qïlmejdɨ / vä jaki unčä - munčä pullär åp kel / uni ber / buni ber dep / täläp qïmejdɨ // (25) päqät / sɨz koz aldɨlärɨdä jürsäŋiz / xahtirǰäm turmuš köčürsäŋɨz / atä - anägä šu kupajä // (26) asmåŋʲä samåljättä učup ketsäŋɨz häm / jerdägɨ atäŋizdän / härgiz kättä bolalmejsɨz // (27) qozangä nɨmä sasäŋiz / šu čiqädɨ// (28) bazɨ pärzäntlär barki / ata - anä dunjadän kätkändän kejin / qävränɨ / märmärdä japämän / digänlär bar // (29) äj / oyul / ata - anä ölgändä / qävränɨ märmärdä japgändän körä / ular häjatligɨdä / bɨr pijalä qäjmåynɨ ålɨp kilɨp / ikkitä qïzzɨq nan bɨlän / ataǰan / ajäǰan / jevaliŋ / ičvaliŋ / deŋ // (30) ikkilä alämdä / bäxtli bolasɨz // (31) xar bomejsɨz // (32) äziz otäsɨz // (33) šuniŋ učün / ata - anägä ah bolmäslik keräk // (34) ata - anä nɨmä disä / xop deŋ // (35) ata – anä bɨz üčün äziz / bɨz üčün qädirliktir // (36) hormätlik äzizlär / mäyɨzlarɨm / mana mušu halda / tamam bolijäptɨ // (37) sɨlärgɨ räxmät //

一个小伙子

（1）一个小伙子在带我去婚礼的路上，这样说。（2）对一个老人说，三年前，不是在这一天就是在那一天，每天我都喝酒，您看。（3）我一天不喝那酒就受不了，那个小伙子说。（4）有一天，我儿子从外面跑进来，（儿子说），爸爸，（我说），啊？桌子上的是什么？（他说）（5）是为接待我的朋友而准备的宴席，儿子，我说，儿子说，那么瓶子里的呢？（6）是酒。（7）您要喝，是吧，爸爸？（8）是的，我要喝。（9）我也要喝，是吧，爸爸？（10）不，儿子，你还小，不要喝。(11)不，爸爸，您喝了那酒，让爷爷奶奶特别生气。（12）我也要喝酒，让您生气，是吧，爸爸。（13）不，儿子，你让爸爸开了眼。（14）从今天开始，我不喝酒了。（15）然后，在儿子面前我把酒瓶砸碎了，那个小伙子说。(16) 他真是个男子汉。(17) 受到儿子那么点儿话的影响，戒酒了。(18) 有一些无知的人，即使发生更大的事情也不会说。(19) 有个儿子弄断了父亲的手。(20) 因为摔碎了他喝酒的瓶子。(21) 也有一些不道德的人。(22) 我们中间还有一些人用一小碗酒替代父亲的赞许。(23) 亲爱的们，朋友们，我们必须知道抱怨父母的生活本身就是一个严重的罪过。(24) 父母不向你们要求太多的东西，也不要求你有时送点钱或给这样那样的东西。(25) 只要你在他们眼前，安心地生活，对父母这就足够了。(26) 即使你坐飞机飞到天上，你也大不过在地上的父亲。(27) 你往锅里放进什么，就会出来什么。(28) 有一些子女，等父母离世以后，要用大理石修建坟墓。(29) 哎，儿子，与其等父母离世时用大理石修建坟墓，不如在他们在世的时候，带一小碗奶油和两个滚烫的馕，说，爸爸，妈妈，您吃，您喝。(30) 你会在两个世界都幸福。(31) 不会被冷落。(32) 尊贵地生活。(33) 因此应该不要抱怨父母。(34) 无论父母说什么都要回答好的。(35) 父母对我们来说是尊贵的，对我们是敬爱的。(36) 尊敬的朋友们，我要说的重点就要这样结束了。(37) 谢谢你们。

There was a Young Man

(1) A young man was taking me to a wedding ceremony, said this. (2) To an old man, three years ago, almost every day I drank alcohol, you see. (3) If I didn't drink that alcohol for one day, I could not stand. (4) One day my son ran into the house, "father", "yes", I said, "what is that on the table?" (5) "That is a feast for receiving my friends", I said, son: "what is in the bottle?" he said. (6) Alcohol. (7) You are going to drink, isn't it? (8) Yes, I'm going to drink it. (9) I will drink it too, isn't it, father? (10) No, son, you are still young. (11) No, father, you drink that alcohol, made grandpa and grandma very upset, father. (12) I will drink alcohol too and make you angry, father. (13) No, son, you opened my eyes.

(14) From today, I won't drink alcohol. (15) Then, I broke the alcohol bottle in front of my son's eyes, said that young man. (16) He is a real man. (17) He was influenced by his son's little words, gave up drinking. (18) There are some useless people, he would say nothing when something harder happened. (19) There was a boy who broke his father's hand. (20) Because of his father's breaking of the bottle which used for drinking. (21) There are certain rascal people. (22) There are some rascal people still exist among us, who exchange father's satisfaction to a tea bowl of alcohol. (23) Dears, friends, we should know that it is such a great sin to live in complain of parents. (24) Parents don't request much from you, or they don't ask you to give them some money, give them this or that. (25) Only you live in front of them, live your life peacefully, this is enough for parents. (26) Even though you fly in the sky with an airplane, you are not greater than your parents who are on earth. (27) What you put into the wok, what you get from it. (28) There are some children, they said that after the parents leave the world, they will cover their graves with marbles. (29) Hey, son, instead of covering the parents' graves with marbles when they die, when they are alive, you bring a tea bowl of cream and two hot naan, say to them, father, mother, please eat and drink. (30) You will be happy in both two worlds. (31) You will not be oppressed. (32) You will be precious in life. (33) Therefore, one should not complain about parents. (34) Whatever parents say, say yes. (35) Parents are precious to us, honorable to us. (36) Dear friends, my key points are end like this. (37) Thank you all.

附录 F　语料分析和标注 1

1.

*šinǰaŋ-dä　ottus　nečči-nči　yil-i　nopus　täkšü*①*-di.*
新疆-位格　三十　几-序数　年-领属3　户口　调查-过去
在新疆，三十年代进行了人口普查。

2.

*nupus-ta　žigɨrmä　näčči-nǰi　žil-i　bo*②*-γačqa,　is-im-dä　　　　yoq.*
人口-位格　二十　几-序数　年-领属3　是.系动-副动　记忆-领属1单-位格　不存在
户口上，因为是二十年代记不起来了。

3.

*šinǰaŋ-dä ikki miŋ-ɨnǰi žil-i-dä-gin*③　　*özbek　a:lɨ*④*-sɨ-nɨŋ*
新疆-位格　二　千-序数　年-领属3-位格-形词尾　乌孜别克　人口-领属3-属格
san-i　　on　iki　miŋ　säkkiz　yüz　qɨrɨq-tä.
数量-领属3　十　二　千　八　百　四十-量词
在新疆，2000 年，乌孜别克人口是一万两千八百四十。

---

① 此处 r 脱落。
② 此处 l 脱落，原形为 bol- 系动词。
③ 此处 -dägin 的结构为：位格 dä +gin, gin 可能是 keyin 的变体，意思是"以后"。
④ 此处应为 ahale, aha- 中的 h 脱落，实际发音为长元音 a:。

4.
bu xäliq-niŋ   köp   qïsm-i   ili   rayon-i-dä   yäšä-y-di.
这   人们-属格 多   部分-领属3 伊犁 地区-领属3-位格 生活-现在-3
他们大部分生活在伊犁地区。

5.
yulǰä šähr-i-dä   yašə-yät-kän   özbek-lä①-niŋ   san-i   alti miŋ-ta② yet-ä-di.
伊宁   市-领属3-位格 生活-终点内-形动 乌孜别克-复-属格 数量-领属3 六   千-量   达到-现在-3
现在居住在伊宁市的乌孜别克人口达到六千。

6.
bu šinǰaŋ-dä-gi③ özbek   a:lä-si-niŋ   oturaqläš-iš-i-ni   nispätlä-n-dǐ-gändä
这   新疆-位格-GI 乌孜别克 人口-领属3-属格 居住-交互-领属3-宾格   比例-被动-使动-GANDA-副动
täxminän   yätmiš   pirsänt-i-ni   täškil   it-ä-di.
大约   七十   百分比-领属3-宾格   占   做-后动-现在-3
从新疆居住的乌孜别克人口比例来说，这（人口数）大约占 70%。

7.
bun-dän④ qal-sä   ǰänup-tä   xususän   ǰärkänt-tä üč miŋ-tä-dän köp   özbek
这-从格   留下-条件3   南部-位格 尤其是   莎车-位格   三   千-量词-从格 多   乌孜别克
yäšä-y-di.
生活-现在-3
这之后，在南疆尤其是在莎车生活着三千多个乌孜别克人。

---

① 此处作为复数词缀的 r 脱落。
② -ta 是位格标记，在这里是位格的一种古老的用法，即用作向格。
③ 名词或代词后面缀接位格再缀接-GI 词缀后，词性变为形容词 （The locative case form of nouns and pronouns can be turned into an adjective by adding the suffix-gi to the case form, Bodrogligeti,2002:176）
④ *bun*: *bu* 是指示代词，*n* 是代名词标记。

8.

bu özbäk   a:lä-si-niŋ   zičlig-i   jähät-dän   al-gändä   iški-nǰi   orun-dä
这 乌孜别克 人口-领属3-属格 密度-领属3 方面-从格 拿-GANDA-副动 二-序数 位置-位格
tur-a-dɨ.
位于-现在-3

从乌孜别克族人口密度来说，位于第二位。

9.

*qalävär-sä*① *gučuŋ   nayä-sɨ-dä   bir miŋ   iški   yüz-tä-dän   artɨq   özbek*
此外-条件3 奇台 县-领属3-位格 一千 二 百-量词-从格 多余 乌孜别克
yašä-ʸ-dɨ.
生活-现在-3

此外，在奇台县生活着1200多乌孜别克人。

10.

bu   üč-inǰi   orun-dä   tur-a-dɨ.
这 三-序数 位置-位格 位于-现在-3

这占第三位。

11.

bun-dän   qal-sä   ürümči   qäšqär   qaryälɨq   xotän   qätärli
这-从格 留下-条件3 乌鲁木齐 喀什 叶城 和田 等等
na:iyä   šäʰär-lär-dä   yäm   özbek-lär   köp   olturaqläš-gän.
县 城市-复-位格 也 乌孜别克人 多 居住-GAN-终点后3

此外，乌孜别克人也多居住在乌鲁木齐、喀什、叶城、和田等地。

---

① *qal-ä-vär-sä*, 的结构可能是余下-副动-动作-条件3单, vär 在这里表示动作的延续或者加强。

12.

özbäk-lär-niŋ　　juŋgo-ɣa kel-ip　　iŋdimayi jähät-dän olturaqläš-gän-i-gä
乌孜别克_复属格_　中国_向格_　来_IP_副动　社会　　方面_从格_　居住_GAN_过去形动_领属3_向格

bir　miŋ　iški yüz žil-dän artïq.
一　千　　二　　百　　年_从格_　多余

乌孜别克人来中国居住有一千二百多年了。

13.

äŋ　axir-ⁱ-dä　　kel-gän　　özbek-lär　yigirmi-ŋǰi　äsir-niŋ　yigirmi-nči
最　结束_领属3_位格_　来_GAN_形动_　乌孜别克人_复_　二十_序数_　世纪_属格_　二十_序数_

ottuz-inči yil-lir-i-dä　　kil-iš-kän.
三十_序数_　年_序数_领属3_位格_　来_交互_GAN_终点后

最后来的乌孜别克人是在二十世纪二十年代来的。

14.

miniŋ　baba-lär-im　　häm　axirqi①　türküm-dä　özbegistan-din　　kel-gän
我_属格_　祖父_复_领属1单_　也　　最后的　　批次_位格_　乌兹别克斯坦_从格_　　来_GAN_形动_

özbek　　köčmän　a:lä-si-gä　mänsup　bol-up　　　miladä　bir　miŋ
乌孜别克人　移民　　人口_领属3_　属于　　BOL_系动_IP_副动_　公元　　一　　千

toqquz　yüz　yigirmä　toqquz-inǰi　yil-i-gä　　toɣir kel-är-kän.
九　　　百　　二十　　九_序数_　　年_领属3_向格_　正好_AOR_间接3

我的祖父也是属于最后一批从乌兹别克斯坦来到乌孜别克移民，应该是公元一千九百二十九年。

15.

män　bir　miŋ　toqquz　yüz　ottuz　bir-inči　yil-i　　xotan　šä:r-i-dä
我　　一　　千　　九　　　百　　三十　　一_序数_　年_领属3_　和田　　城市_领属3_位格_

———————————

① -qi 在这里是附加在名词后的构形词缀，词语的功能为形容词。

tuɣul-ɣan ikän-män.
出生-GAN 终点后　IKÄN.间接-1 单
我出生于1931年，在和田市。

16.
äql-im-gä ke①-sä-m xotan-dä-gi özbek-lär-niŋ kättä-lär-i hämmä-si
智慧-领属1单-向格　来-条件-1单　和田-位格-GI　乌孜别克人-位格-GI　长者-复-领属3　都-领属3
özbek til-i-dä sözli-š-ädi②.
乌孜别克　语言-领属3-位格　说-共同-ÄRDI.惯过3
当我开始有记忆时，在和田的乌孜别克族长者都用乌孜别克语交谈。

17.
savatlıq-lär-i xät yaz-gändä özbek til-i-dä yaz-iš-ärdi.
识字的人-复-领属3　信　写-GANDA 副动　乌孜别克　语言-领属3-位格　写-共同-ÄRDI.惯过3
识字的人互相写信时用乌孜别克语。

18.
yigirmi-nči äsir-niŋ qiriq-inči ällig-inči yil-lär-i-dän itibarän özbek
二十-序数　世纪-属格　四十-序数　五十-序数　年-复-领属3-从格　从　乌孜别克
til-i-dä sözli-š-ädigän③ vä özbek til yaz-ädigän kiši-lär
语言-领属3-位格　说-共同-ÄDIGAN.形动　和　乌孜别克　语言　写-ADIGAN.形动　人-复
tädriji azlä-š-gä bašlä-di.
逐渐　减少-IŠ.名动-向格　开始-过去3
从二十世纪四十和五十年代起，说乌孜别克语和写乌孜别克语人开始逐渐减少。

---

① 此处 *ke* 后面的 *l* 脱落，原形为 *kel-*。
② 此处为-*ärdi*，是习惯性过去时词尾。
③ 此处 -*ädigän* 的功能是终点内形动词，-*di* 是后置动词-*tur* 的一种变体。

19.

hazirqi① vaqït-tä yaš-i atmiš-tän alqi-gän qeriyä-lä-dän
现在的　时间_位格　岁数_领属3　六十_从格　跨过_GAN 形动　老人_复_从格
bäšqä-si özbeg til-i-dä söyla-mä-j-di②.
以外_领属3　乌孜别克　语言_领属3_位格　说_否定_A 现在_3
现在岁数超过六十的老人以外其他人不会说乌孜别克语。

20.

ǰuŋgo-dä-gi özbek-lä-niŋ itnik tärkiv-i-dä uyɣur-läš③-iš
中国_位格_GI　乌孜别克_复_属格　民族　成分_领属3_位格　维吾尔_构形_IŠ_名动
qazaq-läš-iš vä qirɣiz-läš-iš köp kör-il-ä-di.
哈萨克_构形_IŠ_名动　和　柯尔克孜_构形_IŠ_名动　多　看_被动_A 现在_3
中国乌孜别克族的民族成分现在趋向维吾尔化、哈萨克化和柯尔克孜化。

21.

šu säbäp-dän özbek-lä-niŋ köp qïsm-i üč millät til-i-dä
那　原因_从格　乌孜别克_复_属格　多　部分_领属3　三　民族　语言_领属3_位格
sözli-š-ä-di.
说_共同_Ä 现在_3
因为这个原因，乌孜别克人的大部分就使用那三个民族的语言交谈。

---

① 此处 -qi 是构形词缀，缀接在名词后是词根成为形容词。
② söylä- 的意思是说，在前文中的形式为 sözlä-。
③ -läš 是一个构形词缀，表示趋向于、接近。

附录 G　语料分析和标注 2

1.

et-im　　　×××
名字-领属1单　×××
我的名字叫×××。

2.

atä-m-nəŋ　　　esm-i　　　mes'ut　　　äpändi.
父亲-领属1单-属格　名字-领属3　麦合苏提　先生
我父亲的名字叫麦合苏提先生。

3.

atä-m　　　ɣulʲʲä　özbek　　mäktäv-i-dä　　mäktäp　müdir-i　oqutquči
父亲-领属1单　伊宁　乌孜别克　学校-领属3-位格　学校　校长　老师
bol-gʲän.
成为-系动-GAN.终点后3.
我的父亲曾经是伊宁乌孜别克学校的校长和老师。

4.

atä-m　　　bⁱr　məŋ　toqquz　jüz　žigərmä　beš-iniči　jil-ə　　ɣulʲi-dä
父亲-领属1单　一　千　九　百　二十　五-序数　年-领属3　-伊宁-位格

dunjä-ɣä kä-gän.

世界-向格 来-GAN.终点后3

我父亲于1925年出生于伊宁。

5.

šün-dä atä-m-nəŋ atä-si ismajil'aj di-gän

那-位格 父亲-领属1单_属格 父亲-领属3 依斯马依力阿伊 叫-GAN.形动

kiši otä-m-nəŋ mäktäp-tä oqu-t-iš-qa jüdä köŋül böl-gʲän.

人 父亲-领属1单_属格 学校-位格 学习-使动-IŠ.名动_向格 很 关心-GAN.终点后3

然后，我父亲的父亲依斯马依力阿伊非常重视我父亲的学习。

6.

šün-dän tart-ip atä-m yulǰi-di-gi katta mäktäp-lä-ni

那-从格 开始.后动-IP.副动 父亲-领属1单 伊犁-位格-GI 大 学校-复数_宾格

bit-tir-ip yulǰi-da oqutquču-luq käsəp bilän šuɣullän-gän.

完成-使动-IP.副动 伊犁-位格 教师-形词尾 职业 BILÄN.后动 从事-GAN.终点后3.

从那以后，我父亲从伊宁一些著名的学校毕业后就从事他的教师职业。

7.

atä-m hajat waq-ta biz-ni oqu-t-uš-kʲä jüdäjäm

父亲-领属1单 活着 时间-位格 我们-宾格 学习-被动-IŠ.名动_向格 非常

Köŋül böl-gʲän.

关心-GAN.终点后3.

我父亲在世的时候非常关心我们的学习。

附录 G　语料分析和标注 2　247

8.

šün-g^jä　min　altə　jaš　waht-əm-dä　üj-ümiz　mäktäp ič-i-n-dä
那-向格　我　六　岁　时候-领属1单-位格　家-领属1复数　学校　里面-领属3-N-位格
bo- ɣan-lä　　　säväb-ə-mɨ　ja　bašqə säväb-dän-mɨ　män　islavijän
存在-GAN.形动-LÄ.PART 原因-领属3-Q 或 其他 原因-从格-Q 我　西里尔
jazəɣ-ə-dä　　jazəq　ügün-üp　mäktäp-kə　kir-mä-j　　tur-up
文字-领属3-位格 文字　学习-IP.副动　学校-向格　进-否定-A.CONV　站-后动-IP.副动
čoŋ　kattä　kitap-lär-ni　oqu-š-ni　üjrän-g^jän-män.
大　著名　书-复数-宾格　读-IŠ.名动-宾格　学习-GAN.终点后-1单
　　因此，在我六岁的时候，不知道是因为我家住在学校还是其他原因，我学习了西里尔文，还没有上学，我就学会了阅读一些大的著作。

9.

män　jätti　jaš　mäzgil-im-dä　　miŋ　bⁱr　kičä　roman-ə-ni　oqu-p
我　七　岁　阶段-领属1单-位格　千　一　晚上　小说-领属3-宾格　读-IP.副动
püt-tir-gän.
完成-使动-GAN.终点后
当我七岁的时候，我已经读完了小说《一千零一夜》。

10.

öt-kän　　kün-lä　navaji　qatarləq　kitap-lär-ni　oqu- ɣan.
过去-GAN.形动　日子-复数 纳瓦依 等　　书-复数-宾格　读-GAN.终点后
我还读过《过去的日子》、《纳瓦依》等书。

11.

šün-dän　bašla-p　　oqu-š-gä　　jüdäjäm　qəzɣən-i-d-im.
那-从格　开始-IP.副动　读-IŠ.名动-向格　非常　　热情-I.系动-过去-1单
从那以后，我就对学习非常感兴趣。

12.

oquš-nɨ   özbeg   mäktäp-dän   bašla-p   ügün-üp   šün-dän   ottur
学习-宾格 乌孜别克 学校-从格   开始-IP.副动 学习-IP.副动 那-从格   中间

mäktäp-nɨ   bit-tər-gän-din   kijin   bᵻr qanči   ali   mäktäp-lär-dän
学校-宾格   完成-使动-GAN.形动-从格 以后.后动   一 几个   高级   学校-复数-从格

ikki   ali   mäktäp-nɨ   oqu-d-um.
二   高级   学校-宾格   读-过去-1 单

我从乌孜别克学校开始上学，然后，中学毕业后，上了几个高校，在两所高校学习。

13.

bittä-si   šinǰaŋ   marəp   instot-i.
一个.量词-领属3   新疆   教育   学院-领属3

其中一个是新疆教育学院。

14.

šinǰaŋ   marəp   instot-i-nɨ   bit-tɨr-gän-dän   kejin   šinǰaŋ
新疆   教育   学院-领属3-宾格 完成-使动-GAN-形动-从格 以后.后动 新疆

pidagokikä   instot-i-dä   ikki   jil   bɨlɨm   aš-ur-d-ɨm.
师范   学院-领属3-位格   二   年   知识   提高-使动-过去-1 单

毕业后，在新疆师范学院进修了两年。

15.

šün-dän   bašla-p   ili   käspi   instot-i-dä   oqutquči   bɨlän
那-从格   开始-IP.副动 伊犁   职业   学院-领属3-位格   教师   和.后动

šuyullᵒn-ɨwat-ɨ-män
从事-IWAT 终点内-I.系动-1 单

从那以后，我就在伊犁职业教育技术学院做老师。

16.

häm ajlä-dä jäm bal-lär-ni pärzänt-lär-ni tärbijlä-š-kä häm
而且 家庭-位格 也 孩子-复数-宾格 子女-复数-宾格 教育-IŠ.名动-向格 也
köŋül böl-d-üm.
关心-过去-1 单

在家，我也很重视子女及其孩子的教育。

17.

bal-lar-əm-nəŋ ič-i-dä bittä-si ili pidagokikä instot-i-ni
孩子-复数-领属1 单-属格 里-领属3-位格 一.量词-领属3 伊犁 师范 学院-领属3-宾格
bit-tir-ip hazər ili käspi instot-i-dä oqutquči
完成-使动-IP.副动 现在 伊犁 职业 学院-领属3-位格 教师
bo-gʲän i-d-i.
是.系动-GAN.形动 I.系动-过去 3

在我的孩子里，其中一个毕业语伊犁师范学院，在伊犁职业教育技术学院当老师。

18.

jaqən-dä aspiräntor-lik imtihan-i-gä qatniš-ip imtan-din öt-üp
近-位格 研究生-形词尾 考试-领属3-向格 参加-IP.副动 考试-从格 通过-IP.副动
daliʲan täbi:pän-lär univirst-i-nəŋ aspirantorijä käsp-i-n-dä
大连 自然科学-复数 大学-领属3-属格 研究生 专业-领属3-N-位格
oqu-wat-i-du.
读-IWAT.现在-I.系动-3

最近，她参加了研究生考试，通过了考试，现在在大连理工大学读研究生。

19.

mi-nəŋ　　ortaɣ-əm　　günärjäm　　häm　　šinǰjaŋ　　univirst-i-ni
我-属格　　中间-领属1单　　古娜尔耶木　　也　　新疆　　大学-领属3-宾格
bit-tir-ip　　hazər　ili　käspi　inistot-i-nəŋ　　säjasät　oqutquči-si
结束-使动-IP.副动　现在　伊犁　职业　学院-领属3-属格　　政治　教师-领属3
bop　　šuɣullin-ip　　šu-nəŋ　　vilän　　birgä　　bal-lär-i-ni
是.系动.IP.副动　从事-IP.副动　那-属格　和.后动　一起　孩子-复数-领属3-宾格
tärbilä-p　　tur-ᵊvat-ə-də.
教育-IP.副动　站后动-IWAT.现在-I.系动-3

我中间的孩子古娜尔耶木，毕业于新疆大学，现在伊犁职业教育技术学院当政治老师，同时在培养她的孩子在社会上工作。

20.

qəz-əm　　häm　ili　pidagokikä　inistot-i-ni　　bit-tir-gän.
女儿-领属1单　也　伊犁　师范　　学院-领属3-宾格　完成-使动-GAN.终点后3
最小的女儿毕业于伊犁师范学院。

21.

hazir　ǰämijät-tä　xəzmät　qə-p　　tur-up-tu.
现在　社会-位格　工作　做.助动-IP.副动　站.后动-IP.副动-3
现在在社会上工作。

22.

biz　barləq　ajlä　äzä-lär-imiz　　öz-imiz-niŋ　　özbek
我们　所有的　家庭　成员-复数-领属1复数　自己-领属1复数-属格　乌孜别克
til-i-ni　　unt-up　　qa-mäs-lik　　üčün
语言-领属3-宾格　忘记-IP.副动　后动-否定.IŠ.名动-形词尾　为了.后动

ajlä-xanä-lärⁱmɨz-dä özbek-čä sözlä-š-ä-mɨz.
家庭-房间-复数-领属1复数-位格 乌孜别克-等同 说-共同-现在-1复数

我们所有的家庭成员，为了不忘记我们的乌孜别克语，在家说乌孜别克语。

23.

häm ballär-nəŋ bu til-nɨ piššɨɣᵃ-raq ačɨš üčün män toxsan
而且 孩子-复数-属格 这 语言-宾格 熟练-比较级 打开 为了.后动 我 九十

be:š-inči jɨl-i bal-lär kičik mäzgil-i-n-dä özbegistan-nəŋ
五-序数 年-领属3 孩子-复数 小 阶段-领属3-N-位格 乌兹别克斯坦-属格

taškänt šähr-i-gä bar-ᵃp töt aj tur-up öz həraiit-im
塔什干 城市-领属3-向格 去-IP.副动 四 月 住-IP.副动 自己 费用-领属1单

bilän bal-lär-nɨ til ügün-üš-kä apɨr-ɨp kel-d-ɨm.
用.后动 孩子-复数-宾格 语言 学习-IŠ.名动-向格 带去-IP.副动 来-过去-1单

为了让孩子们更熟练地学习语言，在1995年，在孩子们还小的时候，我带孩子们去了乌兹别克斯坦的塔什干市，住了四个月，自费，就是为了学习语言。

24.

u jä-dä biz-niŋ til-ɨmɨz jŭdäjäm jaxši i-d-i.
那 地方-位格 我们-属格 语言-领属1复数 非常 好 I.系动-过去-3

在那里我们说得非常好。

25.

qajt-ⁱp kä-gän-din kijin bɨz bašqə millät-lä bilän
返回-IP.副动 来-GAN.形动-从格 以后.后动 我们 其他 民族-复数 和.后动

bɨrgä arläš bar-iš-kil-iš qəl-gän-lig-imɨz üčün
一起 混合 去-IŠ.名动-来-IŠ.名动 做.助动-GAN.形动-形词尾-领属1复数 为了.后动
bäzi-dä öz-imɨz-niŋ til-i-ni unt-up qal-əjäp-mɨz.
有时-位格 自己-领属1复数-属格 语言-领属3-宾格 忘记-IP.副动 助动-AJÄP.终点内.-1复数
我们回来后，由于和其他的民族来往，有时，我们就忘记了自己的语言。

26.
likin ajli-dä täläb-imɨz öz anä. til-i-dä sözlü-š-üš.
但是 家庭-位格 要求-领属1复数 自己 母亲 语言-领属3-位格 说话-共同-IŠ.名动.
但是我们在家的要求是说母语。

27.
bir millät millät bol-uš üčün aldə vilän özɨ-nəŋ
一 民族 民族 成为.系动-IŠ.名动 为了.后动 前面 和.后动 自己-属格
til-ɨ-nɨ bil-iš keräk.
语言-领属3-宾格 知道-IŠ.名动 应该
任何一个民族，首先应该懂得自己的语言。

28.
til-ni unt-up qa-sa u millät-kä väkil-lik qəl-a-ma-j-də.
语言-宾格 忘记-IP.副动 助动-条件3 他/她 民族-向格 代表-形词尾 做-能力-否定-现在-3
如果他忘了语言，他就不能代表自己的民族。

29.
šu-niŋ üčün bašqə orun-dä u til-ni išlät-mä-sä jäm
那-属格 为了.后动 其他 位置-位格 那 语言-宾格 使用-否定-条件3 也

ajlä-dä šu-nɨ išlät-iš-kä jŭdä koŋul böl-üš keräk.
家庭-位格 那-宾格 使用-IŠ.名动-向格 很 关心-IŠ.名动 应该

因此，尽管这个语言在别的地方不能用，一个人应该重视在家使用那个语言。

30.

šu-nəŋ üčün ajɨlä iŋ mujim orun-dä tur-ä-də.
那-属格 为了.后动 家庭 最 重要 位置-位格 占-现在-3

所以，家庭有重要的地位。

31.

bɨz mušu iš tüpäjlɨ-dɨn ajɨlɨ-mɨz-dä pärzänt-lä ara bɨz
我们 这 事情 原因-从格 家庭-领属1复数-位格 子女-复数 之间 我们

özbek til-i-n-dä sözlɨ-š-üp tur-äp-tɨ-mɨz.
乌孜别克 语言-领属3-N-位格 说-共同-IP.副动 后动-IPTI 传据-1复数

正因为如此，在我们家，我们常常说乌孜别克语。

32.

öt-kän jil-i aptunəm rajon bejɨiŋ-din kä-gän mihman-la
过去-GAN.形动 年-领属3 自治 区 - 北京-从格 来-GAN.形动 客人-复数

häm üj-gä kä-gän-din kijin jŭdähäm hursänt bol-d-i.
也 家-向格 来-GAN.形动-从格 以后.后动 非常 高兴 是.系动-过去-3

去年，从自治区和北京的客人来我家的时候，他们非常高兴。

33.

sɨlä-nɨŋ kičik-kinä ajɨlɨ-dä häm özbek til-i bar ikän
你.复数-属格 小-表爱 家庭-位格 也 乌孜别克 语言-领属3 有 I.系动.间接

dä-p   bɨz-gä   özbek-čä   sözlü-š-üp   bäzɨ   su'al-lär-ni   tašlä-d-i.
说-IP.副动 我们-向格   乌孜别克-等同   说-共同-IP.副动 一些   问题-复数-宾格 抛-过去-3

bɨz   häm   šu   su'al-lär-gä   özbek-či   ǰawap ber-di-k.
我们   也   那   问题-复数-向格   乌孜别克-等同 回答-过去-1 复数

他们说，乌孜别克语在你们这样一个小小的家庭还存在，他们用乌孜别克语跟我们说话，还问了一些问题，我们也用乌孜别克语回答了。

34.

bun-dɨn kijin   häm   pärzänt-lä   häm   kijin-ki   äwlat-lɨr-imɨz-gä
这-从格 以后.后动 也   子女-复数   也   以后-GI   后代-复数-领属1复数-向格

ajt-ädɨgɨn-imɨz   sen   özbek   bo-yän-dɨn   kijin   anä
说-ADEGAN.形动-领属1复数   你   乌孜别克 是.系动-GAN.形动-从格 以后.后动   母亲

tɨl-iŋ-nɨ   ügün-üš-nɨ   unt-up   qa-ma.
语言-领属2单-宾格   学习-IŠ.名动-宾格   忘记-IP.副动   后动-否定.祈使

对以后，我想对孩子们和后代说的是，既然你是乌孜别克族，不要忘记你的母语。

35.

se-niŋ   tɨl-iŋ   šu   özbek-či   čɨq-qan-dän   kijin   ald-ɨ
你.领属2单   语言-领属2单   那   乌孜别克-等同 出-GAN.形动-从格   以后.后动   前-领属3

vɨlän   ajli-dä   sän   öz   tɨl-iŋ-nɨ   išlät.
和.后动   家庭-位格   你   自己 语言-领属2单-宾格   使用.祈使

既然你是用乌孜别克语开始说话，首先在家就用你自己的语言。

36.

bašqə   iš-lär-dä   mäsˈlän   bašqə   tɨl-lär-nɨ   ügün-üš   bu   toɣrä.
其他   事情-复数-位格   例如   其他   语言-复数-宾格   学习-IŠ.名动   这   对

在其他的事情上，比如说，我们学习其他语言是对的。

37.

mäsilän	biz	čoŋ	däwlät-tä	jašä-gän-imiz	undaq-ta	biz
比如	我们	大	国家-位格	住-GAN.形动-领属1复数	那样-位格	我们

xänzu	til-i-ni	jäm	ügün-üš-ümiz	keräk
汉族	语言-领属3-宾格	也	学习-IŠ.名动-领属1复数	应该

比如，我们生活在这样一个大国家，我们也应该学习汉语。

38.

täräqqijät-i-ni	közli-sä-k	biz	inglis	til-i	bašqa	häm
发展-领属3-宾格	着眼-条件-1复数	我们	英语	语言-领属3	其他	也

čät	til-lär-ni	ügün-üš-ki	jäm	köŋül böl-üš-imiz	keräk.
旁边	语言-复数-宾格	学习-IŠ.名动-向格	也	关心-共同-领属1复数	应该

当我们着眼与发展，我们也应该重视学习英语和其他外语。

39.

šündaq	bo-ɣan-da	bir	millät	täräqqi	qəl-ä-də.
那样	是.系动-GAN.形动-位格	一	民族	发展	助动-现在-3

只有这样，一个民族才会发展。

40.

öz	ald-i-gä	jiganä	täräqqi	qə-ɣan	millät	bo-me-j-di.
自己	前面-领属3-向格	独自	发展	助动-GAN.形动	民族	有.系动-否定-现在-3

没有一个独自发展的民族。

41.

millät-lä	bar-iš-kel-iš	arqələq	täräqqijat-qa	eriš-i-du.
民族-复数	去-IŠ.名动-来-IŠ.名动	通过	发展-向格	得到-现在-3

各民族通过来往得到发展。

42.

šu-nuŋ üčün tɨl ügün-iš jaxši iš jŭdäjäm köŋül bül-üš
that-属格 为了.后动 语言 学习-IŠ.名动 好 事情 非常 关心-IŠ.名动

keräk.
应该

因此，学习语言是好事，我们应该关心。

43.

šu-nəŋ üčün bɨz mäjli qäddä ojlä-jli bɨz tɨl
那-属格 为了.后动 我们 无论 怎样 想-现在-意愿.1复数 我们 语言

ügün-iš-ɨmɨz mädɨnjät ügün-iš-ɨmɨz sän'ät ügün-iš-ɨmɨz
学习-IŠ.名动-领属1复数 文化 学习-IŠ.名动-领属1复数 艺术 学习-IŠ.名动-领属1复数

bu arqələq hämmä millät öz millit-i-nɨ täräqqi qɨl-dur-uš-i
这 通过 全部 民族 自己 民族-领属3-宾格 发展 助动-使动-IŠ.名动-领属3

keräk.
应该

所以，无论我们怎么想，我们都应该学习语言、学习文化、学习艺术，各民族都应该这样发展自己。

44.

šunäqä bol-gʲän-dä millät täräqqi qəl-du häm ɣämijät-i jäm
那样 是.系动-GAN.形动-位格 民族 发展 助动-3 也 社会-领属3 也

täräqqi qəl-ä-dɨ.
发展 助动-3-现在-3

只有这样，一个民族才会发展，社会也会发展。

45.

bɨz　az-tolä　özbek-či　bil-gän-lig-imɨz　üčün
我们　多-少　乌孜别克-等同　懂-GAN.形动-形词尾-领属1复数　为了.后动

özbegistan-dɨn　ki-gän　bäzi　plästika　bäzi　matirjal-la　vo-sa
乌兹别克斯坦-从格　来-GAN.形动　一些　光碟　一些　资料-复数　有.系动-条件3

tuqqan-lär-nɨŋ　bar-iš-kil-iš-tä　til-imɨz　rawan　sözli-š-älä-j-mɨz.
亲戚-复数-属格　去-IŠ.名动-来-IŠ.名动　语言-领属1复数　流利　说-共同-ABIL-现在-1复数

因为我们懂一些乌孜别克语，当我们看到一些从乌兹别克斯坦来的光碟和资料，当我们和亲戚们来往时，我们可以流利地说乌孜别克语。

46.

likin　bäzi　bimanu　adäm-lär-niŋ　ič-i-dä　üz-i　üzbek
单数　一些　无知　人-复数-属格　里面-领属3-位格　自己-领属3　乌孜别克

tur-up　üz-i-niŋ　ism-i-ni　jäm　bar-iš-kil-iš-i-ni
是.系动-IP.副动　自己-领属3-属格　名字-领属3-宾格　也　去-IŠ.名动-来-IŠ.名动-领属3-宾格

häm　til-i-ni　jäm　bil-mä-jdiɣin-i　az　ämäs.
也　语言-领属3-宾格　也　懂-否定-ADIGAN.形动-领属3　少　否定

但是在一些无知的人当中，虽然自己是乌孜别克族，不懂自己的名字、不懂来往，不懂语言的人并不少。

47.

biz-niŋ　ajt-ädigin-imɨz　sän　ajli-dä　til-ni　üz-üŋ-dɨn
我们-属格　说-ADIGAN.形动-领属1复数　你　家庭-位格　语言-宾格　自己-领属2单-从格

bašlä.
开始.祈使

我们想说的是，从你的家开始使用你自己的语言。

48.
šu waqət-ta anä til-iŋ   joqal-me-j-dɨ.
那 时间-位格 母亲 语言-领属2单 消失-否定-现在-3
那个时候，你的母语才不会消失。

附录 H 婚礼歌 Jar-Jar*

1. 给新娘穿新衣时吟唱的"雅尔-雅尔"

bismilladin bašlajli,	以真主之名开始，
hämdu-sana jar jar.	赞颂真主，雅尔-雅尔。
qudritiŋdin jarattiŋ,	您用万能的力量，
adäm ata jar jar.	创造了人祖亚当，雅尔-雅尔。
qudritiŋdin jarattiŋ,	您用万能的力量，
adäm ata jar jar.	创造了人祖亚当，雅尔-雅尔。
adäm atiniŋ ǰüpti,	人祖亚当的伴侣，
hawa ana jar jar.	就是夏娃，雅尔-雅尔。
taxta- taxta köwrüktäk,	像木板搭建的桥一样，
täxtiŋ bolsun jar-jar.	愿你前程无限，雅尔-雅尔。
an häzrätniŋ qizidäk,	像先知的女儿一样，
bäxtiŋ bolsun jar-jar.	愿你幸福美满，雅尔-雅尔。

---

* 笔者在田野调查中收集了部分"雅尔-雅尔"的歌词，为了完整反映歌谣的全貌，经本人同意，这里引用了新疆大学乌尔买提江教授在 2006—2010 年间收集整理的歌词，在此表示感谢。笔者对歌词的译文进行了适当修改。

an häzrätniŋ qizini,	先知的女儿法蒂玛，
Äli alɣan jar-jar.	与阿里结为连理，雅尔-雅尔。
jar-jar ejtip toj qilmaq,	婚礼吟唱雅尔-雅尔，
undin qalɣan jar-jar.	由此而来，雅尔-雅尔。
häj-häj ülän, ǰan ülän,	唱着动人的歌谣，
ǰanim pida jar-jar.	我心为你而生，雅尔-雅尔。
asi ümmät gunahidin,	对那些背叛的人，
käčsun xuda jar-jar.	愿真主能够宽恕，雅尔-雅尔。
häj-häj ülän ǰan ülän,	唱着动人的歌谣，
tojdur bügün jar-jar.	今天是婚礼，雅尔-雅尔。
dost kilär, düšmän kitär,	朋友仇人都会来到，
kündur bügün jar-jar.	是大家欢聚的日子，雅尔-雅尔。
dalida tajčaq kišnäjdu,	原野上马驹嘶鸣，
at boldum däp jar-jar.	自此成了一匹骏马，雅尔-雅尔。
öjdä kelin jiɣlajdu,	闺房里新娘把泪流，
jat boldum däp jar-jar.	自此要变成一个外人，雅尔-雅尔。
jiɣlima qiz, jiɣlima,	姑娘，姑娘，不要哭，
toj seniŋki jar-jar.	今天是你的婚礼，雅尔-雅尔。
astanäsi tilladin,	门槛用金币修建的，
öj seniŋki jar-jar.	这房子就是你的，雅尔-雅尔。
uzun, uzun arɣamča,	长长的绳儿，
jäjničäkkä jar-jar.	把秋千荡，雅尔-雅尔。

čäkän köŋläk jarišiptu,	绣花的长裙，
kelinčäkkä jar-jar.	扮靓了新娘，雅尔-雅尔。

čäkän köŋläk jeŋiɣä,	绣花的衬衫袖口儿，
tut taqajluq jar-jar.	缝些宝石，雅尔-雅尔。
jigitlär baɣriɣa,	在小伙儿的胸中，
ot jaqajluq jar-jar.	点燃爱的火焰，雅尔-雅尔。

2. "尼卡"仪式之前吟唱的"雅尔-雅尔"

bizniŋ öjniŋ käjnidä,	在我家的屋后，
bir tüp änjür jar-jar.	有棵无花果树，雅尔-雅尔。
u änjürniŋ šaxliri,	无花果的枝头上，
tilla zänjir jar-jar.	好似金币项链，雅尔-雅尔。

zägär qilɣan zänjirni,	金匠打的项链，
üzüp bolmas jar-jar.	不会断开，雅尔-雅尔。
xuda qilɣan täqdirni,	真主创造了一对儿，
buzup bolmas jar-jar.	不会分开，雅尔-雅尔。

3. 新娘告别父母前吟唱的"雅尔-雅尔"

qät-qätginä qätlämä,	千层饼啊，
qätlänidi jar-jar.	层层地撂，雅尔-雅尔。
qizni elip jäŋgäläri,	妯娌们带着新娘，
atlänidi jar-jar.	准备出发，雅尔-雅尔。

qizni elip jäŋgäläri,	妯娌们带着新娘,
turup tursun jar-jar.	请再等等,雅尔-雅尔。
sačiq sačiŋ kelingä,	喜庆的礼物为新娘撒,
aq jol bolsin jar-jar.	祝愿一路平安,雅尔-雅尔。

aq süt bärgän anisi,	给了甘甜乳汁的母亲,
razi bolsun jar-jar.	请为女儿祈福,雅尔-雅尔。
qijamätlik atisi,	勤劳辛苦的父亲,
qazi bolsun jar-jar.	愿您成为喀孜,雅尔-雅尔。

4. 接走新娘时吟唱的"雅尔-雅尔"

häj-häj ölän ǰan ölän,	唱着动人的歌谣,
kimniŋ toji jar-jar.	这是谁家的婚礼,雅尔-雅尔。
atisi bar, anisi joq,	是父亲陪在身边,母亲早已离开的,
qizniŋ toji jar-jar.	姑娘的婚礼,雅尔-雅尔。

anisiniŋ rohliri,	母亲的灵魂,
käldimikin jar-jar.	是否来到了女儿的身旁,雅尔-雅尔。
čimildiqniŋ bešiɣa,	落在琦米丽德克[①]上面的,
qondimikin jar-jar.	是否是她的灵魂,雅尔-雅尔。

dalida tajčaq kišnäjdi,	原野上小马驹在撒欢,
at boldum däp jar-jar.	自此成了一匹骏马,雅尔-雅尔。

---

① 结婚当日和次日将新娘与宾客隔开的屏风,本书译为帘纱、帘帐。

öjdä kelin jiɣlajdu,	闺房中新娘低声抽泣，
jat boldum däp, jar-jar.	从此远嫁异乡作异客，雅尔-雅尔。

asmandiki jultuzni,	天使的繁星，
atqan adäm jar-jar.	是什么人射的，雅尔-雅尔。
öz qizini tonumaj,	没有认出自己的女儿，
satqan adäm jar-jar.	是什么人嫁的，雅尔-雅尔。

öz qiziniŋ orniɣa,	女儿踏过的路哟
badam eksun jar-jar.	愿长满巴旦木树，　雅尔-雅尔
badam šexi egilgändä,	当果实压弯树枝，
balam ätsun jar-jar.	把它视作你的女儿，雅尔-雅尔。

bu dunjada bolsa gär,	世间谁人无悲愁，
baɣri pütün jar-jar.	谁人心中充满喜乐，雅尔-雅尔。
qäɣäzdin qazan qilaj,	我为他用纸儿做锅，
güldin otun jar-jar.	用花儿做柴禾，雅尔-雅尔。

män qamčamni salmajmän,	我不会举鞭向驽马，
jaman atkä jar-jar.	好马何须用鞭抽，雅尔-雅尔。
qandaq jawab berärmän,	我拿什么来作答，
qijamätkä jar-jar.	当艰难降临到头上时，雅尔-雅尔。

häj-häj ölän ǰan ölän,	唱着动人的歌谣，
jiɣlidi qiz jar-jar.	新娘暗自抽泣，雅尔-雅尔。
bir tuɣqanlar baɣrini,	所有亲人的心肠，

daɣlidi qiz jar-jar.	为这姑娘而忧伤，雅尔-雅尔。
čimildiqniŋ jipini,	纱帐的绳儿，
baɣlidi qiz jar-jar.	被姑娘轻轻绑起，雅尔-雅尔。
anisiniŋ baɣrini,	母亲的心啊，
daɣlidi qiz jar-jar.	为女儿受煎熬，雅尔-雅尔。
Änǰanɣa ot jaqsam,	我在安集延把火点燃，
Ošta tütün jar-jar.	烟火却在奥什升起，雅尔-雅尔。
bu dunjada barmidur,	世间谁人无悲愁，
baɣri pütün jar-jar.	谁人心中充满喜乐，雅尔-雅尔。
därjaɣa taš atmaŋlar,	不要拿起石头投向河里，
čöküp ketär jar-jar.	那会沉没，雅尔-雅尔。
jiraqqa qiz bärmäŋlar,	不要把女儿嫁去远方，
köčüp ketär jar-jar.	她会搬走，雅尔-雅尔。
jiraqqa bärgän qizniŋ,	嫁去远方的女儿，
räŋgi säriq jar-jar.	愁容满面，雅尔-雅尔。
közidin aqqan ješi,	眼角流下的泪水，
misli äriq jar-jar.	好似溪水流淌，雅尔-雅尔。

5. 新郎抱新娘跨火堆时吟唱的"雅尔-雅尔"

häj-häj paččă, ǰan paččă,	哎呀帕切[①]，可爱的帕切，

[①] 帕切（paččă）的音译，意思为姐夫、妹夫、姨父、姑父等，详见亲属称谓。

älwan boluŋ jar-jar. 愿你挺起胸膛，雅尔-雅尔。
kötir, kötir degändä, 抱新娘绕火堆时，
pälwan boluŋ jar-jar. 愿你成为勇士，雅尔-雅尔。

6. 新郎迎亲回来后，男方家人"拦驾"时吟唱的"雅尔-雅尔"

häj-häj ölän ǰan ölän, 唱着动人的歌谣，
kelin käldi jar-jar. 美丽的新娘已来到，雅尔-雅尔。
ikki qoli köksidä, 双手放在胸口上，
ajim käldi jar-jar. 母亲迎接新娘，雅尔-雅尔。

harwiniŋ astida, 迎亲的彩车下，
bir tüp osma jar-jar. 放有一株奥斯曼草，雅尔-雅尔。
onbäš tilla pul bärdim, 我已经给了十五个金币，
jolni tosma jar-jar. 不要把路再挡住，雅尔-雅尔。

šaldur-šaldur su käčtim däp, 别想你们蹚了潺潺流水而来，
erinmäŋlar jar-jar. 就想耍懒，雅尔-雅尔。
onbäš tilla pul bärdim däp, 别想给了十五个金币，
kerilmäŋlar jar-jar. 就想进来，雅尔-雅尔。

onbäš tilla puluŋlarni, 你们给的十五个金币，
xäǰläp kälduq jar-jar. 被我们花光了，雅尔-雅尔。
tolunajdäk kelini, 皎洁如月的新娘，
bašlap kälduq jar-jar. 被我们带来了，雅尔-雅尔。

7. 进入新房前唱的"雅尔-雅尔"

XXX niŋ temidin,	谁家的院墙上，
quryuj učti jar-jar.	飞出一只百灵鸟，雅尔-雅尔。
XXX niŋ temiγa,	谁家的院墙上，
kelip čüšti jar-jar.	落下这只百灵鸟，雅尔-雅尔。

aryamčiγa esilip,	牵着长长的绳儿，
učti siŋlim jar-jar.	是我的妹妹飞走了，雅尔-雅尔。
mähälligä gül bolup,	成为街坊的花儿，
čüšti siŋlim jar-jar.	是我的妹妹落在那儿，雅尔-雅尔。

8. "新娘行礼"时吟唱的"雅尔-雅尔"

Qur'anda bar tabaräk,	《古兰经》里有"塔巴莱克"[①]
här bir sözi mubaräk.	句句都是祝福，
kelin salam,	新娘行礼，
qejin atisiγa salam.	向公公鞠躬行礼。

asmandiki ajdäk,	容貌宛若一轮明月，
jejilip aqqan sajdäk.	好像银河倾泻，
kelin salam,	新娘行礼，
qejin anisiγa salam.	向婆婆鞠躬行礼。

asmandiki γazäk,	宛若天上的天鹅，

---

① 指《古兰经》第六、七章。

附录 H 婚礼歌 Jar-Jar

sälläliri qaɣazdäk.	散兰①像白纸一样，
kelin salam,	新娘行礼，
nikah qilɣan axunumgä salam.	向做"尼卡"的阿訇鞠躬行礼。

qara qojniŋ bärräsi,	宛如黑羊之首，
jigitlärniŋ särräsi.	是众郎之首，
kelin salam,	新娘行礼，
kijupaččägä salam.	向女婿姐夫鞠躬行礼。

ašqa basqan iliktäk,	仿佛抓饭上面的骨髓，
qaši-közi piliktäk.	眉毛眼睛弯又长，
kelin salam,	新娘行礼，
qejin igičä, siŋillärgä salam.	向大姑小姑鞠躬行礼。

čabiɣančniŋ atidäk,	好似勇士的战马，
tamɣa qojɣan šutidäk.	像墙边的梯子，
kelin salam,	新娘行礼，
xizmät qilɣan mihmanlärgä sala.	向所有帮忙的客人鞠躬行礼。

örüklärniŋ ɣoräsi,	像青涩的杏子，
kijupaččäm ǰöräsi.	是新郎的贴身伙伴，
kelin salam,	新娘行礼，
kijunäwkärlärgä salam.	向伴郎小伙儿们鞠躬行礼。

---

① 在清真寺做礼拜时男信众头上缠的白布，俗称"缠头"。

takčigä tizilɣan anardäk,	像摆在墙架的石榴，
čaɣanda jaqqan panardäk.	似春节点亮的灯笼，
kelin salam,	新娘行礼，
tojimizɣa qatnašqan mihmanlargä salam.	向参加婚礼的宾客鞠躬行礼。

9. 进入洞房前男女对唱的"雅尔-雅尔"

小伙子们：

aj janida bir jultuz,	月儿旁边有一颗星，
aj balisi jar-jar.	他是月亮之子，雅尔-雅尔。
kijupaččäm sorisiŋiz,	若问新郎是谁，
baj balisi jar-jar.	他是富人之子，雅尔-雅尔。

姑娘们：

baj däjsänu baj däjsän,	你说他是富人之子，
bajiŋ qäni jar-jar.	你的财富在哪里，雅尔-雅尔。
samawärdä qajniɣan,	用茶壶煮开的，
čajiŋ qäni jar-jar.	你的热茶在哪里，雅尔-雅尔。

小伙子们：

taj häm bolsa minäjli,	即便是马驹我们也骑，
at ornigä jar-jar.	用它代替骏马，雅尔-雅尔。
su häm bolsa ičäjli,	即使是凉水我们也喝，
čaj ornigä jar-jar.	用它代替热茶，雅尔-雅尔。

姑娘们：

    asmandiki jultuzni,　　　　　天上的星星，

    säkkiz däŋlar jar-jar,　　　　　就说是八颗，雅尔-雅尔。

    säkkiz qizniŋ särdari,　　　　　八个姑娘的闺蜜，

    käldi däŋlar jar-jar.　　　　　就说来了，雅尔-雅尔。

小伙子们：

    harwiniŋ awazi,　　　　　车儿走动的声音，

    güldür-güldür jar-jar.　　　　　轰隆，轰隆，雅尔-雅尔。

    kijupaččäm soräsiŋiz,　　　　　您若问新郎是何人，

    qizil güldur jar-jar.　　　　　好似一支红花，雅尔-雅尔。

姑娘们：

    säkkiz qizniŋ särdari,　　　　　八个姑娘的闺蜜，

    bir bolurmiz jar-jar.　　　　　我们都是一条心，雅尔-雅尔。

    bügünkidäk tojlarda,　　　　　在今天这样的婚庆里，

    gül bolurmiz jar-jar.　　　　　我们都是锦上添花，雅尔-雅尔。

10. 新人休息前吟唱的"雅尔-雅尔"

    häj-häj paqččäm, ǰan paččäm,　　　　　哎呀帕切，可爱的帕切，

    sanduq ačiŋ jar-jar.　　　　　打开箱子，雅尔-雅尔。

    kelin ajim bešidin,　　　　　从新娘的头上，

    tilla sačiŋ jar-jar.　　　　　撒下金币，雅尔-雅尔。

11. 撒完钱币或糖果后吟唱的"雅尔-雅尔"

女人们:

čimildiqiŋ čip-činar,	你的帘纱好似梧桐的颜色,
bojiŋ činar jar-jar.	身材像梧桐一样挺拔,雅尔-雅尔。
bojiŋgä köz tägmisun,	愿你能避开邪眼,
asaj tumar jar-jar.	让我给你带上护身符,雅尔-雅尔。

čimildiqniŋ četidin,	从纱帐的一角,
čašqan qičti jar-jar.	窜出一只小老鼠,雅尔-雅尔。
čäksi mäjisin tapalmaj,	绣花靴子找不到,
kiju qačti jar-jar.	跑了新郎,雅尔-雅尔。

小伙子们:

qačti qačti demäŋlar,	不要说我逃跑啦,
qačqäni joq jar-jar.	我怎能逃跑,雅尔-雅尔。
hämjaniniŋ aɣzini,	我不是那负心人,
ačgäni joq jar-jar.	看大家都没有开口,雅尔-雅尔。

男女一起:

çimildiqniŋ ičidä,	帘纱里面摆放的,
dästi qašiq jar-jar.	是高级的餐具,雅尔-雅尔。
kiju, kelin sorsiŋiz,	若你问新郎和新娘,
altun ašiq jar-jar.	是尊贵的情人,雅尔-雅尔。

häj-häj ölän ǰan ölän,	唱着动人的歌谣，
gül käskini jar-jar.	曾在一起采花，雅尔-雅尔。
bir hojlida ojnišip,	曾在一个院儿里玩耍，
täŋ öskini jar-jar.	曾在一起长大，雅尔-雅尔。

12. "掀盖头"礼时唱的"雅尔-雅尔"

häj-häj ölän ǰan ölän,	唱着动人的歌谣，
čirajliqim jar-jar.	你是我的美人，雅尔-雅尔。
upa-äŋlik kätmäjdu,	你不需要任何粉黛，
čirajliqim jar-jar.	你是我的美人，雅尔-雅尔。

häj häj ölän ǰan ölän,	唱着动人的歌谣，
ǰananisi jar-jar.	她慈祥的妈妈，雅尔-雅尔。
qizɣa xuštar boluptu,	迷上了貌美的新娘，
qejin anisi jar-jar.	是她亲爱的婆婆，雅尔-雅尔。

häj-häj ölän ǰan ölän,	唱着动人的歌谣，
jat balisi jar-jar.	女婿并非是亲生，雅尔-雅尔。
qejin anisi jaxši bolsa,	如果岳母心宽和善，
öz balisi jar-jar.	那必将成为亲生儿，雅尔-雅尔。

harwiniŋ iziɣa,	迎亲车压过的路面，
säptim kepäk jar-jar.	洒满了麦麸，雅尔-雅尔。
kelin ajim säpliri,	新娘带来的嫁妆，
bari jipäk jar-jar.	全都是丝绸，雅尔-雅尔。

uzun, uzun aryamča,	长长的绳儿，
kökkä jetur jar-jar.	连到天空，雅尔-雅尔。
kelin ajim säpliri,	新娘带来的嫁妆，
jurtqa jetur jar-jar.	连到故乡，雅尔-雅尔
taɣdin älči kelädur,	山里来了媒人，
imarätkä jar-jar	来到大庭院，雅尔-雅尔。
öjdin kelin čiqadur,	家中走出了新娘，
zijarätkä jar-jar.	拜访他乡，雅尔-雅尔。
oŋ qolida aptiwa,	右手提着阿普图瓦[①]，
taharätkä jar-jar.	去做小净，雅尔-雅尔。
sol qolida dästromal,	左手拿着毛巾手帕，
sältänätkä jar-jar.	掌管家事，雅尔-雅尔。

---

① 迎接客人时为客人洗手用的专用壶。

主要参考文献

中文部分

专著

阿达来提：《乌孜别克语366句会话句》，社会科学文献出版社2014年版。

阿达来提：《中国乌孜别克族语言使用现状》，博士学位论文，中央民族大学，2012年。

阿丽亚·吉力力：《乌孜别克族新疆木垒县阿克喀巴克村调查》，云南大学出版社2004年版。

埃·捷尼舍夫：《突厥语言研究导论》，陈鹏译，中国社会科学出版社1982年版。

程适良、阿不都热合曼：《乌孜别克语简志》，民族出版社1987年版。

戴庆厦：《构建多语和谐的社会语言生活》，民族出版社2009年版。

戴昭铭：《文化语言学导论》，高等教育出版社2005年版。

丁石庆：《莫旗达斡尔族语言使用现状与发展趋势》，商务印书馆2009年版。

国家统计局：《中国2010年人口普查资料》，中国统计出版社2012年版。

贾丛江：《乌孜别克族》，古吴轩出版社1996年版。

解志伟：《新疆木垒县乌孜别克族游牧社会文化变迁研究》，博士学位论文，中央民族大学，2009年。

解志伟：《游牧：流动与变迁——新疆木垒县乌孜别克族游牧社会的人类学

考察》，知识产权出版社 2012 年版。

李晓东：《全球化与文化整合》，湖南人民出版社 2003 年版。

力提甫·托乎提：《阿尔泰语言学导论》，山西教育出版社 2002 年版。

罗常培：《语言与文化》，北京出版社 2013 年版。

罗建生：《乌孜别克族》，民族出版社 2004 年版。

马宏基、常庆风：《称谓语》，新华出版社 1998 年版。

米纳瓦尔·艾比布拉：《中国乌孜别克族》（中华民族全书），宁夏人民出版社 2012 年版。

木塔力甫·斯迪克：《维吾尔族人名字》，喀什维吾尔文出版社 1998 年版。

木太里夫·司地克：《维吾尔人名手册》，巴音郭楞蒙古族自治州文化局，1996 年。

彭利贞：《现代汉语情态研究》，中国社会科学出版社 2007 年版。

萨丕尔：《语言论》，商务印书馆 1964 年版。

萨丕尔·爱德华：《语言论》（中译本），商务印书馆 1985 年（第 2 版）。

苏新春：《文化语言学教程》，外语教学与研究出版社 2011 年版。

索绪尔·费尔迪南：《普通语言学教程》（中译本），商务印书馆 1980 年版。

汤敬安、央泉：《英语情态范畴的多视角研究》，西北工业大学出版社 2008 年版。

田中春美：《语言学漫步》，陕西人民出版社 1986 年版。

乌孜别克族简史编写组：《乌孜别克族简史》，国家民委《民族问题五种丛书》之二《中国少数民族简史丛书》（修订本），民族出版社 2008 年版。

乌孜别克族简史编写组：《乌孜别克族简史》，民族出版社 2008 年版。

吾买尔提江·阿布都热合曼、卡德尔·艾克拜尔：《中国乌孜别克族文学史》（维吾尔文），新疆人民出版社 2005 年版。

新疆少数民族社会历史调查组（编）：《乌孜别克族简史简志合编》，中国科学院民族研究所（印），1963年。

徐晶凝：《现代汉语话语情态研究》，昆仑出版社2008年版。

袁琳瑛：《中华民族大家庭知识读本：乌孜别克族》，新疆美术摄影出版社2010年版。

张琪：《中国文化知识读本：乌孜别克族》，吉林文史出版社2013年版。

赵江民：《新疆民汉语言接触及其对世居汉族语言的影响》，北京语言大学出版社2013年版。

赵小刚：《乌孜别克族经济文化生活研究》，民族出版社2006年版。

赵永红：《乌孜别克族民间文学》，载《中国阿尔泰语系民族民间文学概论》，内蒙古教育出版社2005年版。

佐口透著：《18—19世纪新疆社会史研究》（下册），凌颂纯译，新疆人民出版社1993年版。

期刊论文

阿不力米提·优努斯、庄淑萍：《维吾尔颜色词的文化含义》，《语言与翻译》2006年第4期。

阿达来提：《乌孜别克语传据的语法标记及其功能初探》，载力提甫·托乎提、阿不都热西提·亚库甫（主编）：《阿尔泰语系语言传据范畴研究》，中央民族大学出版社2013年版。

阿达来提：《乌孜别克语情态系统研究语料》，载阿不都热西提·亚库甫、张定京（主编）：《阿尔泰语系语言情态系统的功能—类型学研究：分析性对比语料400句》，中央民族大学出版社2013年版。

阿达莱提·塔依：《城市维吾尔族婚俗文化变迁——以乌鲁木齐维吾尔族居民为例》《新疆大学学报》2008年第6期。

阿丽亚·吉力力：《乌孜别克族民间故事的叙事特征》，《西北民族研究》2005年第2期。

阿依努尔·艾尼瓦尔：《新疆莎车县乌孜别克族古尔邦节节日文化概述》，
《丝绸之路》2012年第14期。

阿孜古丽·阿布里米提：《试论维吾尔语和田方言亲属称谓的特点》，《中
央民族大学学报》2001年第6期。

艾尼瓦尔·艾合买提江：《谈维吾尔语喀什话的亲属称谓特点》，《喀什
师范学院学报》2005年第2期。

安其：《语言接触对语言演变的影响》，《民族语文》2004年第1期。

巴哈尔：《新疆乌孜别克族人口的文化构成特点》，《新疆社会科学》2004
年第4期。

比克布拉托夫，H.B.：《突厥民族的亲属制和大家庭问题》，邓浩、郑捷译，
《民族译丛》1988年第2期。

陈佳：《从汉语的血缘亲属称谓看语言对文化的反映》，《语言研究》2002
年特刊。

陈月明：《现代汉语亲属称谓系统及其文化印迹》，《汉语学习》1990年
第5期。

谌梅芳：《汉维语颜色词的文化含义及其对比》，《和田师范专科学校学
报》2008年第5期。

程适良：《哈萨克语与维吾尔语音位比较研究》，《中央民族大学学报》
1995年第3期。

程永伟：《从文化差异谈颜色词翻译中的"变色"》，《湖北第二师范学院
学报》2012年第9期。

戴庆厦、邓佑玲：《濒危语言研究中定性定位问题的初步思考》，《中央
民族大学学报》（人文社会科学版）2001年第2期。

房若愚：《新疆乌孜别克族人口城市化成因及其效应分析》，《民族人口》
2005年第5期。

封宗信：《系统功能语言学中的情态系统：逻辑、语义、语用》，《外语教

学》2011 年第 6 期。

高莉琴、乔永：《接触 影响 吸收 趋同——多民族地区的语言文化交际》，《语言与翻译》2001 年第 3 期。

海峰：《乌孜别克语》，载《新疆民族语言分布状况与发展趋势》，新疆民族语言文字工作委员会编，北京语言大学出版社 2005 年版。

海拉提·阿不都热合曼·奥孜哈尔：《从〈五体清文鉴〉看现代维吾尔语中的亲属名称（1）》，《语言与翻译（维文版）》2010 年第 4 期。

海拉提·阿不都热合曼·奥孜哈尔：《从〈五体清文鉴〉看现代维吾尔语中的亲属名称（2）》，《语言与翻译（维文版）》2011 年第 1 期。

何星亮：《从哈、柯、汉亲属称谓看最古老的亲属制》，《民族研究》1982 年第 5 期。

贺萍：《新疆多元民族文化流变述略》，《西北工业大学学报》2005 年第 1 期。

黄布凡：《藏缅语的情态范畴》，《民族语文》1991 年第 2 期。

黄行：《语言接触与语言区域性特征》，《民族语文》2005 年第 3 期。

黄中民：《维吾尔语中含有颜色词惯用语的文化内涵》，《伊犁师范学院学报》2004 年第 1 期。

蒋新慧：《维吾尔族传统婚俗中巫文化的形式及特点》，《西北民族学院学报》2003 年第 1 期。

解志伟：《嵌入、生成和解组——乌孜别克族游牧组织阿吾勒变迁的人类学解读》，《西北民族大学学报》（哲学社会科学版）2012 年第 4 期。

晋红：《颜色在不同文化中的联想》，《红河学院学报》2004 年第 4 期。

黎蔷：《乌孜别克民间音乐概览》，《西安音乐学院学报》1997 年第 2 期。

李纯：《试论汉维语词翻译和文化语境》，《新疆职业大学学报》2007 年第 4 期。

李明洁：《现代汉语称谓系统的分类标准与功能分析》，《华东师范大学学报》（哲学社会科学版）1997年第5期。

李亚军：《乌孜别克民间音乐及其特点》，《艺术教育》2013年第4期。

李越：《汉维社会称谓语对比分析》，硕士学位论文，新疆师范大学，2014年。

梁晓波：《情态的多维研究透视》，《解放军外国语学院学报》2002年第1期。

廖冬梅：《新疆汉语方言中的维吾尔语借词所体现的语言文化交流》，《新疆大学学报》2005年第6期。

廖泽余：《维吾尔语词汇的文化透视》，《西域研究》1991年第2期。

刘仕国：《牧区乌孜别克族生活方式的变迁——对新疆木垒县大南沟乌孜别克乡的民族社会学调查》，《昌吉学院学报》2001年第3期。

刘薇：《论汉语称谓语的文化内涵》，硕士学位论文，云南师范大学，2006年。

刘岩：《维吾尔语颜色词浅析》1993年第3期。

刘有安：《乌孜别克人的迁徙及其社会文化变迁》，《甘肃联合大学学报》2008年第1期。

楼望皓：《乌孜别克族的婚俗》，《新疆人大》1995年第4期。

陆舜华等：《乌孜别克族成人的体型特点》，《人类学学报》2004年第3期。

罗美珍：《论族群互动中的语言接触》，《语言研究》2000年第3期。

马红艳：《新疆乌孜别克族的历史婚俗研究》，《北方文学》2013年第9期。

玛依拉·吾买尔：《维汉语颜色词汇的文化含义比较》，《新疆警官高等专科学校学报》2005年第1期。

木艾热木·米尔阿布杜拉：《浅谈乌孜别克族的传统婚俗及其特征》，《新疆大学学报》（维吾尔文）2013年第4期。

牛汝极：《西域语言接触概说》，《中央民族大学学报》2000年第4期。

努润古丽·马木提：《维吾尔语阿图什方言亲属称谓初探》，《延边教育学院学报》2015年第2期。

热孜娅·努日：《浅析维吾尔语亲属称谓词的词源》，《语言与翻译（维文版）》2014年第3期。

宋景民等：《对蒙古族、藏族、塔塔尔族、乌孜别克族11位青年人头发毛干的扫描电镜观察》，《解剖学杂志》1994年第4期。

宋小英、黄志蓉、严兆府：《从维吾尔族人名探其文化》，《语文学刊》2012年第11期。

苏俊清：《浅析维汉颜色词在文化特征上的异同》，《新疆职业大学学报》2005年第3期。

孙岿：《试论维吾尔族亲属称谓的特点》，《喀什师范学院学报》2001年第3期。

孙岿：《维吾尔语亲属称谓的社会称呼法》，《中央民族大学学报》2001年第5期。

孙岿：《维吾尔族亲属称谓制的类型》，《西北民族研究》2000年第2期。

谭莉莉、王晓珠：《大南沟的乌孜别克族》，《今日民族》2005年第9期。

田勇：《汉维颜色词象征意义浅析》，《和田师范专科学校学报》2006年第6期。

王苹：《汉维语颜色词对比研究》，硕士学位论文，北京语言大学，2007年。

王茜、魏铭清：《维吾尔族婚俗历史演变研究》，《新疆大学学报》2002年第3期。

乌买尔·达吾提：《维吾尔颜色词及其文化特征探析》，《语言与翻译》1999年第1期。

吾买尔提江·阿不都热合曼：《论新疆乌孜别克族剧作家许库尔·亚里坤》，《民族文学研究》2002年第4期。

武金峰：《从借词看新疆少数民族与汉族的文化交流》，《中央民族大学学报》2002 年第 1 期。

武玉洁：《汉语与维语颜色词的文化内涵比较研究》，《赤峰学院学报》（汉文哲学社会科学版）2010 年第 7 期。

刑蜜蜜：《汉语职业称谓的时代走向》，《辽宁教育行政学院学报》2007 年第 7 期。

熊坤新、吕邵男：《乌孜别克族伦理思想概述》，《新疆师范大学学报》2006 年第 4 期。

熊坤新、张少云：《国内乌孜别克族研究概述》，《新疆师范大学学报》（哲学社会科学版）2009 年第 3 期。

徐静茜：《文化语言学瞩目的课题——亲属称谓》，《湖州师专学报》1994 年第 4 期。

许库尔·亚力坤：《乌孜别克族文学简述》（油印本），中国少数民族文学学会第三届年会论文，1985 年。

杨将领：《独龙语的情态范畴》，《民族语文》2004 年第 4 期。

杨梅、白文：《汉语颜色词的文化含义及其在维语中的表达》，《和田师范专科学校学报》2004 年第 1 期。

于林龙、颜秀萍：《汉语社会称谓的文化内涵》，《现代教育科学》2006 年第 7 期。

翟正夏：《汉维语颜色词对比研究》，硕士学位论文，西北民族大学，2008 年。

张玲、热西旦·艾山江：《汉维语基本颜色词价值取向的异同比较》，《语言与翻译》2011 年第 4 期。

张鲁宁：《从文化、语用学、模糊语言理论看汉语社会称谓语》，《重庆师专学报》2001 年第 4 期。

张洋：《新疆语言的多元和交融》，《语言与翻译》1998 年第 1 期。

张咏：《牧民定居与文化转型——新疆木垒县乌孜别克民族乡定居工程的考察报告》，《青海民族研究》2007年第1期。

张玉萍：《维吾尔语颜色词语及其文化透视》，《新疆大学学报》2000年第3期。

张云：《颜色词文化内涵对比的功能语义场视角》，《怀化学院学报》2010年第6期。

郑连斌：《乌孜别克族体质特征研究》，《人类学学报》2004年第1期。

朱晓文：《称谓语的多角度研究》，《修辞学习》2005年第4期。

庄淑萍、乌买尔·达吾提：《维吾尔颜色词的联想意义浅论》，《新疆职业教育研究》1999年第4期。

庄淑萍：《维吾尔语情态词和汉语能愿动词的对比研究》，《语言与翻译》2007年第4期。

外文部分

Abish A.Modality in Kazakh as Spoken in China，Uppsala:Uppsala University，2014.

Bakhtiyar A. Nazarov & Denis Sinor，Essays on Uzbek History，Culture and Language，Bloomington: Indiana University Research Institute for Inner Asian Studies，1993.

Baxtiyor Mengliyev & O'ral Xoliyorov，Uzbek Tilidan Universal Qo'llanma，Toshkent: O'zbekiston Republikasi Fanlar Akademiyasi，2008.

Bodrogligeti.A.J.E.，An Academic Reference Grammar of Modern Literary Uzbek，Muenchen: LINCOM Europa，2003.

Boeschoten，H.，The Uzbek，In Johanson.L. & Csato. E.A.（eds.）The Turkic Languages，New York: Routledge，2006.

Johanson, L., Modals in Turkic. In: Hansen, B. & de Haan, F. (eds.) Modals in the Languages of Europe, Berlin: Mouton de Gruyter, 2009.

Johanson, L., Discovery on the Turkic Linguistic Map. Stockholm: Swedish Research Institute in Istanbul, 2001.

Johanson.L. & Csato. E.A., The Turkic Languages, New York: Routledge, 2006.

Lyons, J. , Semantics. Cambridge: Cambridge University Press, 1977.

Palmer, F.R, 《语气 情态》, 世界图书出版公司 2007 年版。

Sjoberg.A. F. , Uzbek Structural Grammar, Bloomington: Indiana University, The Hague: Mouton, 1963.

von Wright, G. H. An Essay in Modal Logic, Amsterdam: North-Holland, 1951.

X. Abduraxmonov, A. Rafiev & D. Shodmonqulova, O'zbek Tilining Amaliy Grammatikasi, Toshkent: O'qutuvchi, 1992.

Yakup Abdurishid, The Turfan Dialect of Uyghur, Gottingen: Harrassowitz Verlag, 2005.

Yakup, A., Necessity Operators in Turkish and Uyghur, International Journal of Central Asian Studies 13, 2009.

Z.M.Mahrufov, Uzbek Tilining Izoxli Lug'ati, Moskva: Izdatelstvo (Russkiy Yazik), Rus Tili Nashriyoti, 1981.